MW01505536

# Le rap français

# DU MÊME AUTEUR

*Le Fou de dieu*, Héliogabale, roman, Olivier Orban, 1988.

*L'Homme sans voix*, roman, Stock, 1989.

*L'Amphore*, Casterman/Histoire, 1991.

*Petite Mythologie du havane dans un monde trop fade*, Balland, 1992. Nouvelle édition revue et corrigée, La Table Ronde, «La Petite Vermillon », 2003.

*Le Roman-vrai de* Libération, biographie, Julliard, 1994.

*Cigare*, le guide, Hermé, 1997.

*Le Dernier des Césars*, roman, JC Lattès, 1999.

*Le Rap français*, anthologie, La Table Ronde, «La Petite Vermillon », 2000.

*De Gaulle vu par les écrivains*, anthologie, La Table Ronde, «La Petite Vermillon », 2000.

*Nouvelle Vague*, La Jeune Chanson française depuis 1981, anthologie, La Table Ronde , «La Petite vermillon », 2002.

*Le Ramier* d'André Gide, édition et préface, Gallimard, 2002. Nouvelle édition : Folio, 2004.

*Mylène Farmer*, Au cœur du mythe, essai, Bartillat, 2003.

*Le Goût du Népal*, anthologie, Mercure de France, «Le Petit Mercure », 2004.

*Dans les Comptoirs de l'Inde*, carnets de voyage, Le cherche midi, 2004.

*André Malraux et la tentation de l'Inde*, textes et documents, Gallimard, 2004.

*Le Goût des villes de l'Inde*, anthologie, Mercure de France, «Le Petit Mercure », 2005.

*Le Roman-vrai d'Indochine*, biographie, Bartillat, 2005.

*Le Chant des villes*, en collaboration avec André Velter, anthologie, Mercure de France, «Le Petit Mercure », 2006.

*Le Goût de l'Inde*, anthologie, Mercure de France, «Le Petit Mercure », 2007.

*Passage de la mère morte*, récit, Stock, 2008.

*Le Goût du Tibet*, anthologie, Mercure de France, «Le Petit Mercure », 2008.

*Alexandre le Grand*, biographie, Hermann/Histoire, 2008.

*L'Inde (sans les Anglais)* précédé de *Mahé des Indes* de Pierre Loti, édition et préface, Phébus, «Libretto», 2008.

*Catherine Gide : Entretiens 2002-2003*, collectif, Gallimard, «Les Cahiers de la *nrf*», 2009.

*Les Mystères de Saint-Exupéry*, enquête littéraire, Stock, 2009.

Jean-Claude Perrier

# LE RAP FRANÇAIS

## Dix ans après

*Anthologie*

Édition revue et corrigée

La Table Ronde
14, rue Séguier, Paris 6ᵉ

*Pour Clémence et Quentin, et tous les enfants du rap, même s'ils sont passés à autre chose.*

« Mon fils rira du rock'n'roll. »
MICHEL BERGER.

# Avant-propos

## Dix ans après

*Objectivement, en une décennie, la situation ne s'est pas arrangée. Certaines banlieues, devenues zones de non-droit où la police, les pompiers, les médecins osent à peine s'aventurer, flambent pour un oui pour un non. Ce sont toujours les mêmes, certes, et l'on parle chaque fois des trains qui déraillent, pas de ceux qui arrivent à l'heure. N'empêche. Partout, à l'école, à l'hôpital, dans les rues, la violence, le racisme, le fanatisme religieux, le communautarisme, le malaise social s'aggravent. Face à quoi les gouvernements agitent, alternativement ou en même temps, la matraque et la démagogie. Cette dernière s'appelle aujourd'hui « discrimination positive », et elle ne résout pas les problèmes...*

*Et le rap, dans tout ça, comment a-t-il évolué, et quel rôle joue-t-il ?*

*Toujours solidement calé sur ses trois piliers, MC Solaar, IAM et NTM, relayé par des stars à l'audience grandissante (comme le cher Oxmo Puccino), le rap (au sens large) a conforté sa place dans notre paysage musical. Sa vitalité a permis à de nombreux jeunes artistes d'émerger, auxquels nous avons ouvert nos pages le plus largement possible. Tandis que d'autres, en général des groupes à la géométrie variable, ont disparu de la scène. Assez peu, finalement, ce qui prouve que nous avions parié sur les bons...*

*Radical, rageur ou plus consensuel, grâce à Internet le rap s'est aussi dilué, diversifié, irriguant la toile sociale, non sans jouer parfois à l'apprenti-sorcier. Il a toujours ses puristes, qui accusent les autres, lorsqu'ils ont du succès, de compromission.*

*Comme dans la première version de cette anthologie, dont la charpente a été conservée, nous avons privilégié ici la qualité des textes et leur originalité, même si nombre de rappeurs ont beaucoup de points en commun. Et nous avons amené, donc, plein de petits nouveaux, comme Le Vrai Ben, qui nous souhaite « un peu de bonheur » avant de tourner la page. C'est ce message, positif envers et contre tout, que l'on souhaite au lecteur de conserver, au terme de ce nouveau voyage au centre de la galaxie rap.*

Le rap, accueilli dans une collection, jusqu'ici convenable, d'anthologies poétiques? Allons donc! Et pourquoi pas Hergé dans la Pléiade, les cendres de Gainsbourg transférées au Panthéon, et MC Solaar à l'Académie française? Pourquoi pas, en effet, même si pas tout de suite. On a presque honte de rappeler aux absolutistes du classicisme, aux ayatollahs de l'art, aux spécialistes des combats d'arrière-garde, que notre projet pourrait heurter, que ce siècle a agrégé à la tribu des neuf muses celles, entre autres, du cinéma, de la bande dessinée et de la chanson.

«La chanson est un art mineur», aimait à répéter Serge Gainsbourg, qui se fût préféré peintre ou écrivain, et péchait parfois par excès de modestie. Mineure aux yeux de certains, majeure en tant que vecteur de diffusion d'une langue, d'une culture, énorme en termes économiques, la chanson a marqué ce siècle comme nul autre. Elle accompagne nos vies, elle est le reflet d'une époque, des évolutions de la société, des goûts et des mœurs. Or, une chanson, c'est constitué de musique, et de paroles.

Nous aurions beau jeu de convoquer à la barre des témoins de ce faux procès, Homère, Virgile et tous leurs confrères de l'Antiquité, pour qui l'art poétique était indissociable d'un accompagnement musical, de même que les trouvères et autres troubadours du Moyen Âge qui colportèrent de ville en ville et de cour en cour notre poésie française naissante (et le roman, qui s'écrivait à l'origine en vers). Dans la grande famille de la poésie, la chanson a donc légitimement sa place, aux côtés de la chanson de toile et de geste, de l'épopée, de la satire ou du roman.

La chanson, passe encore, mais le rap? Il est évident à nos yeux, et toute son évolution en France depuis ses origines le prouve à l'envi, que le rap constitue bien un genre de chanson française, même si ses racines primitives sont étrangères, et qu'il s'y intègre de plus en plus.

On sait que le rap est né vers la fin des années 70 aux États-Unis, dans les ghettos de mégalopoles en proie à la violence, au racisme plus ou moins larvé, à la misère, à la drogue, à la prostitution... Et à New York en particulier. Qu'il est l'expression, essentiellement de la part de jeunes blacks (là-bas, on dit «africains-américains»), de dénonciations radicales de leurs conditions de vie, de leurs aspirations à un hypothétique mieux-être, voire l'apologie de la délinquance, de la violence organisée en «gangs», comme seuls moyens de s'en sortir. Le tout saupoudré, parfois, d'un peu de mysticisme, de références à l'Égypte antique ou à Bouddha, d'un soupçon de philosophie «rasta». Aux États-Unis, pays de tous les extrêmes, le rap (ou encore hip-hop, voire «hardcore» dans son expression la plus extrême) a vite conquis le plus large public, des groupes ont fleuri un peu partout, mêlant, comme souvent, l'authentique expression du mal-être d'une partie de la jeunesse (dans des «lyrics» souvent si «explicits» qu'ils font l'objet d'un sticker d'avertissement collé sur les pochettes de disques), avec sa récupération par le business. En l'occurrence le show-business, les médias, l'industrie du disque et ses major-companies.

Comme les jeans, le chewing-gum, le Coca-Cola et les hamburgers, comme le rock'n roll aussi, le rap a mis quelques temps à traverser l'Atlantique. Pas très longtemps à vrai dire, grâce à l'évolution des transmissions et des technologies, puisque ça rappait déjà en France, autour de Paris et de Marseille, les deux capitales hip-hop, dès le milieu des années 80. Rappelons que les premiers albums des trois «pères fondateurs» du rap français, MC Solaar, IAM et Suprême NTM sont sortis en 1991. La France, donc, s'est assez rapidement mise au rap, au point d'en devenir, de l'avis international, la seconde patrie, tant par le nombre d'artistes, la qualité et la diversité de leurs productions, que par la ferveur du public. Au point même d'exporter certains de ses rappeurs, comme MC Solaar, en Angleterre, et même aux États-Unis! Réponse du colonisé au colonisateur, en quelque sorte. Mais en s'installant en France, le rap s'est tout naturellement acclimaté, transformé, adapté à la réalité nationale. Laquelle n'est pas (pas encore?), et heureusement loin s'en faut, similaire à celle des États-Unis. Certes, nos banlieues, certains quartiers de nos villes, nos écoles et lycées souffrent, et leurs crises font trop souvent la une des journaux télévisés. «Les jeunes qui zonent dans les banlieues des villes riches ont retenu la leçon : "only the strong survives", l'homme sans fric et sans emploi est une épluchure. Comme ils n'ont pas de fric, et pas d'emploi, mais autant de dignité que les "acteurs" économiques, autant d'avidités aussi, ils brûlent des voitures, dealent de la came, harcèlent les flics et se réfugient dans la haine», constate à juste titre Denis Tillinac dans *Les Masques de l'éphémère*[1]. «Je ne cache pas de Gillette/Dans mes baskets», lui répondrait KDD[2]. (Et l'on notera au passage la citation d'une marque, et la référence à un look. Les rappeurs ne jurent que par leurs Nike, Reebok et autres polos Lacoste ou Ralph Lauren.) Et notre écrivain pessimiste tombera cependant d'accord avec nous que, malgré tous nos réels problèmes, Les Minguettes ne sont pas le Bronx, ni Vaulx-en-Vélin Harlem (à New York, d'ailleurs de récentes enquêtes montrent que la situation est en passe de s'arranger, et la violence en régression), et la vie en France globalement moins violente que l'«American way of life». Quant à «l'intégration à la française», ce n'est peut-être pas la panacée, mais, à l'image de la démocratie, on n'a pas encore trouvé meilleur système! Le rap français, donc, passant des jeunes Américains aux jeunes Français, s'est résolument voulu le reflet de tous les malaises, de toutes les tares de notre société. Qu'il stigmatise d'une manière souvent extrêmement directe, voire crue, même si beaucoup moins grossière qu'outre-Atlantique. La «vis poetica» du rap sera donc nourrie du quotidien, mais quand même transposée littérairement. Quoi qu'on en dise, la France reste le pays de Villon et de Descartes, et, qu'on soit né à Val-Fourré ou à Cotonou, originaire de Tamanrasset, de Fort-de-France ou de (feu) Saïgon, on est unis, quelque part, dans une culture, une langue, une littérature communes, dût-on les mettre cul par-dessus tête.

---

1. Éditions de La Table Ronde, septembre 1999.
2. Extrait de la chanson «Aspect suspect».

À propos de Villon, d'ailleurs, il serait éclairant de rapprocher les textes de nombreux rappeurs de «La Ballade des pendus», et le verlan de l'argot des Coquillards. Quant à la vie, elle ne devait guère être plus facile pour les gamins nés dans la Cour des Miracles au Moyen Âge que pour les mômes des cités d'aujourd'hui... On notera également, outre ses qualités artistiques propres, que le rap (comme le sport) joue un rôle extrêmement important d'intégration et de socialisation des jeunes dans les banlieues, là où la famille, l'école, l'Église, le syndicat ou le parti ont fait faillite. «Je rappe, donc j'existe, donc je gagne de l'argent et je m'en sors», pourrait être un embryon de philosophie. Pour faire de la musique et «tchatcher», certes, point n'est besoin de diplômes. Mais nombre de rappeurs eux-mêmes, qui ont «réussi», mettent en garde très pédagogiquement leurs «petits frères», contre ce qui pourrait aisément passer pour un miroir aux alouettes. Pour faire son trou dans le milieu du hip-hop, il faut beaucoup, beaucoup travailler, sans compter une once de talent, lequel, comme chacun sait, ne s'apprend pas. Et l'argent ne vient jamais si facilement. Si les textes de rap sont volontiers contestataires, ils sont aussi souvent moralisateurs, voire civiques, aspects moins connus, et moins mis en exergue dans certains médias...

Mézalor, ce rap «céfran», keskeucé, koman et dekoakikôse ? Eh bien, chère Zazie (et les mânes de Queneau, de Prévert, de Vian, poètes estampillés «populaires», ne sont pas conviés ici par hasard, puisqu'ils furent aussi auteurs de chansons), le rap français, schématiquement, c'est un cocktail de musique et de mots ! Côté musique, un «beat» assez répétitif, fondé sur le «scratch», disques vinyle passés à l'envers par un DJ, et le «sample», adaptation de morceaux déjà existants plus ou moins «arrangés», avec une part d'invention, de composition originale plus ou moins importante. Sans compter le «flow» et le «style», ingrédients indispensables, mais concepts difficilement traduisibles. Les chansons de MC Solaar, par exemple, ont une vraie écriture musicale. Côté mots, le rappeur débite à un rythme en général soutenu et selon un phrasé assez particulier (qui s'apparente à la «tchatche» méditerranéenne) des textes de son cru, le plus souvent présentés comme autobiographiques. Complaintes élégiaques sur la tristesse de son sort (le rappeur adore regarder son nombril, source inépuisable d'inspiration), critiques politico-sociales très explicites, dénonciations du racisme (avec certain parti d'extrême droite nommément dans la ligne de mire), appels à la paix, alternent avec des tranches de vie : les femmes, la drague (le rappeur mâle joue souvent le macho méditerranéen basique, tendance «toutes des p... sauf ma mère»), les boîtes de nuit, les copains... Thèmes d'inspiration éternels, et fonds de commerce primitif du rock'n roll. Sans compter toutes les chansons qui parlent... du rap, de la fierté d'être un rappeur, quitte à balancer quelque vacherie sur tel ou tel petit copain qui aurait trahi le «style»... Rien de très nouveau, on le voit, si ce n'est une certaine crudité de langage, le recours fréquent à l'argot, au verlan, à des expressions idiomatiques ou étrangères qui obscurcissent quelquefois le sens d'un texte qui se veut jubilatoire sans être toujours totalement maîtrisé, et une totale liberté formelle quant à la métrique, même si certaines structures (strophes, rimes, etc.) demeurent chez certains, qui mériteraient une étude stylistique approfondie. À ce titre, osons le dire, les poèmes de MC Solaar, d'IAM ou d'Oxmo Puccino sont de petits chefs-d'œuvre.

Nous avons donc sélectionné, dans une production extrêmement abondante, diverse et forcément inégale, les artistes et groupes qui nous semblaient les plus intéressants sous le rapport de l'écriture, sans oublier les quelques rappeuses solo en train d'émerger dans un milieu majoritairement «macho». En commençant par les trois piliers des années 90 : MC Solaar, même si, de plus en plus, ses dernières productions s'éloignent du rap proprement dit pour se fondre dans la chanson traditionnelle, façon Gainsbourg[1], ce qu'une partie des rappeurs «purs et durs» lui reproche méchamment ; IAM et Suprême NTM, qui, non seulement poursuivent leur propre chemin, mais ont aidé nombre de rappeurs débutants à enregistrer leurs disques, en les conseillant, les produisant, ou les signant sur des labels indépendants qu'ils ont créés ; suivis par les stars confirmées, comme Oxmo Puccino, Passi, Stomy Bugsy, etc. ; pour finir sur la nébuleuse des petits nouveaux, les enfants du hip-hop et du hardcore, plus jeunes, souvent plus radicaux que leurs aînés, qui n'ont sorti en général qu'un premier album, et dont l'écriture n'est pas toujours aussi aboutie

---

1. On ne dira jamais assez l'influence du phrasé et de l'écriture du Gainsbourg de la fin (avec son utilisation de l'anglais mêlé au français) sur le rap et les rappeurs. Gainsbourg, qui écoutait toutes les musiques et connaissait bien les États-Unis, avait tout compris avant tout le monde, tout assimilé. À noter que MC Solaar a donné à Jane Birkin une chanson intitulée «Love Slow Motion», pour son album *À la légère*, sorti chez Mercury en 1998. En signe, peut-être, de reconnaissance.

que la leur. Dans tous les cas, nous avons privilégié l'inspiration, l'originalité, la virtuosité de l'écriture. Les textes sont reproduits tels quels, à l'exception de quelques fautes d'orthographe que nous avons corrigées.

Cette anthologie reflète, et c'est la loi du genre, un choix personnel, sans préjugé aucun si ce n'est celui du talent, et avec le plus grand éclectisme. Il va sans dire que nous ne reprenons pas à notre compte toutes les idées, tous les propos de nos rappeurs, que nous n'aimons pas forcément tous ces textes de la même manière que nous aimons Villon, Rutebeuf, ou d'autres poètes, et que nous ne prenons aucun pari sur leur postérité. Ce dont nous sommes sûrs, en revanche, c'est de l'importance du rap dans la chanson, donc dans la poésie française de cette fin de siècle, et qui ne peut que s'accroître encore dans les années à venir. Le rap, c'est comme un courant d'air du temps. Nous avons essayé de le saisir. Ceux qui aiment déjà le rap, qui en écoutent, auront, nous l'espérons, plaisir à en lire, et à le voir considéré comme un des beaux-arts. Ceux qui n'en écoutent pas seront, nous l'espérons également, curieux d'en lire, considéré en tant que mode d'expression poétique.

C'est à une entreprise de récupération, d'assimilation, d'agrégation que tend la présente anthologie. Ainsi a toujours procédé la littérature française. Accueillir les créateurs, les langues, les œuvres étrangers, les marier à son propre fonds, les intégrer. N'en déplaise aux intégristes de tout poil, dont la méconnaissance de notre histoire n'est plus à démontrer, la France est depuis la nuit des temps un pays de métèques, sa langue métisse, et sa littérature plurielle. Quand elle se replie sur elle-même, elle est fichue. À tout le rebours, elle possède une sorte de génie propre dont elle se doit de faire don généreusement, lorsqu'elle est elle-même, à la fois à tous les francophones, qui « ont le français en partage », selon la belle expression du regretté Maurice Druon (dont je ne suis pas sûr qu'il ne goûtait pas la poésie d'un MC Solaar, Tchado-Sénégalais de Villeneuve-Saint-Georges), et au reste du monde. À tous ces titres, le rap y a résolument sa place, et un rôle majeur à jouer dans le rayonnement de notre « exception culturelle ».

*Juignettes, été 1999-été 2009.*

*Les trois piliers du rap français*

# MC Solaar

À tout seigneur, tout honneur. MC Solaar, en une vingtaine d'années de carrière, est devenu une superstar, y compris à l'international, et a popularisé le rap, en le faisant sortir de son ghetto pour l'ancrer dans la chanson française. D'où le succès, le respect du plus grand nombre, et aussi, de la part de rappeurs plus jeunes et plus intransigeants, des attaques, sous prétexte qu'il aurait trahi le rap des origines. Il est vrai que son écriture, poétique à l'évidence, proche de celles d'un Gainsbourg ou d'un Boris Bergman (qui fut longtemps le parolier de Bashung), le place à cent coudées au-dessus de bien d'autres. Né en 1969 à Dakar, de parents d'origine tchadienne, Claude M'Barali a grandi à Villeneuve-Saint-Georges.

Son premier disque, « Qui sème le vent récolte le tempo », sorti en 1991, fit figure de révélation et d'événement. Depuis, il a donné six autres disques studio, plus contrastés, mais riches en belles chansons, et un album « live ». Sa production tend à s'orienter de plus en plus vers la chanson traditionnelle. Son « Chapitre 7 » a obtenu une Victoire de la musique en 2008, dans la catégorie « musiques urbaines ».

■ **Discographie :** « Qui sème le vent récolte le tempo » (Polydor, 1991) ; « Prose Combat » (Polydor, 1994) ; « Paradisiaque » (Polydor, 1997) ;

«MC Solaar» (Polydor, 1998) ; «Le tour de la question», double live enregistré à l'Olympia (East West, 1999) ; «Le cinquième as» (Sentinel Ouest, 2001) ; «Mach 6» (Sentinel Ouest, 2003) ; «Chapitre 7» (Sentinel Ouest, 2007).

## MATIÈRE GRASSE CONTRE MATIÈRE GRISE

Moteur pour la jeunesse du tempo, la gamme do ré mi
    fa sol la si do
Paris, capitale de la Sono mondiale écoute ces mots
Thèse, antithèse, synthèse, un doute, une hypothèse
Et si les infos n'étaient que foutaises
J'ai fait mon enquête, conclusion la voici
Que les militants, pas les militaires, pas les colonels, pas
    les colonies
Le message est clair, fallait-il me taire
Au nom de quoi, car il est dit que nous sommes tous
    frères, pères, mères,
Dans ce monde brutal,
Africains, asiatiques, occidentales
Oublie tes réflexes, tes pulsions et analyse

Car c'est matière grasse contre matière grise

Trop intelligent pour le travail manuel,
Trop habile pour un simple job intellectuel
Sans vantardise excessive le rap est l'une des solutions
Pour parler des problèmes sans discrimination
On en a marre de voir très tard le soir sur les boulevards
Des bagarres de jeunes gens, on en a marre des régimes
    totalitaires

La haine à l'extrême, total Hitler !
Alors bouge, bouge, bouge contre la bêtise

Car c'est matière grasse contre matière grise

Franprix, Uniprix, Viniprix, Monoprix, saloperies
Nos commerçants l'ont bien compris
Ce monde caca-pipi-caca-pipitaliste, on augmente les
   prix
Puis tire les bénéfices
Et quand le chat n'est pas là, les souris dansent
Le Shah d'Iran est mort et c'est la même cadence
On voit la dèche au Bangladesh, car il y a la dette au
   bang-la-dette
La déroute à Beyrouth en route pour le Liban
Un seul exemple sorti d'un président
On meurt de scarlatine en Amérique latine,
Les dictatures durent depuis trop longtemps
Jeux d'Roumains, jeux vilains, il est mort l'assassin
Que tu le veuilles ou non, car maintenant le climat est
   plus sain

Car c'est matière grasse contre matière grise

J'étais dans le treizième, place Tien-Anmen
Tranquillement assis au restaurant chinois
Quand un gars arrive, vietnamien je crois
Il me dit « MC Solaar, tu manges du chat »
La révolution se faisait dans mon abdomen
C'était comme une allégorie de la place Tien-Anmen
Pour mater les méchants matous j'ai dû manger des
   nêms

Car mon suc gastrique avait quelques problèmes
Répression de la liberté, faut que j'te le dise

Car c'est matière grasse contre matière grise

## ARMAND EST MORT

Fait divers en plein été
De galères en galères Armand s'est retrouvé clochard
Pourtant depuis tant d'années
Son job perdu, il avait recherché
Abandonné de sa femme et de son chien Albert
Mort, lors d'une dispute d'un coup de revolver
Et dans le quartier, révolté, rebelle de dernière heure
La quarantaine dépassée, il est seul et il pleure
Il est trop tard pour s'intéresser à son triste sort

Armand est mort

Pourtant dix ans auparavant devant ses enfants
Leur enseignant l'amour et le respect des parents
La haine de l'avarice dans ce monde dément
Armand passait du bon temps
Accident du travail, quelques indemnités
Il retrouve un emploi puis est licencié
Invité au mariage de sa femme, Armand
Perd au tribunal la garde de ses enfants
Il est trop tard pour s'intéresser à son triste sort

Armand est mort

Avant sa fin, il habitait une belle propriété
Avec vue sur la mort, un asile de paumés
Avant sa fin, avant sa mort, il en fut délivré
Laminé, décervelé, lobotomisé
Il est trop tard pour s'intéresser à son triste sort

Le pauvre Armand est mort

## CAROLINE

J'étais cool, assis sur un banc, c'était le printemps
Ils cueillent une marguerite, ce sont deux amants
Overdose de douceur, ils jouent comme des enfants
Je t'aime un peu, beaucoup, à la folie, passionnément
Mais à la suite d'une douloureuse déception sentimentale
D'humeur chaleureuse je devenais brutal
La haine d'un être n'est pas dans nos prérogatives
Tchernobyl, tcherno-débile ! jalousie radioactive
Caroline était une amie, une superbe fille
Je repense à elle, à nous, à nos cornets-vanille
À sa boulimie de fraises, de framboises, de myrtilles
À ses délires futiles, à son style pacotille

Je suis l'as de trèfle qui pique ton cœur, Caro-Line

Comme le trèfle à quatre feuilles, je cherche votre
    bonheur

Je suis l'homme qui tombe à pic, pour prendre ton cœur
Il faut se tenir à carreau, Caro ce message vient du cœur

Une pyramide de baisers, une tempête d'amitié
Une vague de caresses, un cyclone de douceur
Un océan de pensées, Caroline je t'ai offert un building
    de tendresse
J'ai une peur bleue, je suis poursuivi par l'armée rouge
Pour toi j'ai pris des billets verts, il a fallu qu'je bouge
Pyromane de ton cœur, Canadair de tes frayeurs
Je t'ai offert une symphonie de couleurs

Elle est partie, maso
Avec un vieux macho
Qu'elle avait rencontré dans une station de métro
Quand je les vois main dans la main fumant le même
    mégot
Je sens un pincement dans son cœur, mais elle n'ose dire
    un mot

Je suis l'as de trèfle qui pique ton cœur, Caro-Line

Claude MC prend le microphone genre love story ragga
    muffin
Pour te parler d'une amie qu'on appelle Caroline
Elle était ma dame, elle était ma came
Elle était ma vitamine
Elle était ma drogue, ma dope, ma coke, mon crack
Mon amphétamine, Caroline

Je repense à elle, femme actuelle, vingt ans, jeune et jolie
Remets donc le film à l'envers, magnéto de la vie

Pour elle, faut-il l'admettre, des larmes ont coulé
Hémorragie oculaire, vive notre amitié
Du passé, du présent, je l'espère du futur
Je suis passé pour être présent dans ton futur
La vie est un jeu d'cartes,
Paris un casino
Je joue les rouges... cœur, Caro

## BOUGE DE LÀ

Tout a commencé dans la ville qu'on appelle Maisons-
Alfort
Quand je vois une fatma chelou qui fait bouger son
corps
Elle me dit «MC Solaar, viens-là qu'j'te donne du
réconfort»
J'ai dit «Non merci c'est très gentil mais je ne mange pas
de porc»

Bouge de là

Je continue mon trajet, j'arrive vers la gare de Lyon
Quand je vois un gars qui se dit vraiment très fort
comme un lion
Il me dit «Claude MC est-ce que tu veux qu'on se
boxe»
Ses hématomes étaient plus gros que les seins de
Samantha Fox

Bouge de là

Ma voisine de palier, elle s'appelle Cassandre
Elle a un petit chien qu'elle appelle Alexandre
Elle me dit « Claude MC est-ce que tu veux le
    descendre »
J'ai pris mon Magnum, j'ai dû mal comprendre

Bouge de là

Directement, je suis allé chez Lucie
Qui aime les chiens, les chats et trente millions d'amis
Elle me dit « T'aimes les animaux, toi mon super MC »
J'ai dit « Oui j'adore, avec du sel et bien cuits »

Bouge de là

Plus tard dans le métro y a un charclo qui traîne
Il me raconte toute sa vie, il me dit qu'il vient de
    Rennes
Ensuite il me dit qu'il pue, qu'il faudrait qu'il se baigne
J'lui dis « Jette-toi dans l'égout, t'arrives direct dans la
    Seine »

Bouge de là

Je continue mon trajet, j'arrive vers le boul'vard Barbès
Quand je vois un Marocain qui venait de Marrakech
Il me dit « Arwhah, arwhah, j't'achète des rap en
    dinars »
J'ai dit « Non j'veux des dollars car on m'appelle Solaar »

Bouge de là

Alors j'ai bougé, j'ai dû m'en aller, partir bifurquer
J'ai dû m'évader, j'ai dû m'éclipser, j'ai dû me
    camoufler
J'ai dû disparaître, pour réapparaître

Bouge de là

## OBSOLÈTE

Naguère les concierges étaient en vogue
Désormais on les a remplacées par des digicodes

Dans ma ville il n'y avait pas de parcmètres
Je voyais des ouvriers manger des sandwiches à
    l'omelette
Le passé me revient comme un bilboquet
La présence d'un passé, omniprésent n'est pas passée
Les Halles supplantées par le Costes
L'allégorie des Madeleines file, à la vitesse de Prost
L'air y était pur, Paris plus beau
Désormais le ticket de métro augmente comme le
    nombre d'autos
Oh shit ! À la télé, y a plus de speakerine
Y a des films de série B que j'estime à quinze centimes
Les States nous plaquent ces films de trois piécettes
Que je mate, mais mon intellect constate qu'ils sont
    OBSOLÈTES.

OBSOLÈTE mais stylée la phrase qui suivra
« L'homme qui capte le mic et dont le nom possède le
    double A »
La variet' est sa cible SOLAAR l'arbalète
Qui pique cette zique solite et alite l'élite
Qui élabore depuis des décennies
Une main basse sur mon art pour qu'il avance au
    ralenti
Mais le Grand Manitou, manie tout, t'inquiète !
Il démasque la musique à masque et la place en
    hypothèque
Puis, inscrit en italiques sur son agenda
Le top des trucs qu'il n'aime pas
Bref pour être clair et net le ventricule s'accompagne de
    l'oreillette
Tout comme à mes oreilles la variet' s'acoquine et rime
    avec OBSOLÈTE.

OBSOLÈTE est aussi l'allumeuse qui
Portait des bas résille et empestait le patchouli
Pour des services rendus elle me dit « J'te paye en
    nature »
Et je reste stoïque quand elle me tend des confitures
Ceci est oublié quand au mois de décembre
Elle me téléphone et me dit « Passe me prendre »
Bref ! J'en abuse avec délectation
Douce comme de l'hydromel je suis en affection
Puis me glisse, m'immisce, entre les cuisses lisses de la
    Miss
Ses yeux se plissent et elle dit « Stop ton vice »
Je suis comme une balle, elle joue le rôle d'une raquette
L'endormeuse allumeuse se prend pour une starlette

Mais sache que dans les cinémathèques, tes presque
    galipettes désuètes
Sont classées dans les séries B au rayon OBSOLÈTE.

## LA CONCUBINE DE L'HÉMOGLOBINE

J'ai vu la concubine de l'hémoglobine
Balancer des rafales de balles normales et faire des victimes
Dans les rangs des descendants d'Adam
C'est accablant, troublant, ce ne sont pas des balles à blanc
On envoie des pigeons défendre la colombe
Qui avancent comme des pions défendre des bombes
Le Dormeur du Val ne dort pas
Il est mort et son corps est rigide et froid
J'ai vu la concubine de l'hémoglobine
Chez le Vietmin au Vietnam, sous forme de mines de
    napalm
Parce que la science nous balance sa science
Science sans conscience égale science de l'inconscience
Elle se fout du progrès, mais souhaite la progression
De tous les processus qui mènent à l'élimination
J'ai vu la concubine de l'hémoglobine
Morne comme l'automne, un printemps en Chine
Ça c'est assez, passé, assez gâché, cassé
La porcelaine de peine, qu'est la colombe de la paix
L'art de la guerre tue de jeunes bambins,
L'œuvre de Kim Song Man reste sur sa fin
La guerre niqua, Guernica
Et comme le pique-assiette, Picasso la repiqua

J'ai vu la concubine de l'hémoglobine
En campagne électorale dans mes magazines
Jovial, mais bancal, le politicien s'installe
Comme le dit IAM « C'est un hold-up mental »
Je les dose avec le prose combat
Pose avec le mic, le mic est devenu ma tenue de combat
J'aime la politique quand elle a assez de vocation
Pour lutter contre les processus qui mènent à l'élimination
J'ai vu la concubine de l'hémoglobine
Dans une lutte économique, Kalach – M 16 (Sixteen)
L'opinion s'aperçoit vite qu'il y a des malheureux,
Quand le sol vire au rouge viennent les casques bleus
Le SOLAARSENAL est équipé de balles vocales,
Face au sol-sol, sol-air, Solaar se fait radical
Constate le paradoxe du pompier pyromane, hum
C'est comme si la mafia luttait contre la mafia
J'ai vu la concubine de l'hémoglobine
Se faire belle comme les voûtes de la chapelle Sixtine
Pour l'alphabétisation des néo-fachos, à froid ou à chaud,
Avant le bachot, ils souhaitent le cachot, va revoir Dachau
Tel est le B.A.-BA de l'A B C du jeune facho
C'est la horde aux ordres d'un nouvel ordre
Un peu partout dans les villes du globe, les crétins
   tissent leurs cordes
J'ai vu la concubine de l'hémoglobine
Elle aime la prolactine et les black smokings
J'ai vu la concubine de l'hémoglobine
J'ai vu la concubine de l'hémoglobine

Voici un extrait de ma pensée profonde,
Ma guerre des nerfs parce que l'ignorance c'est le nerf
   de la guerre,

On nous dit, Dieu est lumière, nous sommes tous frères,
Mais on constate que la lumière est éteinte,
Je souhaite que nous ne fassions plus les mêmes erreurs,
C'est dur à dire, mais...

## SÉQUELLES

Elle se baladait en chantant la, la, la, quand
Je l'ai rencontrée j'aurais aimé être Lacan
Dès les premiers rapports elle me fit du mal
J'étais le mâle et la femelle fait mal
Dieu sait qu'elle sait quelles séquelles
Acide et douce telle la citronnelle,
La Miss me laisse par son acte con
J'ordonne l'abscisse mais cela reste abscons
J'ai un esprit saint, dans un corps très sain
Je fais le bien, mais elle est allée voir plus loin
J'en garde des séquelles mais je sais qu'elle sait
Que le silence est d'or, est d'or, alors je me tais

Le silence est d'or

Sur la plage des costauds jouent aux dominos
Elle me fait constater que j'ai moins d'abdominaux
Que je n'ai pas les triceps de Sylvester Stallone
Mais ça me froisse le cortex ; « Je m'appelle Claude »
Dieu sait qu'elle sait quelles séquelles
Vive ou vivote dans mes aires sensorielles.
Pourtant classé non macho, je n'étais pas collabo,

Des mythes d'infériorité dont te taxait Rousseau
Mais Miss me nomme Lilliput comme chez Swift
Du fait de mon mètre soixante-dix-huit
Oh, belle elle est belle, elle est bonne, elle a du bol la
    demoiselle
Elle se trouvait des défauts je trouvais qu'elle était belle
J'en garde des séquelles mais je sais qu'elle sait
Que le silence est d'or
Est d'or, alors je me tais

Le silence est d'or

Aujourd'hui je sais que j'ai été un imbécile
Elle était presque ma presqu'île
Les beaux parleurs ont beau parler
La belladone reste à mes yeux de toute beauté
Seul, Dieu sait quelles sont les séquelles
Incrustées dans ses yeux de miel
J'ai tenté de répondre à ses besoins
En m'inspirant du fin du fin
Cela fait des années que je suis classé dans les bons.
Mais bon, le son de son silence me fait monter d'un
    demi-ton
Elle m'inspire, tout comme le souvenir de son sourire
J'en garde des séquelles mais je sais qu'elle sait
Que son silence est d'or, est d'or, alors je me tais

Le silence est d'or

# PROSE COMBAT

Le reptile tranquille se faufile et gobe
L'air du temps du globe
La plèbe et le snob
Apprend surpris que le dilettante pense,
À devenir MC Solaar par correspondance
Cool tel un bab, bon comme Bob
COB de la pensée que le gogo baba gobe
Sans blague je m'éclate avec les gags de Dupontel
Aime au ciné le jeu de la belle Isabelle
Je mange de la musique, énergétique
Garde dans ma poche l'acolyte du mic
Mon bic pratique un esthétique constat
Une technique nommée le prose combat

L'ex de mon ex, n'est pas tex ni mexicain
C'est un mec honnête net poussé par le bien
Bien entendu il se place avec classe
S'efface et fait surface tout se passe par passe-passe
Passe-moi le mic et capte ces mots
« QUI SÈME LE VENT RÉCOLTE LE TEMPO »
Mon cerveau est pour mon stylo le moteur
Paix au système D, respect à McGyver
Quand, avec une allumette il fait un catamaran
C'est marrant et je ris comme Fanny Ardant
Occasionnellement pourtant mon bic se bat
Avec l'art subtil du prose combat

PROSE COMBAT

Cette fois le ciel est beau, je squatte en solo
Sur un banc public près de Campo-Formio

Je pense à l'SOS issu de mon esprit
« Allô papa tango charly »
Le père de celle qui partagea mon Dunlopillo
Avait les idées proches de celles de J.M. le stylo
Hostile à mon style j'ai filé passé composé
Pour créer le plus que parfait
Elle suit son chemin, je suis le chemin
Tous les chemins mènent à l'homme dit le parchemin
Le papa gaga a pour dada des thèses cacas
Laarso néo-dada fait du prose combat

## PARADISIAQUE

Viens dans les quartiers voir le paradis
Où les anges touchent le RMI
Ici le scooter est le véhicule
Et les beepers pullulent
C'est d'un pas léger qu'arrive l'huissier
Accompagné du serrurier
Les idoles des jeunes sont des porno-stars
Voire Pablo Escobar
Si les anges ont des ailes ici les gosses volent
Demande à Interpol
Ils ont des pogs et songent à leur jacuzzi
À chacun son paradis
Je suis au septième ciel
Ma tour est plus belle que celle de Babel
Je vais à l'école buissonnière. Je gère.
Et dans la ville j'erre

Ne me parle pas de travail à la chaîne
J'veux pas finir comme Kurt Cobain.
Le maire deale douze idées dans le quartier
Et les parents s'en vont voter
Il a des récits propres
Offre le bonheur comme un clip de Réciprok
Il lève les bras se balance pour qu'on vote pour lui
À chacun son paradis
Quand tu joues aux billes, je joue au golf
Ballesteros c'est mon prof
Depuis mon mont Sinaï, je prêche
À des sumos qui rêvent, de saut à la perche
Arrimé à la rime, je trime sans frime contre le crime
Un dream clean, poussé par la base BIEM
J'suis pas le boss des boss
Le paradis pour moi est de voir grandir des gosses
Les protéger de la pluie
Constate ceci. Claude MC bronze la nuit
Demande à Claudia. J'ai plein de tours de magie
Pour faire de l'enfer un paradis
À chacun son paradis

## LES TEMPS CHANGENT

Au temps des jupes-culottes, j'étais cool à l'école
Mangeais à la cantine, y avait pas de vache folle
À la télé, j'étais fana d'Ayato
Dans la rue, c'était l'aiguiseur de couteaux
Le must à l'époque était le pat d'eph

Folon, Gilles Villeneuve et Michel Polnareff
Créateur d'avant-garde avant Gaultier
Je choquais, mes blue-jeans avaient quatre ourlets
Tu peux me nommer rappeur nostalgique
Néo-romantique aux actions bucoliques
Avant pour les gosses les grands étaient des mythes
Regarde, maintenant c'est les parents qui flippent

Les temps changent

J'vais à la fac de la façon la plus lente
Mais j'aurais dû sécher pour éviter l'amiante
J'ai des potes de toute sorte, paix à Som Vang !
On se voit après les cours et je progresse au ping-pong
Dans les soirées rap, j'attaque free style au mic
Mountain bike l'obstacle avec une paire de Nike
J'avais dans ma classe des fanatiques d'Inès
Au café PMU c'était plus Pierrette Brès
J'te parle du temps, du salut dans la rue
De la simplicité mais ça n'existe plus
Sans blague ! les gens s'affichent comme des tags
On drague ! même avec un phone portable

Les temps changent

C'est un peu comme Perec je me souviens
De l'académie des neuf et des temples égyptiens
Je n'ai pas vu Le Caire depuis la mort de Sadate
Si tu comptes en années, tu comprendras que ça date
J'voulais être pickpocket chez les kangourous
Des potes, T.-Bone steaks pour le barbecue
Mais le monde est complexe, j'ai le tipp-ex

Comme tout le monde je reste perplexe
Je me rappelle encore de mon petit quartier Nord
Nous faisons des tas d'efforts, pour nos corps, par le
    sport
C'est fini, y a plus d'athlètes sur les pistes
On assiste à des compèt de 8.6

Les temps changent

## LES PENSÉES SONT DES FLOWERS

À l'heure où j'écris ces mots, je suis au calme
D'un Vietnam, sous une pluie de napalm
Arrête ton char, j'pratique la guérilla
La technique du coup d'État Che Guevara
Au Caire, j'ai mangé du « esche »
Ici on prêche, lèche les bottes du Reich
Dois-je prendre la fuite comme Kunta Kinté
Ou avec musicalité dealer mes pensées
Oï, les pitt-bulls mordent à la jugulaire
Hier, c'était la mer pour le Triangulaire
Un pot de terre, marche avec le pauvre
Dépose ses textes donc s'écarte la fraude
Paix à Moulin, pour la Résistance
Ainsi qu'au tirailleur qui a perdu l'existence
Que la lumière naisse de l'obscurité
Les pensées sont des flowers... qu'il faut arroser

Les pensées sont des flowers

Un sang impur abreuve nos microsillons
$C_4H_{10}$ explose à ma station
HIV croît, comme de la pelouse
J'ai envie d'être une boîte de douze
Ma cousine m'a dit de parler vrai
Et je le fais, même si ça fait pas new-yorkais
Faire la bise, à la tour de Pise
C'est comme jouer au Tac-o-Tac pour sortir de la crise
Ma vie est un free style tonique
Contre toutes sortes de thèses, eugéniques
Si cette année, c'est l'année de la Chine
Je n'en saurai pas plus sur les arbres du royaume Ming
Pas d'apologie du Tchikipaw !
Mon concept n'est paw, la fête du cinémaw
C'est aux gosses que je dois parler
Les pensées sont des flowers qu'il faut arroser

Les pensées sont des flowers

Acte 3, ils ne se cachent plus
Crachent sur les tombes des personnes qu'ils tuent
Ils font du biz avec l'Humanitaire
Le nerf de la guerre est interplanétaire
Pour un politicien mis en examen
On met en taule mille voleurs de sac à main
Bien. On me parle des Droits de l'Homme
Où est l'équité quand la justice slalome
Y a plus de morale, les combats d'hier
Sont pris en main par le globe réactionnaire
Mister Voltaire viens dans mon quartier
Lancer ton esprit qu'il se place dans la cité
J'écris ces mots, je suis au calme

Une femme a perdu son job et c'est le drame
Elle a des larmes, et pense à ses mouflets
Ses pensées sont des flowers... qu'il faut arroser

Les pensées sont des flowers.

## LA CINQUIÈME SAISON

J'ai froid dans ma chambre. Ça ressemble à décembre
Doisneau me parle d'amour tendre
Une idylle scolaire c'est des yeux qui brillent
Je vrille et deviens claude la simple brindille
Vêtements démodés, tendresse et innocence
Sur les photos de mon flirt d'enfance
L'amour est aveugle quand les yeux pétillent
J'ai les pupilles qui grillent
On est à l'école. Je sais que j'suis pas beau
Claudio quasi Quasimodo
Si elle aime l'esprit, j'atteindrai le bonheur
Petite Candy, je serai Grandchester.

Sister je ne suis plus un Sniper
T'as le viseur, la balle est dans ton cœur
Sister je ne suis plus un Sniper

L'as de trèfle une carte parmi d'autres
Perdue dans le jeu. Anonyme apôtre
Avec du sel et de l'eau je lui offrais la mer
En alchimiste, pour une croisière
Quitter le building, direction la paille

45

Simuler la Pampa. Élever du bétail
Des HLM à l'ULM.
Dans la jungle urbaine je draine le Nouvel Éden
Mais le rêve s'arrête là
Quand miss kiss un kid de la terminale 3
Je repense à l'école les jours de canicule,
Moins treize dans ma chambre, mental est le calcul

Sister je ne suis plus un Sniper
T'as le viseur, la balle est dans ton cœur
Sister je ne suis plus un Sniper

Aujourd'hui, c'est la cinquième saison
Voilà pourquoi je fais du son
Une fleur et je pleure sous la pluie à Cherbourg
Comme immolé, par les feux de l'amour
J'étais jeune, elle plutôt vanille
Notre amour scolaire plus clean qu'à Manille
Et même si dans mon art j'ai la ceinture noire
J'ai en moi plus de Claude que de Solaar
Sister je ne suis plus un Sniper
T'as le viseur, la balle est dans ton cœur

Je t'offre l'extase, j'ai la solution
La palme du calme. Pour la cinquième saison

C'est la cinquième saison
Loin du froid
C'est la cinquième saison
Un nouvel Éden, un espoir

# SOLAAR PLEURE

Fuck la Terre si je meurs voici mon testament
Déposez des cendres dans la bouche de tous nos
    opposants
Virez à coups de front kick les faux qui viennent se
    recueillir
J'veux des fleurs et des gosses et ma mort serve leur
    avenir
Peut-être comprendront-ils le sens du sacrifice
La différence entre les valeurs et puis l'artifice
Je sais qui pleurera et pourquoi vous êtes les bienvenus
Y aura pas de parvenus, juste des gens de la rue
La presse people n'aura que des smicards et des sans-
    papiers
Costume mal taillé même si les mecs voulaient bien
    s'habiller
Ci-gît Claude, initiales MC
Un p'tit qui a voulu que la vie d'autrui soit comme une
    poésie
Et surtout va pas croire qu'il y aura dix mille filles
Je dis ça pour ma famille je n'étais pas parti en vrille
On me jette de la terre, on dépose quelques fleurs
Seul sous son saule pleureur : Solaar Pleure.

> *Refrain*
> *Solaar il est l'heure, Écoute Solaar pleure*
> *Solaar il est l'heure, Écoute Solaar pleure*

Mon âme monte, je vous vois en contre-plongée
C'est ceux qui sont déjà partis que je m'en vais retrouver
Ne vous inquiétez pas, non, je pars pour le paradis

Pas pour parader mais professer la 7ᵉ prophétie
J'ai tenu tête aux maîtres, aux prêtres, aux traîtres,
Aux faux-culs sans cortex qui dansent encore le funky
    jerk
Si c'est toi, courbe-toi, marche profil bas et tais-toi
Recherche une aura sinon va, tiens ! gomme-toi.
Excusez pour le mal que j'ai pu faire, il est involontaire
J'ai été mercenaire plutôt que missionnaire
Je regrette et pour être honnête je souhaite que Dieu me
    fouette
Dieu tu es la lettre il faut que l'on te respecte
Archange, comprends-moi au nom du père
Certains me trouvent exceptionnel mais j'ai pas fait
    l'élémentaire
Le mic pleure, la feuille pleure, le bic pleure
Et sous le saule pleureur : Solaar pleure.

*Solaar il est l'heure, Écoute Solaar pleure*
*Solaar il est l'heure, Écoute Solaar pleure*

Je suis au paradis je sillonne les plaines
À la recherche de resquilleurs dans le jardin d'Éden
J'ai contrôlé les anges pas de haine mais pas d'ennemis
Sinon j'ai le canif et j'inaugure le meurtre au paradis
J'ai joué au maigrelet chaque fois que l'on m'a provoqué
Contemplatif et ordonné, j'ai pardonné sans pardonner
Mais je n'étais pas un héros, juste un mec fait d'os et d'eau
Maintenant je suis une âme qui plane perdu sans stylo
Éden exterminator, ange exterminateur,
Videur matador du divin examinateur
M'assure que c'est par méprise que je trippe avec les
    anges

Et m'envoie aussitôt vers les flammes et puis la fange
500 one + 165, 111 × 6, le code barre de l'Antéchrist
Je vois des porcs et des sangliers
Le feu et le sang liés
Je prie car j'ai peur
Satan rit
Solaar pleure, Solaar pleure, Solaar pleure...

Non, pourquoi moi ? C'est une erreur
Garde-moi, je suis noble de cœur
Arrêtez la chaleur, je crache sur Belzébuth
Je garderai la foi et puis j'ai l'uppercut
Pourquoi ce blâme ? Pourquoi ces flammes ?
Pourquoi ce torréfacteur qui nous crame ?
Cet âne de Chétane plane sur nos âmes
Il vit par le feu, périra par le lance-flammes
Du lac Lancelot, double A du graal
Rabbin, prêtre, imam
Priez, aidez-moi, pourquoi moi
Pourquoi ce karma, Zarma
J'ai porté la foi jusqu'à la main de Fatma
Je suis comme un gladiateur desperado
Envoyé en enfer pour une mission commando
Lucifer ne vois-tu pas que Dieu est fort
Si nous sommes soudés, nous t'enverrons toucher la mort
Solaar pleure, ses larmes éteignent les flammes
Libère les âmes, fait renaître Abraham
Le diable est à l'agonie unissons nos forces
Bouddha grand Architecte Thérésa bombons le torse
Priez, aidez-moi, il chancelle, il boite
Il se consume, il fume, il n'a plus qu'une patte
Je vois qu'il souffre, je vois qu'il hurle

Il a créé le mal et c'est le mal qui le brûle
Le bien pénètre chez la bête de l'apocalypse
Comme poussé par une hélice pour que son aura
    s'éclipse
Raël, Ezechiel, avec la lumière combattre le mal
    suprême
Le mal hurle, je l'entends hurler
Des fleurs poussent el diablo est carbonisé
Il implose, il explose,
Et de l'antimatière jaillissent des ecchymoses
Satan est mort le bien reprend vie
À quand la terre comme nouveau paradis
On ne sait plus que faire,
On ne sait plus quoi faire
L'enfer est sur Terre et qui la gère?

## JUMELLES


Je m'appelle X, elle s'appelle Y
Je veux être près d'elle comme le sont ces deux lettres
Quand je l'ai vue dans cette bibliothèque
Une onde de bonheur a envahi ma tête
Seule, elle lisait du Dolto
Je l'observais frétillant. Envie de faire des saltos
Quand on s'est regardé elle a souri. Double Cheese
J'avais comme envie de lui offrir des doubles bises

Avant la fermeture elle m'a abordé
Se disant flattée d'être regardée

M'a demandé mon phone et puis m'a dit j't'appelle
Avec une voix sincère et chaude comme dans un gospel
J'ai attendu deux ans, qu'enfin l'amour sonne
Maudit mon téléphone comme les Telecom
Et j'crois que l'amour ne m'aime pas
Quand on m'dit «t'en as connu d'autres» je réponds
    «même pas»

*Elle a fait la belle, puis s'est fait la belle*
*Elle s'est évanouie comme les Tours Jumelles*
*Elle a fait la belle, puis s'est fait la belle*
*Je sens que je sombre comme les Tours Jumelles*

Et puis un jour elle m'appelle
Allô Monsieur X. Sa voix sensuelle.
Me donne rendez-vous près du métro Gaîté
Si seulement, j'avais le don d'ubiquité
J'ai acheté des roses rouges ainsi que des roses
Pour défendre ma cause préparé de la prose
Genre : «Si le bonheur doit être partagé
J'te donnerai toute ma part pour ne pas te doubler.»
Mais quand j'arrive elle est avec un type.
Ils s'embrassent tendrement je trouve cela cynique.
Ça faisait tant de temps que j'attendais cette heure.
Quand elle m'a regardé, j'ai fait tomber les fleurs.

*Elle a fait la belle, puis s'est fait la belle*
*Elle s'est évanouie comme les Tours Jumelles*
*Elle a fait la belle, puis s'est fait la belle*

Je suis resté tétanisé. Comme un homme, un vrai
Violemment touché. Comme un homme, un vrai

J'ai senti sur ma joue qu'une larme perlait
Puis j'éclatai en sanglots. Comme un homme, un vrai
Mais tu sais dorénavant les histoires sont belles
Celle que j'observais était sa sœur jumelle
Elle voulait savoir si j'avais des sentiments
Puis elle m'a dit calmement
Qu'elle avait retrouvé mon numéro le matin même
Que dans son grand lit vide, elle attendait mes « je t'aime »
Qu'on allait rattraper tout le temps perdu
Et que « dorénavant on ne se quitte plus »
La morale de cette histoire s'il y en a une
C'est que toute personne a sa moitié sous la lune

*Elle s'est évanouie comme les Tours Jumelles*
*Je sens que je sombre comme les Tours Jumelles*

## COUP D'ŒIL DANS LE MÉTRO

Il a la tête basse assis seul sur son lit,
Il pense à la fille qu'il a vue vers midi,
La télé fonctionne mais il ne l'écoute pas,
Il veut la serrer dans ses bras...
Elle est dans la cuisine et elle pense à celui
Qui tenait la porte pour qu'elle vienne à lui,
Juste un regard pas le moindre mot
Quand s'est fermée la porte du métro...

Cette planète est grande mais la ville est petite,
Elle est sa perle rare lui il est sa pépite,

Pour se revoir ils font le même trajet
Parce que leur rêve est de se retrouver.
Elle le dessine à l'encre de Chine,
Quand lui cherche son sosie dans tous les magazines
Et il découpe les visages qui lui ressemblent,
Il faut qu'on les rassemble qu'enfin ils soient ensemble...

C'est un coup d'œil dans le métro (métro),
Un scénario pour la Metro (métro)
Nos deux héros semblent rétros (rétros),
Mais dans le monde réel on n'en fait jamais trop...

C'est un coup d'œil dans le métro (métro),
Un scénario pour la Metro (métro)
Nos deux héros semblent rétros (rétros)...

Seules les montagnes ne se rencontrent pas,
Ils se sont revus mais ils n'y croyaient pas,
Ça leur a fait l'effet d'une avalanche,
Une éruption de joie et de sentiments intenses...
Elle l'a chassé, il l'a pourchassée,
Elle l'a tant cherché il l'a recherchée,
Ils habitaient la même ville et le même quartier,
Même immeuble même étage, et même palier...

Ouvrir la porte aux sentiments c'est...
Peut-être l'ouvrir au bon moment...
C'est en tout cas le début de ce scénar,
Quand viendra le mot fin commencera leur histoire...

C'est un coup d'œil dans le métro (métro),
Un scénario pour la Metro (métro)

Nos deux héros semblent rétros (rétros),
Mais dans le monde réel on n'en fait jamais trop...

C'est un coup d'œil dans le métro (métro),
Un scénario pour la Metro (métro)
Nos deux héros semblent rétros (rétros),
Mais dans le monde réel on n'en fait jamais trop...
Dans le rôle principal il y a la providence,
Pour aider à l'intrigue il y a le facteur chance,
Les décors sont des décors naturels,
Et le casting est fait de personnages réels...
Mais la réalité dépasse la fiction
S'il s'agit de cœur et de séduction...
Tout est possible quand on est cible de Cupidon
Fin du film.

Mais dans le monde réel on n'en fait jamais trop...

C'est un coup d'œil dans le métro (métro),
Un scénario pour la Metro (métro)
Nos deux héros semblent rétros (rétros),
Mais dans le monde réel on n'en fait jamais trop...

C'est en février 1994 que le grand public de la variété découvre les Marseillais d'IAM, avec leur tube «Je danse le MIA», qui n'est pas forcément ce qu'ils ont écrit de plus profond! En fait, la préhistoire du groupe remonte à 1985, avec la rencontre de deux «minots», Philippe et Éric, qui ne s'étaient pas encore baptisés Akhénaton et DJ Khéops. Leurs potes Shurik'N, Imhotep, Malek Sultan et Kephren les rejoindront ensuite. C'est après un séjour à New York, en 1986, que leur projet musical prend corps, avant de se concrétiser en 1989. Fascination pour l'Égypte antique, références mystiques empruntées à l'islam ou au taoïsme, métissage des cultures, critique de la société contemporaine, une certaine dose d'humour... Après une phase de succès triomphal, le groupe a sorti deux albums studio et live et un best of, sans connaître le même retentissement. Des rumeurs de séparation courent régulièrement, d'autant que plusieurs membres du groupe ont sorti des albums solo, comme Akhénaton, présenté ici juste après.

■ Discographie : «Concept» (cassette coproduite, éditée chez Rocker Promocion, 1990) ; «De la planète mars» (Labelle Noir, 1991) ; «Ombre est Lumière», double album (Delabel, 1993) ; «Métèque et mat», album solo d'Akhenaton (Delabel, 1995) ; «L'école du Micro d'Argent» (Delabel, 1997) ; «Blue Print», album solo d'Imhotep (Delabel, 1998).

# COSMOS

Assis sur un point infime de l'univers courbe
Un paradis a été créé, un instant détourne le regard
Sur les étoiles, et leurs lumières
Des millions de vies possibles, tout autour de la Terre

Dire qu'ils croyaient à la platitude de la planète
Ceux qui parlaient de sphère, ont perdu la tête
À travers cela on a réalisé
L'insanité, la vanité, les folies de l'humanité

Mais tous savaient que rien ne se perd
Dans l'univers, pas de disparition de matière
De Démocrite à Mendeleev deux mille ans
Un classement : le tableau périodique des éléments

Les molécules, structures atomiques
Donnent matières minérales et organiques,
La vie est née, de l'infiniment petit
Et l'homme prend conscience seulement aujourd'hui

Que ce qu'il y a dans son corps ressemble étrangement
Au système solaire et aux astres brillants
Des frissons me parcourent, en fixant et scrutant
    Ouranos
Je m'incline, prisonnier du 7 et contiens le cosmos

Changti symbole des régions septentrionales
Issu d'une philosophie restée dans les annales
Bien longtemps s'est tu
C'en est assez à présent il n'en peut plus

La vérité ne se trouve qu'à l'intérieur de soi
Mais l'homme a détruit son véritable moi
Régi par les lois du matérialisme
Décomposant l'univers comme le ferait un prisme

Avec la lumière que l'on refuse de toucher
Car il est clair qu'il faut vouloir pour essayer
Élever sa spiritualité
Intérieurement chercher à s'éveiller

L'univers subit un dérèglement croissant
On oublie que notre rôle est important
Comment parler d'harmonie avec les énergies suprêmes
Lorsqu'on est en total désaccord avec soi-même

Que l'on se blottit sous l'aile de la compassion
Ou sous l'anthropomorphisme d'une religion
Nous étions censés maintenir une symbiose
En fait nous avons trahi le cosmos

Chaque être a une place
Dans l'espace, et le vide est comme une grande glace
La vitrine, au silence plane, une exposition
Des plus beaux objets de la création

Des bijoux rangés dans une cassette
L'orfèvre est minutieux, tout est clair tout est net
La hauteur, la largeur, la longueur, la position
De toute forme se déplaçant dans trois dimensions,
    attention

Le temps, prince magnifique des mesures
Accouchant, du passé, du présent, du futur

Et je joins mes mains, laisse glisser des mots
Augmente le pourcentage, d'activité dans mon cerveau

Tout est opposé mais équilibré
La chaleur, le froid, la sécheresse et l'humidité
Le bien, le mal, le jour et la nuit, le yin et le yang
S'embrassant comme des frères à l'instant du Big Bang

L'homme n'a plus les pieds sur terre mais dans sa merde
Et attend impatient, que son ignorance le perde
Il croit en lui et en sa vision hémisphérique
Quand 360 degrés est l'horizon panoramique

Le danger vient dans son dos comme Thanatos
Car il a négligé ses origines : le cosmos
Une étoile s'éteint une autre la remplace
Il en est ainsi pour toute chose c'est inévitable
La vie la mort le clair le sombre tant de dualités
Parfois on choisit parfois on ne peut s'y dérober

Mais en tant que médiateurs entre le ciel et la terre
Régis par l'un et dépendant de cette dernière
Notre tâche est d'assumer la liaison
Mission non remplie par la façon dont nous vivons

Seuls quelques-uns d'entre nous ont reçu le message
Cela nous dépasse nous les appelons sages
Peut-être qu'un jour dans les années qui viennent
Nous comprendrons le langage pourvu qu'il nous
    parvienne
Et d'autres s'engageront sur le chemin D.I.V.I.N.
Car tout baobab ne fut d'abord qu'une simple graine

Je délaisse un instant ce que vous qualifiez d'utopique
Dans la position du lotus je vide mon esprit

Atteins le mushin affûte ma perception
Laisse les ondes m'envelopper comme un cocon
Mon âme s'éveille l'énergie se renouvelle
Rivalisant avec Thanos je contiens le cosmos.

## VOS DIEUX ONT LES MAINS SALES

Je remonte loin loin loin dans ma mémoire pour y voir
Des peuples entiers engloutis par le noir
Pour qui pourquoi Dieu ne me prenez pas
Pour un idiot avec moi ça ne prend pas

N'était-ce pas lui qui prône les bienfaits de la tolérance
Et s'inscrit en faux contre tout acte de violence
Alors expliquez un peu pour quelles raisons
Celui des autres serait mauvais et le vôtre serait bon

Tant de massacres perpétrés par les brebis de Dieu
Qui bien souvent se sont transformées en loups haineux
Des enfants tombés au nom de leurs créateurs
Comble du paradoxe armés par leurs géniteurs

Vos dieux ont les mains sales mais cela vous est égal
Chacun veut être le seul et selon vous ne souffrir aucun
    rival
Pourtant dans leur livre ils utilisent un mot à outrance

Mais les actes qu'ils provoquent ne reflètent que
l'intolérance

Mauvaises nouvelles faits divers dans les infos
Une jeune fille s'est fait violer dans le métro
Il y avait des passagers mais personne n'a bougé
Même ses hurlements de terreur n'ont rien provoqué

Certains prétextèrent une paralysie due à la panique
Soyons honnêtes ils craignaient pour leur physique
Et sans honte ils iront faire des prières
Louer celui qui vomirait devant tant de bassesse

Ils disent avoir bonne conscience mensonge ils n'en ont
plus
Ce wagon fut fatal elle n'a pas survécu
Mais le remords ne les ronge pas une seconde
Aux yeux de leurs enfants ils sont toujours les meilleurs
du monde

Ils vivent sans craindre l'heure du jugement dernier
Car le tout-puissant juge les a déjà pardonnés
S'ils se retrouvaient dans la même situation
Ils auraient la même réaction car ils savent que la
compassion

Est une chose aisément accordée par leur maître
Ils passeront ainsi le portail céleste en levant la tête
Ces gens se foutent que leurs actes soient bien ou mal
Et c'est à cause d'eux que vos dieux ont les mains
sales

Avant d'en changer si vous permettez
Rapidement je continuerai sur le précédent sujet
En signalant que dans pareil cas de ceux qui n'ont rien
    tenté
Au moins la moitié vote Front national contre l'insécurité

Puis font l'autruche à la délinquance nocturne
Passez-moi l'expression mais c'est tout dans l'urne et
    rien dans les burnes
Cela dit j'enchaîne la liste n'est pas finie
Il y a tant de choses à dire et tant de choses à écrire

Les magasins pour chiens prennent le pas sur les sans-abris
Parce qu'on ne rénove pas les immeubles on préfère les
    détruire
On s'indigne devant le non-respect des droits de l'homme
Bien entendu si celui-ci atteint une certaine somme

Juste en face pour des femmes et des gosses le glas sonne
Pour que d'autres prennent leur place qui s'en soucie ?
    Personne
Vos éternels passent leur arme à gauche deux fois par
    heure
Étouffés sous le poids de vos horreurs

Vous pleurez leurs morts mais vous les offensez par celle
    des autres
Vous ne valez pas mieux que Judas l'apôtre
Parler d'amour avec un comportement animal paradoxal
À cause de cela vos dieux ont les mains sales

# JE DANSE LE MIA

Au début des années 80 je me souviens des soirées
Où l'ambiance était chaude et les mecs rentraient
Stan Smith au pied le regard froid
Ils scrutaient la salle le trois-quarts en cuir roulé autour
    du bras

Ray Ban sur la tête survêtement Tacchini
Pour les plus classe des mocassins Nebuloni
Dès qu'ils passaient cameo midnight star
SOS band délégation ou Shalamar

Tout le monde se levait les cercles se formaient
Des concours de danse un peu partout s'improvisaient
Je te propose un voyage dans le temps via
Planète Marseille je danse le MIA

Je dansais le MIA jusqu'à ce que la soirée vacille
Une bagarre au fond et tout le monde s'éparpille
On râlait que c'était nul que ça craignait
Le samedi d'après on revenait tellement qu'on
    s'emmerdait

J'entends encore le rire des filles
Qui assistaient au ballet des R 12 sur le parking
À l'intérieur pour elles c'était moins rose
Oh cousine tu danses ou je t'explose

Voilà comment tout s'aggravait en un quart d'heure
Le frère rappliquait oh comment tu parles à ma sœur
Viens avec moi on va se filer
Tête à tête je vais te fumer derrière les cyprès

Et tout s'arrangeait ou se réglait à la danse
L'un disait fils tu n'as aucune chance
Hé, les filles mes chaussures brillent hop un tour je
    vrille
Je te bousille tu te rhabilles et moi je danse le MIA

Même les voitures c'était le défi
KUX 73 JM 120 mon petit
Du grand voyou à la plus grosse mauviette
La main sur le volant avec la moquette

Pare-soleil Pionneer sur le pare-brise arrière
Dédé et Valérie écrit en gros sur mon père
C'était la bonne époque où on sortait la douze sur magic
    touch
On lui collait la bande rouge à la Starsky et Hutch

J'avais la nuque longue Éric aussi Malek coco
La coupe à la Marley Pascal était rasta des afros
Sur François et Joe déjà à la danse à côté d'eux
Personne ne touchait une bille on dansait le MIA

Je danse le MIA pas de pacotille
Chemise ouverte chaîne en or qui brille
Des gestes lents ils prenaient leur temps pour enchaîner
Les passes qu'ils avaient élaborées dans leur quartier

Et c'était vraiment trop beau
Un mec assurait tout le monde criait ah oui minot
La piste s'enflammait et tous les yeux convergeaient
Les différends s'effaçaient et des rires éclataient

Beaucoup disaient que nos soirées étaient sauvages
Et qu'il fallait entrer avec une batte ou une hache
Foutaise c'était les ragots des jaloux
Et quoi qu'on en dise nous on s'amusait beaucoup

Aujourd'hui encore on peut entendre des filles dire
Hayya, IAM dansent le MIA

## UNE FEMME SEULE

Je me rappelle il y a maintenant beaucoup d'années
Dans les recoins de ma mémoire je ne peux oublier
Il y a des choses indélébiles qui mutilent
Difficiles épousent ma peau comme textile

Ville hostile des ombres qui se faufilent
Mobiles ne laissant aucune chance à cette créature de Dieu
Qui fut tentée par un reptile
Souffrir en silence elle disait ainsi soit-il

Elle était née dans un quartier où vivaient les immigrés
Famille nombreuse difficile d'étudier
Plus d'école la rue tenait le monopole des vols
Je te prie de croire que sa vie n'était pas drôle

Ainsi peu de temps après à dix-sept ans elle a décidé de
se marier
Je demande le respect et pour ceux qui le veulent
Écoutez donc le récit de la vie d'une femme seule

Elle fut rapidement enceinte et eut un garçon
Par manque d'argent elle a perdu le second
Tel un dicton fatal incontournable
Le destin se déchaîne elle accoucha du troisième

Ils n'avaient pas beaucoup d'argent il était souvent absent
Elle nourrissait sa famille avec huit francs pourtant
Pour ne pas perdre son temps combler son manque
    d'enseignement
Elle étudiait pendant qu'elle s'occupait

De la maison de frotter de laver
Ses fils qui ne comprenaient pas la regardaient
Se souviennent désormais de l'avoir toujours vue trimer
Elle aspirait au bonheur
Malgré la main sur son front empli de sueur

Car elle rêvait un jour de partir
De quitter ce trop-plein de déceptions de mauvais
    souvenirs
Mais cinq ans auparavant ses décisions furent veules
Elle comprit qu'elle risquait de devenir une femme seule

Je me souviens ces soirs elle attendait son mari
Des heures entières à la fenêtre en vain ainsi
Cette situation demeura quelques années
Un jour il vint décidé à la quitter

D'un commun accord le divorce fut prononcé
Si longtemps après putain ce qu'elle devait l'aimer
Si douce et si patiente
Et encore arriver à trouver un terrain d'entente

Elle était digne fière responsable comme une mère
Ignorant la solitude qui la prit dans ses serres
Le jour la tête haute impassible elle restait
La nuit dans sa chambre elle se cachait pour pleurer

Elle travaillait faisait deux jobs en même temps
Pour pouvoir payer des vêtements décents à ses enfants
Les élever dans le droit chemin
À rester calme et sain respecter son prochain

Le matin elle se réveillait sur une musique triste
Que de lassitude et que de sacrifices
C'est l'histoire noire qu'il faut croire
Pour voir le courage et la sagesse rare d'une femme
    seule

J'ai vu trop de larmes dans ses yeux verts résolus
À accepter la fatalité qui l'écrasait
Sous le poids de son importance
Elle disait seulement ne pas avoir eu de chance

Mais savait au fond d'elle que l'on ne vient qu'une fois
    sur terre
Et la malchance est une trop mauvaise excuse
L'enfer amer qu'elle vivait comparé à sa bonté
N'était pas mérité pour vous dire la vérité

Si bien qu'un jour elle a décidé de s'en aller
Loin de Marseille pour pouvoir recommencer
Mais laissant derrière elle ce qu'elle aimait le plus
Ses deux fils et beaucoup de soucis

L'attendaient malgré ça désormais elle est heureuse
Elle a beaucoup d'amis et un mari, sérieuse
Cependant lucide en reconnaissant
Que sa vie n'a vraiment commencé qu'à trente-cinq ans

Cela vous semble bête mais songez-y
Perdez votre jeunesse où est le sens de la vie
Si je vous parle de cette manière sincère ouvert
C'est que cette femme seule était ma mère

## ATTENTAT 2

Dring dring putain on sonne à ma porte
Obligé d'appuyer sur pause au magnétoscope
Juste au moment où ça commence à filer dur
Où le gentil se fait décalquer contre le mur

J'ouvre je sors « Qui c'est ? » « C'est nous on monte »
Il me dit habille-toi on dégage dans quelques secondes
Direction la frontière pour aller à Aix
Dans un vernissage d'art contemporain tous dans le
    break

D'Imhotep, en avant, le soul swing est avec nous
Il y a aussi Kader, Brahim, Lassad et Houari dans le
    coup
Trente minutes après on arrive à Aix
Où l'on parle pointu, où les jeunes sont vex' !

On fait donc une entrée, remarquée, dans l'atelier
Les pique-assiettes sont en plein effet devant le buffet
Je vois les autres en compagnie de femmes, parler de
    peinture
Malek s'intéresser à la culture ?

Ah je suis ballonné car je n'ai pas digéré
Les sandwiches de la soirée d'hier du côté de Perier
Autour de moi le spectacle est dur culture peinture
    sculpture
Mais je vois dans le fond nourriture

Un coup d'épaule à droite un coup d'épaule à gauche
Virez-vous mesdames que je m'en mette plein les poches
Je retraverse la salle pour boire un punch coco
Quand j'aperçois Chill planté devant un tableau

Oh c'est neuf ? Il l'a fait exprès ah c'est un objet de
    culte ?
Vous me ferez signe quand vous l'aurez version adulte
Car si cette chose est un tableau
Ma sœur de dix ans s'appelle Picasso

Un mec s'est approché et m'a dit cet auteur a du cœur
Ah ouais un Polonais qui utilise plus de deux couleurs
Si je ne me trompe son style c'est
Du merdicocubicodébilo gribouillage abstrait

Quelque chose m'intrigue à quelques pas de moi
Il y a un attroupement autour de je ne sais quoi
Je me rapproche jette un œil « Ouh là c'est quoi ça ? »
« C'est de l'art mon cher au cas où vous le sauriez pas »

Je ne vois pas où il veut en venir c'est pas que c'est
    moche
Mais il l'a peint avec l'oreille gauche ?
Tout le monde me regarde d'un air indigné
Quoi qu'est-ce qu'il y a c'est pas de ma faute si c'est laid

Un autre me demande qu'est-ce que tu penses de ce
    délire
Je lui ai dit, l'auteur abuse des cigarettes qui font rire
Et j'ai pris le ketchup dans ma main droite
J'ai choisi un tableau, bien visé, splash !

Bien entendu il y a bien eu cinq ou six couillons
Les cheveux dans le genre Godefroy de Bouillon
Pour s'extasier devant la tache « Ce peintre est un chef
Admire la perspective, les couleurs, quel relief »

Mon estomac me tiraille il faut que je ravitaille
Ma panse je localise ma cible et je m'élance
Droit sur le buffet haro sur les crevettes
Et le saucisson « Heu pourrais-je avoir le jambon »

Hein ? Heu non c'est bon
Je continue à goûter à tout ce qu'il y a sur la table
Liquide ou solide tout y passe rien ne m'échappe
Je mords une biscotte et je sens le caviar beuaarghh

Bonjour je suis le fameux peintre en exil Stavros
Moi ch'uis Chill vingt-cinq ans élevé aux pâtés en sauce
Voici messire Imhotep, président de notre assoc'
En deux mots le boss de la ross et du matos

Mais dis-moi tu flingues de l'haleine Zé
Ouvre la bouche et les accords de Genève sont violés
Ainsi que vingt résolutions sur les armes chimiques
C'est bien beau d'être artiste mais la douche ça existe

Je sors des w.-c. et j'ai encore les glandes
Je dois me défouler et ce sans plus attendre
Je fouille dans mes poches j'en sors un stylo
Puis m'approche discrètement d'un tableau

Je regarde autour de moi bon personne
zzz... le Z de Zorro ouais je cartonne
Soudain arrivent derrière moi deux crétins cosmiques
Ouah! Génial la forme de cette lettre symbolique

Après avoir terrorisé tous ces artistes ivres
Craché des noyaux d'olives dans la tronche des
   convives
Après avoir éteint, rallumé, éteint, rallumé
Éteint, rallumé les néons

On est partis et tous ces nez pleins de chnouffe
Une fois la porte fermée, ont poussé ouf!!
De Aix à Perier les concentrés de lais voient qu'un
Jour ou deux ans après IAM fait toujours des attentats

# INTERVIEW

Qu'aimez-vous par-dessus toute chose ?

Le matin quand il pleut ou que le vent souffle fort
La température est basse, il gèle dehors
Bien couvert je prends de l'élan, saute sur le siège
Arrière de la voiture, et la pluie devient de la neige

Augmente le chauffage, attention !
Huit cents kilomètres avant d'être à destination
Le ronflement du moteur, les gouttes sur le pare-brise
Mon corps est envahi par une torpeur exquise

Moi je suis quelqu'un qui n'arrive pas à supporter
De rester enfermé toute la journée
Je ne me sens bien qu'avec mon walkman sur la tête
Martelant l'asphalte à l'aise dans mes baskets

Je prends la face nord jusqu'à la rue Saint-Fé
Je vois des gens des amis occupés à discuter
Errer sans but précis sans horaire à respecter
Musique bien calée dans les rues juste pour le plaisir de
     balader

Quelle est votre couleur préférée ?

Le vert car il est synonyme de l'espoir
Couchez vos soldats, un peu de paix ce soir
La terre fertile car elle est la mère
Ouvre ses entrailles, embrasse le fer

Les plantes et les arbres prennent vie après les semences
La photosynthèse purifie l'air, quelle chance
D'évoluer dans un milieu aux éclats de
Lumière, dans un jardin de jade

Le noir couleur sombre du désespoir
Qui pourtant célèbre un nouveau départ
Où la couleur d'une peau qui reste le symbole
D'une lutte acharnée pour les droits de l'homme

Colle à mon être comme mon ombre
Durcit les traits enveloppe la moitié du monde
Qui chaque jour naît pour mieux renaître
Noir mon frère est l'issue de tous les êtres

Quel serait votre emblème ?

Le dragon qui sommeille en l'esprit qui est sa demeure
Puissance céleste et divine qui jamais ne meurt
Crache les eaux primordiales ou l'œuf du monde
Verbe créateur que personne n'affronte

Habite chacun de nous forme nos âmes
Gardien des trésors éloigne les profanes
Confucius le compare à Lao-Tseu le sage
J'aimerais être un sage et dialoguer avec les nuages

Tout d'abord une amphore antique, un trésor
De connaissances, l'emplissant jusqu'à ras bord
Sept huiles essentielles, venant de sept contrées
Berceaux de l'humanité en Méditerranée

Gardée par le roi du Nil
Le majestueux Sobeck, le dieu crocodile
Je m'en abreuve à chaque ascension,
« Aton vivant » tel est mon nom

Dans quel cadre aimeriez-vous vivre ?

J'habiterais un charmant appartement
Au dernier étage où les murs seraient blancs
Pas de portes entre les pièces il n'y aurait que des voûtes
Dans un cadre oriental, des senteurs qui t'envoûtent

Beaucoup de soleil derrière les vitres, il ferait bon vivre
Au milieu des plantes du cuir et du cuivre
Le soir, au frais, allongé sur ma terrasse
Mmm, j'admirerais la mer en face

Je me vois bien dans un loft peu importe l'étage
Pourvu qu'il soit grand je n'aime pas me sentir en cage
Mes voisins seraient tous des jeunes comme moi
La musique à minuit ne dérangerait pas

Des paravents japonais sépareraient les pièces
Que l'on compterait au nombre de six ou sept
Peaufinées, raffinées par une déco asiatique
C'est un de mes rêves je promets qu'il n'est utopique

Quel est votre chiffre de prédilection ?

Le 7

Comment voyez-vous l'avenir ?

Je crois que personne ne peut vraiment dire
Où il sera ce qu'il fera dans l'avenir
Je voudrais faire ce qui me plaît jusqu'à ce que je meure
Certains ont pu pourquoi ne serais-je pas des leurs ?

Pour le reste vu la tournure que prennent les choses
Et qu'apparemment ça ne dérange personne
L'avenir nous réserve à coup sûr un triste sort
J'espère que d'ici là je serai déjà mort

L'avenir ? Je ne sais pas
Tout me paraît si flou devant moi !
Je ne veux pas être optimiste, ni pessimiste
Mais franchement depuis deux ans le monde part en
vrille

Les ordres s'écroulent, l'argent part en guerre
Les dangers séculaires, planétaires, s'accélèrent
Je ne comprends plus, et ceux pour qui il en est de
même
Paix sur mes frères et sœurs que j'aime

## SACHET BLANC

– Les pas d'un pauvre mec pressé
Le mènent à une mort certaine et précoce, il le sait
Depuis le jour où il a vu son frère échanger
Un sachet contre de l'argent avec un mec du quartier
– Alors pourquoi ne pas faire comme lui

Il trouva de l'argent pour acheter son coin de paradis
Un billet en première pour l'extase en charter
C'était bien cher payé pour une jouissance éphémère
– Et aujourd'hui quelle est son existence?
Vendre des petits paquets pour assouvir sa dépendance
Ah et une nuit tout bascula
Pendant qu'il vendait une patrouille l'embarqua
– Il ne revit sa ville qu'à travers des barreaux
Et mourut seul avec sa dernière dose d'héro
Il n'y eut personne pour pleurer lors de l'enterrement
Le sachet blanc compte un mort de plus dans ses rangs

– Une rue sombre une limousine s'y engage
En face d'elle une cadillac attend sous l'orage
On sort la marchandise et la petite valise
La tension s'attise sous les gabardines grises
– Car les gens qui sont là n'ont plus rien à prouver
Dans le style enfoiré ils se sont affirmés
La conscience tranquille ils peuvent rentrer à la maison
Sûrs et certains de ne jamais finir en prison
– Normal ils n'arpentent pas les trottoirs
Et n'ont aucune idée de ce qu'est le désespoir
Pour eux tout n'est qu'affaire de monnaie
Et qu'importe le prix ils n'auront pas à le payer

– Il neige sur la ville des flocons d'héroïne
Le genre de poudreuse qui vous plonge dans l'abîme
Alors que certains se frottent les mains
Pensant à l'argent qu'ils vont amasser le lendemain
– Après ça on vous promet une guerre comme on n'en a
    jamais vu
Contre la drogue dans la rue ah

Que d'affabulation et d'extrapolation
Sachant que le poison est à l'intérieur du bastion
– Eh oui, tout le monde sait que le problème ce n'est pas
  les dealers
Tuer le mal à sa source ça serait bien meilleur

Vendre de la blanche est interdit c'est sûr
Sauf si tu as une villa sur la Côte d'Azur
– Que tu ne te déplaces qu'en limousine
Et que ta femme porte un manteau en zibeline
Si tu n'as pas tout ça tu ne vis pas longtemps
Et le sachet blanc compte un mort de plus dans ses
  rangs

L'empereur n'est pas un moralisateur
Je serais plutôt du côté des prédicateurs
Prônant les bienfaits d'un esprit sain dans un corps sain
Au détriment d'un plaisir illusoire sans jamais de
  lendemain

– Pour accéder à une vie meilleure
Cessez d'augmenter le compte en banque des dealers
Car à ces gens-là l'immuable ne souhaite qu'une chose
Que leurs fils se droguent
Lorsque leurs femmes les regarderont en sanglotant
Parce que la poudre aura tué la chair de leur chair le
  sang de leur sang
Alors je m'approcherai en leur disant :
Le sachet blanc compte un mort de plus dans ses rangs

# DANGEREUX

Je pose du verbe sur un papier
Compose des textes et les scande, oui ma langue est
  déliée
Mon délit est de parler haut
Relater ce que mes consorts n'exprimeront jamais dans
  un micro

Les camps sont marqués, nous sommes simples
  électeurs
Mais rien n'empêche d'apporter plus de terreur dans
  leurs erreurs
Je pensais, ne même pas les effleurer, mais j'ai dû
Déjanter, quand le juge a voulu me convoquer

Ce n'était pas la première fois pour un groupe de rap
Que la censure frappe et les citations tapent
Va donc je me suis dit, le texte est cool, y a pas de hic
Faux, j'étais devenu l'ennemi public des Assedic

C'était clair, les haut placés voulaient mon trophée
Un mois après ces endophés bloquaient mon dossier
Ce que le cinéma se permet, la télé, les livres
Et les magazines, pour nous c'est prohibé

Incitation à la violence
C'est comme si pour chaque meurtre on inculpait Jack
  Palance
J'ai des problèmes de communication
Les RG écoutent toutes mes conversations

J'en ai des frissons, et ça perturbe ma vie
Ma haine grandit chaque fois que «Minute» écrit
À déblatérer des mensonges malsains
Demandez à ma mère, si son fils est un assassin

Ils déclenchent ma revanche à leurs dépens
Si je pouvais vivre loin des serpents
Je croyais être un type sympa, un père exemplaire,
    merveilleux
Pour eux, je suis dangereux

Si on m'avait dit qu'un jour je serais classé, fiché
Tout simplement pour avoir exprimé mes idées
Abordé des sujets jugés tabous
Mis sur du papier tout ce qui se passe autour de nous

Je pensais vivre dans un pays libre, naïf
J'ai compris qu'indésirables sont les esprits non passifs
En refusant d'être un mouton, de rentrer dans le
    troupeau
De fermer les yeux et de tourner le dos

Au format dans lequel ils ont tenté de me faire entrer
Je me suis vu qualifié de rebelle d'une société
Hypocrite, où certains ont tant de pouvoir
Qu'en toute impunité, ils peuvent cracher sur l'histoire

Ce noir constat m'oblige à prendre des risques
À libérer ma pensée, à devenir un journaliste
Un fugitif, un dénonciateur, un haut-parleur
Trop souvent, placé dans le collimateur

De ceux qui se croient à l'abri de l'œil avisé
Des gens comme moi à l'affût et qui ne laissent rien
    passer

## PETIT FRÈRE

Petit frère n'a qu'un souhait devenir grand
C'est pourquoi il s'obstine à jouer les sauvages dès l'âge
    de dix ans
Devenir adulte, avec les infos comme mentor
C'est éclater les tronches de ceux qui ne sont pas d'accord

À l'époque où grand frère était gamin
On se tapait des délires sur « Blanche Neige et les Sept
    Nains »
Maintenant les nains ont giclé Blanche Neige et tapent
Éclatent des types claquent dans « Mortal Kombat »

À treize ans, il aime déjà l'argent avide
Mais les poches sont arides, alors on fait le caïd
Dans les boums, qui sont désormais des soirées, plus de
    sirop Teisseire
Petit frère veut des bières

Je ne crois pas que c'était volontaire, mais l'adulte c'est
    certain
Indirectement a montré que faire le mal c'est bien
Demain ses cahiers seront pleins de ratures
Petit frère fume des spliffs et casse des voitures

Petit frère a déserté les terrains de jeux
Il marche à peine et veut des bottes de sept lieues
Petit frère veut grandir trop vite
Mais il a oublié que rien ne sert de courir, petit frère

Petit frère rêve de bagnoles, de fringues, de tunes
De réputation de dur, pour tout ça, il volerait la lune
Il collectionne les méfaits sans se soucier
Du mal qu'il fait, en demandant du respect

Peu lui importe de quoi demain sera fait
De donner à certains des raisons de mépriser son cadet
Dans sa tête le rayonnement du tube cathodique
A étouffé les vibrations des tam-tams de l'Afrique

Il n'a plus de cartable, il ne saurait pas quoi en faire
Il ne joue plus aux billes, il veut jouer du revolver
Petit frère a jeté ses soldats pour devenir un guerrier et
Penser au butin qu'il va amasser

Petit frère a déserté les terrains de jeux
Il marche à peine et veut des bottes de sept lieues
Petit frère veut grandir trop vite
Mais il a oublié que rien ne sert de courir, petit frère

Les journalistes font des modes la violence à l'école
    existait déjà
De mon temps, les rackets, les bastons, les dégâts
Les coups de batte dans les pare-brise des tires des
    instituteurs
Embrouilles à coups de cutter

80

Mais en parler au journal tous les soirs, ça devient banal
Ça s'imprime dans la rétine comme situation normale
Et si petit frère veut faire parler de lui
Il réitère ce qu'il a vu avant huit heures et demie

Merde, en 80 c'était des états de faits, mais là
Ces journalistes ont fait des états
Et je ne crois pas que ce soit pire qu'avant
Juste surexposé à la pub, aux actes violents

Pour les grands, le gosse est le meilleur citron
La cible numéro 1, le terrain des produits de
    consommation
Et pour être sûr qu'il s'en procure
Petit frère s'assure, flingue à la ceinture

On sait ce que tu es quand on voit ce que tu possèdes
Petit frère le sait et garde ce fait en tête
L'argent lui ouvrirait les portes sur un ciel azur aussi
Facilement que ses tournevis ouvrent celles des voitures

Le grand standing, c'est tout ce dont il a envie
Ça passe mieux quand tu portes Giorgio Armani
Soucieux du regard des gens
Malgré son jeune âge petit frère fume pour paraître plus
    grand

Il voudrait prendre l'autoroute de la fortune
Et ne se rend pas compte qu'il pourrait y laisser des
    plumes
Il vient à peine de sortir de son œuf
Et déjà petit frère veut être plus gros que le bœuf

Petit frère a déserté les terrains de jeux
Il marche à peine et veut des bottes de sept lieues
Petit frère veut grandir trop vite
Mais il a oublié que rien ne sert de courir, petit frère

## ELLE DONNE SON CORPS AVANT SON NOM

On était assis à la terrasse d'un café, relax
Deux verres de Perrier sur la table en train de déguster
    une glace
Neuf heures du soir la place était presque pleine mais
Pas assez pour ne pas voir arriver le phénomène
Méditerranéenne, mixée comme chez nous
Basses, aigus, à fond, «woooou» elle envoyait la ganzou
Elle est venue s'asseoir à côté de nous
Une clope cousine? Quoi, t'as ton mec, nous on n'est
    pas jaloux
Deux mètres, cent dix kilos, il s'est pointé
Illico aussi sec on est retournés à nos Perrier

Je suis fou le type était balèze
Pas question de s'embrouiller, de se faire plier par
   Golgoth 13
Mais le gadji reluquait, regard aguicheur
Elle essayait quand même de me faire du pied
Une vodka, la commande est passée
Son mec va au comptoir, elle nous fait glisser un billet
  «Rendez-vous à
Dix heures à votre appart', dites-moi où c'est

82

Une copine va m'accompagner»
Elle se leva, la main crispée sur le papier un clin d'œil
   discret
La soirée était bien commencée, ouais !

Dans toutes les situations, sans inhibition
Elle donne son corps avant son nom

Je préparais la pièce et les armures de latex
Les sticks de «popo», le stand de tir sur le Bultex
Et moi à peine arrivé en bas, elles étaient déjà là
La pure motivation, mon gars
Dans l'ascenseur il ne faisait pas chaud
Mais une autre chaleur leur fit déjà sauter les tricots
Elles arrivèrent dans la maison en Wonderbras
Vision irréelle, fracture nette à l'œil droit
On leur proposa de boire ou de manger un truc
Un cappuccino deux sucres roux, elles aimaient le luxe
Je leur ai dit «Excusez-moi, prenez-le bien certes
Vous êtes raffinées, mais vous avez l'air de deux filles
   ouvertes»
Dix secondes après c'était la cavalcade
Et comme Jackie Chan, on a fait nous-mêmes nos
   cascades

Au matin, ce ne sont que des draps que j'ai sentis
Les cascadeuses étaient parties
En m'habillant, je palpais mes poches : vides
Plus de chèque, plus de carte, plus de liquide
Le plan était simple et sans accroc
Si on rattrape les gazières, on les éclate à coups de
   marteau

On a foncé au centre-ville, on a aperçu les filles
Pénétré dans un bar américain
Devant la porte, il y avait le type du bar, la baraque
On a compris, mais trop tard, que ce mec était leur
    mac
J'ai dû trouver un exutoire pour passer mes nerfs
Et un skin a morflé des coups de black et decker
Traitez les filles avec respect mais attention
Prenez garde à celles qui ne donnent pas leur nom

Dans toutes les situations, sans inhibition
Elle donne son corps avant son nom

# DEMAIN C'EST LOIN

L'encre coule, le sang se répand
Absorbe l'émotion, sac d'image dans ma mémoire
Je parle de ce que mes proches vivent et de ce que je
    vois
Des mecs coulés par le désespoir qui partent à la dérive

Des mecs qui pour 20 000 de shit se déchirent
Je parle du quotidien, écoute bien mes phrases font pas
    rire
Rire, sourire, certains l'ont perdu je pense à Momo
Qui m'a dit à plus jamais, je ne l'ai revu

Tenter le diable pour sortir de la galère, t'as gagné frère
Mais c'est toujours la misère pour ce qui pousse derrière

84

Pousser pousser au milieu d'un champ de béton
Grandir dans un parking et voir les grands faire rentrer
les ronds

La pauvreté, ça fait gamberger en deux temps trois
mouvements
On coupe, on compresse, on découpe, on emballe, on
vend
À tour de bras on fait rentrer l'argent du crack
Ouais, c'est ça la vie, et parle pas de RMI ici ici ici

Ici, le rêve des jeunes c'est la Golf GTI, survêt' Tachini
Tomber les femmes à l'aise comme Many
Sur Scarface, je suis comme tout le monde je délire
bien
Dieu merci, j'ai grandi, je suis plus malin, lui il crève à
la fin

La fin, la faim, la faim justifie les moyens, quatre, cinq
coups malsains
Et on tient jusqu'à demain, après on verra bien
On marche dans l'ombre du malin du soir au matin
Tapi dans un coin, couteau à la main, bandit de grand
chemin

Chemin, chemin, y en a pas deux pour être un dieu
Frapper comme une enclume, pas tomber les yeux,
l'envieux en veut
Une route pour y entrer deux pour s'en sortir, trois-
quarts cuir
Réussir, s'évanouir, devenir un souvenir

Souvenir être si jeune, avoir plein le répertoire
Des gars rayés de la carte qu'on efface comme un
    tableau tchpaou ! c'est le noir
Croire en qui, en quoi, les mecs sont tous des miroirs
Vont dans le même sens, veulent s'en mettre plein les
    tiroirs

Tiroir, on y passe notre vie, on y finit avant de connaître
    l'enfer
Sur terre, on construit son paradis
Fiction, désillusions trop forte, sors le chichon
La réalité tape trop dur, besoin d'évasion

Évasion, évasion, effort d'imagination, ici tout est gris
Les murs, les esprits, les rats de la nuit
On veut s'échapper de la prison, une aiguille passe, on
    passe à l'action
Fausse diversion, un jour tu pètes les plombs

Les plombs, certains chanceux en ont dans la cervelle
D'autres se les envoient pour une poignée de biftons,
    guerre fraternelle
Les armes poussent comme la mauvaise herbe
L'image du gangster se propage comme la gangrène
    sème ses graines

Graines, graines, graine de délinquant qu'espérez-vous ?
    Tout jeunes
On leur apprend que rien ne fait un homme à part les
    francs
Au franc-tireur discret du groupe organisé, la racine
    devient champ
Trop grand, impossible à arrêter

Arrêté, poisseux au départ, chanceux à la sortie
On prend trois mois, le bruit court, la réputation grandit
Les barreaux font plus peur, c'est la routine, vulgaire
    épine
Fine esquisse à l'encre de Chine, figurine qui parfois
    s'anime

S'anime, anime animé d'une furieuse envie de monnaie
Le noir tombe, qu'importe le temps qu'il fait, on jette les
    dés, faut flamber
Perdre et gagner, rentrer avec quelques papiers en plus
Ça aidera, personne demandera d'où ils sont tombés

Tomber ou pas, pour tout, pour rien on prend le risque,
    pas grave cousin
De toute façon dans les deux cas, on s'en sort bien
Vivre comme un chien ou un prince, y a pas photo
On fait un choix, fait griller le gigot, brillent les joyaux

Joyaux, un rêve, plein les poches mais la cible est loin, la
    flèche
Ricoche, le diable rajoute une encoche trop moche les
    mecs cochent
Leur propre case, décoche pour du cash, j'entends les
    cloches, les coups de pioches
Creuser un trou, c'est trop fastoche

Fastoche, facile le blouson du bourgeois docile des
    mêmes la hantise
Et porcelaine dans le pare-brise
Tchac ! le rasoir sur le sac à main, par ici les talbins
Ça c'est toute la journée, lendemain après lendemain

Lendemain? C'est pas le problème, on vit au jour le jour
On n'a pas le temps ou on perd de l'argent, les autres le
    prennent
Demain, c'est loin, on n'est pas pressé, au fur et à
    mesure
On avance en surveillant nos fesses pour parler au futur

Futur, le futur ne changera pas grand-chose, les
    générations prochaines
Seront pires que nous, leur vie sera plus morose
Notre avenir, c'est la minute d'après le but, anticiper
Prévenir avant de se faire clouer

Clouer, cloué sur un banc rien d'autre à faire, on boit de
    la bière
On siffle les gazières qui n'ont pas de frère
Les murs nous tiennent comme du papier tue-mouches
On est là, jamais on s'en sortira, Satan nous tient avec sa
    fourche

Fourche, enfourcher les risques seconde après seconde
Chaque occasion est une pierre de plus ajoutée à nos
    frondes
Contre leurs lasers, certains désespèrent, beaucoup
    touchent terre
Les obstinés refusent le combat suicidaire

Cidaire, sidérés, les dieux regardent, l'humain se dirige
    vers le mauvais
Côté de l'éternité d'un pas décidé
Préféreront rôder en bas en haut, on va s'emmerder
Y a qu'ici que les anges vendent la fumée

Fumée, encore une bouffée, le voile est tombé
La tête sur l'oreiller, la merde un instant estompée
Par la fenêtre, un cri fait son entrée, un homme se fait
    braquer
Un enfant se fait serrer, pour une Cartier menotté

Menotté, pieds et poings liés par la fatalité
Prisonnier du donjon, le destin est le geôlier
Le teurf l'arène on a grandi avec les jeux
Gladiateur courageux, mais la vie est coriace, on lutte
    comme on peut

Dans les constructions élevées
Incompréhension, bandes de gosses soi-disant mal
    élevés
Frictions, excitation, patrouilles de civils
Trouille inutile, légendes et mythes débiles

Haschich au kilo, poètes armés de stylo
Réserves de créativité, hangars, silos
Ça file au bloc 20, pack de Heineken dans les mains
Oublier en tirant sur un gros joint

Princesses d'Afrique, fille mère, plastique
Plein de colle, raclo à la masse lunatique
Économie parallèle, équipe dure comme un roc
Petits Don qui contrôlent grave leurs spots

On pète la Veuve Cliquot, parqués comme à Mexico
Horizons cimentés, pickpockets, toxicos
Personnes honnêtes ignorées, superflics, Zorros
Politiciens et journalistes en visite au zoo

Musulmans respectueux, pères de famille humbles
Baffles qui blastent la musique de la jungle
Entrées dévastées, carcasses de tires éclatées
Nuée de gosses qui viennent gratter

Lumières orange qui s'allument, cheminées qui fument
Parties de foot improvisées sur le bitume
Golf, VR 6, pneus qui crissent
Silence brisé par les sirènes de la police

Polos Façonnable, survêtements minables
Mères aux traits de caractère admirables
Chichon bidon, histoires de prison
Stupides divisions, amas de tisons

Clichés d'Orient, cuisine au piment
Jolis noms d'arbres pour des bâtiments dans la forêt de
    ciment
Désert du midi, soleil écrasant
Vie la nuit, pendant le mois de Ramadan

Pas de distraction, se créer un peu d'action
Jeu de dés, de contrée, paris d'argent, méchante
    attraction
Rires ininterrompus, arrestations impromptues
Maires d'arrondissement corrompus

Marcher sur les seringues usagées, rêver de voyager
Autoradios en affaire, lot de chaînes arrachées
Bougre sans retour, psychopathe sans pitié
Meilleurs liens d'amitié qu'un type puisse trouver

Génies du sport faisant leurs classes sur les terrains vagues
Nouvelles blagues, terribles techniques de drague
Individualités qui craquent parce que stressées
Personne ne bouge, personne ne sera blessé

Vapeur d'éther, d'eau écarlate, d'alcool
Fourgon de la Brink's maté comme le pactole
C'est pas drôle, le chien mord enfermé dans la cage
Bave de rage, les barreaux grimpent au deuxième étage

Dealer du haschich, c'est sage si tu veux sortir la femme
Si tu plonges, la ferme, pas drame
Mais l'école est pas loin, les ennuis non plus
Ça commence par des tapes au cul, ça finit par des
   gardes à vue

Regarde la rue, ce qui change? Y a que les saisons
Tu baves du béton, crache du béton, chie du béton
Te bats pour du laiton, est-ce que ça rapporte
Regrette pas les biftons quand la bac frappe à la porte

Trois couleurs sur les affiches nous traitent comme des
   bordilles
C'est pas Manille OK, mais les cigarettes se torpillent
Coupable innocent, ça parle cash, de pour cent
Œil pour œil, bouche pour dent, c'est stressant

Très tôt, c'est déjà la famille dehors, la bande à Kader
Va niquer ta mère, la merde au cul, ils parlent déjà de
   travers
Pas facile de parler d'amour, travail à l'usine
Les belles gazelles se brisent l'échine dans les cuisines

Les élus ressassent rénovation ça rassure
Mais c'est toujours la même merde, derrière la dernière
couche
De peinture, feu les rêves gisent enterrés dans la cour
À douze ans conduire, mourir, finir comme Tupac
Shakur

Mater les photos, majeur aujourd'hui, poto
Pas mal d'amis se sont déjà tués en moto
Une fois tu gagnes, mille fois tu perds, le futur c'est un
loto
Pour ce, je dédie mes textes en qualité d'ex-voto, mec

Ici t'es jugé à la réputation forte
Manque-toi et tous les jours les bougres pissent sur ta
porte
C'est le tarif minimum et gaffe
Ceux qui pèsent transforment le secteur en oppidum

Gelé, l'ambiance s'électrise, y a plein de places assises
Béton figé fait office de froide banquise
Les gosses veulent sortir, les « non » tombent comme des
massues
Les artistes de mon cul pompent les subventions dsu

Tant d'énergie perdue pour des préjugés indus
Les décideurs financiers pleins de merde dans la vue
En attendant, les espoirs foirent, capotent, certains
rappent
Les pierres partent, les caisses volées dérapent

C'est le bordel au lycée, dans les couloirs on ouvre les
    extincteurs
Le quartier devient le terrain de chasse des inspecteurs
Le dos à un œil car les eaux sont truffées d'écueils
Recueille le blé, on joue aux dés dans un sombre
    cercueil

C'est trop les potos chient sur le profil Roméo
Un tchoc de popo, faire les fils et un bon rodéo
La vie est dure, si on veut du rêve
Ils mettent du pneu dans le shit et te vendent ça
    Ramsellef

Tu me diras « Ça va, c'est pas trop »
Mais pour du tcherno, un hamidou quand on n'a rien,
    c'est chaud
Je sais de quoi je parle, moi le bâtard
J'ai dû fêter mes vingt ans avec trois bouteilles de Valstar

Le spot bout ce soir qui est le King
D'entrée, les murs sont réservés comme des places de
    parking
Mais qui peut comprendre la même pleine
Qu'un type à bout frappe sec poussé par la haine

Et qu'on ne naît pas programmé pour faire un foin
Je pense pas à demain, parce que demain c'est loin

# LE STYLE DE L'HOMME LIBRE

[AKHÉNATON]

J'ai jamais eu de chaînes qui m'entravaient les poings
Ni les pieds, j'crois qu'c'est pas la peine de faire un
dessin
Esclave de ma profession et de ses revenus, mais ça va
pas ?
J'écris mes vers avec deux ailes au menu
Ni enveloppe ni chèque ne m'ont fait m'écraser
Si ça pue, vise le projet et fais tout péter comme un
kamikazé
Pas d'addition à présenter, j'dois rien, et chanter
C'est naturel comme rire ou plaisanter
Les diamants disparaissent parce qu'on ne voit que
l'écrin
Et serre nos vœux si fort, qu'ils périssent tous dans
l'étreinte
Solitaire ne passe pas sous la tablée des princes
Peu doué pour secouer les pinces, ma vie ? Rater des
trains
Leur conseil c'est une pensée rigide
J'vois mes mains, l'horizon enfin les forces invisibles
Certain d'aller au paradis ils s'vantent d'êt' pieux
Que Dieu me jette aux enfers, pour pas que j'reste avec
eux

*Refrain* ( × 2) [Shurik'n]

J'ai toujours eu mes pieds au sol, jamais rampé pour une
part

De lumière, j'ai planté ces pensées
Dans mon jardin, le saphir et le satin
Personne ne les verra avant que la base et le plan soient
   lancés

[FREEMAN]

J'ai choisi mon camp, après avoir pris des coups, des
   cours, sur la vie
Du coup, j'ai déclaré mon avis, à tous les sourds
Mené ma façon d'voir l'monde, et pas qu'ses contours,
Ma tour, ma base, sûr qu'elle vient d'en d'sous, autour
Y a un tas d'robots, qui gênent pas la matrice
Mon âme t'présente ses vœux, et loin du factice
Free, M.A.N., a fait ses classes, dans la rue, et pas la fac,
   fils
Non pas que j'sois fier, c'est mon monde, et j'y peux
   rien
Le plus rien, j'l'ai eu, dès l'début, et dans la faim
Ma main, m'amène, même, dans l'mal, amène
Le bien on l'cherche, encore, sans penser à la fin
C'que j'crains, c'est d'être cloué au sol, comme un
   chien
Dans c'pays, on m'a dit que j'avais des droits en tant
   qu'homme
Sûr qu'ils n'm'ont pas vu, de beau blond, j'suis pas
   l'clone
Libre, j'vibre, quand mon cœur s'livre sur pages
Mon imaginaire vie, mais j'sens l'décalage

   *Refrain* ( × 2) [Akhénaton]

[SHURIK'N]

Style de l'homme libre, ivre de paix car vivre enivre,
Libre car sorti vainqueur d'un combat que trop livrent
Libre, je voulais voir ailleurs j'ai dû gravir des livres,
Et pour conserver cette liberté j'en ai tiré des rimes
Libre, d'aller où mes rêves me traînent, d'errer où bon
    me semble,
Libre, de lâcher les rênes, libre, comme un pur-sang,
Avec mes calmes et mes coups de sang, mes joies et mes
    tourments,
Libre, de croire ou pas quand ils balancent leurs
    boniments
Libre, d'aller et venir à ma guise sur ce fil en équilibre,
Entre tout et rien la marge est infime et j'y glisse
Libre, comme le cours d'eau qu'on me laisse devenir
    rivière
Un beau jour je serai fleuve et je pourrai embrasser la
    mer
Libre, de subir ou d'agir, de se taire ou de dire, de passer
Sa vie le dos voûté ou le torse bombé
Libre, même si ça doit me coûter une sacrée somme
Mais cette chose n'a pas de prix, Nelson le sait comme
    personne

    *Refrain* ( × 2) [Freeman]

*Auteurs : Akhénaton / Freeman / Shurik'n.*
*Compositeur : Imhotep.*
*Éditeur : La Cosca / Droits réservés.*

# NOS HEURES DE GLOIRE

[AKHÉNATON]

Allez assieds-toi près d'moi
J'viens t'compter mes heures au firmament des étoiles
Ni dans les geôles, ni dans les prétoires
Encore moins à braquer les équipes rivales avec une
  pétoire
C't' un livre ouvert, de mes rêves, de ma rage, de mes
  mémoires
De mes emmerdes, de mes cris et d'mes déboires
La vie réserve des surprises
Moi la lumière du soleil je la vois décomposée sur
  prisme
Eh tu t'souviens ? Nos soirées sangria
Sans liasses, j'pouvais pas faire un pas d'vant l'autre sans
  pillave
Les Ham à 6 heures, ça grimpait au grillage
Ennemi avec le monde c'taient tous des putains d'frères
  Diaz
ANPE, J'avais ma file, en moi, ma foi, ma vie
Voir nos affiches sur les murs de la ville
Entre cris d'civils, sirènes d'ambulance
Voici une épaisse bible, du Hip Hop ambulante
Et si on s'moquait des cavés en tiag, on travaillait le
  standing
Pour briller en soirée Manjacque
Tout n'est qu'une histoire d'image
Comme les condés arrivent et nous parlent comme s'ils
  s'adressaient
À des primates, alors ça part en mauvais ping-pong

97

Chuis plus un ouistiti maintenant, comme Veust, j'suis
    devenu kingkong
Et j'marche sur leurs buildings
Le stylo et la feuille représentent pour eux la frayeur
    ultime
Plus rien m'étonne d'puis qu'ils ont assassiné Ibrahim
Ils veulent ma peau quand j'dis : « Bismillah alrahman-
    i-rahim »
Ils traitent ça comme le pire des outrages
Puis ont mis du kaki dans nos bouches et nos visages
    camouflages
Les pages puis les livres, les marches puis l'élite
Du béton gris à des parterres d'Iris et de Lys
La chance a tourné comme un barillet
Et le quartier m'a tendu les bûches et les flammes
    comme à Galilée

    *Refrain* ( × 2)

Nos heures de rage, nos heures de poisse, désert de
    calme
Nos heures de crasse, nos heures de classe
Nos heures d'amour, nos heures de haine, nos heures de
    mal
Erreur de jeunesse voilà nos heures de gloire

[FREEMAN]

Quand j'ai commencé, j'portais l'son, sur l'épaule pour
    mon crew
On vivait qu'pour la zik, inconscients, de c'qu'on allait
    devenir

On vivait au jour le jour, et les nuits étaient courtes
J'avais 16 piges, et les conseils d'ma mère passaient outre
Tu sais, j'ai jamais connu l'argent d'poche mon pote
Donc, j'allais le chercher, dans les poches des autres
On s'protégeait, comme on pouvait, avec bagarres, et
    coups d'pression
Entre biyères, ham et trahisons
Aujourd'hui, j'suis fier, d'c'qu'on est dev'nu, moins du
    passé
Lassé d'sentir l'mal, qui s'est jamais tassé
À présent, c'est l'retour, d'manivelle qui s'produit
Mais je regrette rien, car j'ai eu des frères, et pas des
    amis

     *Refrain* ( × 2)

[SHURIK'N]

Nos pas sur les dalles, 5 du mat, soirée chargée comme
    d'hab
Je nous revois les mains dans les poches, qu'est-ce qu'on
    avait du mal
Entre l'alcool et la danse, KO technique, le retour était
    fatal
Pendant que le monde s'en allait au travail,
Nous on posait les doigts sur les bras des platines,
Le stylo frémissant sentant venir de nouveaux styles,
À l'heure où l'embouteillage embrassait la ville
Nous on caressait nos feuilles jusqu'à ce que sommeil
    s'ensuive
L'encre coulait à flot de minuit à minuit, juste par
    amour

Alors on mangeait pas tous les midis, les pâtes ou le riz
  c'était les soirs de fête
Sinon c'était donër, cousin, sauce blanche sans oignons
  et 2 canettes
Sans pognon, d'accord, mais des rêves plein la tête,
Intrus dans le décor, c'était rare de porter une casquette
La gueule beaucoup trop grande, pour y mettre une
  sourdine
Pendant les heures creuses, on allait esquinter du skin
Je me souviens du jour, où on a pris des noms de guerre
C'est bizarre, à partir de là on a prôné l'inverse, déjà
  dérangeant
Dans nos versets, nos gooses matelassées
Nos cœurs et nos esprits mentalité Fat Lacet

*Auteurs : Akhénaton / Shurik'n / Freeman.*
*Compositeur : Akhénaton.*
*Éditeur : La Cosca.*

## MOTS BLESSÉS

### [AKHÉNATON]

Si avant tout j'devais décrire ma vie, elle serait sucrée
tel le miel d'Alep
Dieu m'a donné une épouse qu'j'aime,
3 p'tits anges doux à mon cœur, mes yeux, mes viscères
Après le flou d'ma jeunesse, j'compris à quoi ma vie sert
Mais les cicatrices sont bel et bien là, vestiges de
  tourmentes
À les entendre j'connus qu'l'amour brutal au sein des
  tournantes

Comme si l'existence n'était pas éprouvante
En bout d'course, il fallait en plus de cela qu'ils nous
   mentent
Les loups d'la bourse et les chiens d'la politique
   affichent l'épouvante
Comme une arme suprême, c'est bien l'humanité entière
qui perd de sa superbe
Le genou honnête plie sous l'poids dément de l'argent
Insulté 1 000 fois, j'voudrais encore avoir confiance
   aveugle en m'sieur l'Agent,
Mais il avance grimé et tourne,
Ironie du sort, viscéralement j'ai toujours eu peur des
clowns,
J'ai vu vot'démocratie s'mesurer en dollars
Quelques millions et l'Ohio devenir l'Angola
Que dire d'vant les massacres, que j'suis un p'tit poète de
zone suburbaine au lieu
D'l'essentiel, ils désignent mes rimes comme étant le
   problème

   *Refrain*
*Blessé, mes mots viennent mourir, pour toi des mots blessés,*
*blessés, blessés*


Si ensuite j'devais décrire mon enfance, j'la peindrais en
bleu
Même avec l'amour d'mes parents scindés en deux
Car face à l'épreuve, j'ai bâti Alamut, au bord d'mes
   lèvres
Comme Hassan Sabbah a répandu la terreur, au cœur du
monde des lettres


101

Une armée d'vers assassins, live de la retraite forgée
    dans l'respect,
Pas dans la haine qu'on m'prête,
Car si c'n'est pas à la fin d'leur monde avili qu'on
    assiste,
J'vois aussi des soi-disant frères dans les mosquées crier
et donner dans l'prêche raciste
Alors qu'ils doivent sourire, ils lancent des regards noirs,
et une mine triste,
Comme si leur mère venait d'mourir
Lassé d'les suivre, j'écoute « Hamzé la raison ».
Je parle de paix et des barbares belliqueux, veulent raser
ma maison
Tous les soirs à 20 h, horrifié d'vant l'écran,
Ode à l'amnésie quand dans tes bras, chaque seconde de
toi je m'éprends,
Mes peurs s'volatilisent quand elles effleurent tes sourires
J'viens d'marcher dans cette vie, j'espère que Dieu me
    laissera courir
Sinon tant pis, c'est lourd à porter, j'ferai mon chemin,
Quoi qui s'passe, tempête, cyclone, orage ou temps
    serein.

### Refrain
*Blessé, mes mots viennent mourir, pour toi des mots blessés,*
*blessés, blessés*

Si pour finir j'devais choisir ma mort, ce serait en
    sommeil
Fauché en plein rêve avant de revoir le soleil,
Si seulement elle pouvait arriver tard j'finirais mes livres
Buvant sur tes lèvres, tellement d'nuits, que j'en serais ivre

Traité décisif, c'que j'voudrais, chaque rime subit la
    gravité, et j'pousse mes vers
Comme c'fou de Sisyphe, mon carnet jauni par la
    lumière des étoiles sous les toits
P'têt' on se rappellera que j'noircissais ces parchemins
sous mes doigts
Que j'promenais au pays, sous les ficus émeraude
Que j'combattais tous les tyrans, qui marchaient sur les
traces d'Hérode,
Tu sais la paix s'respecte, sa défense s'résume pas à
    quelques caches d'armes qu'on inspecte
Si certains placent leur avenir sous la toge de bliss,
La justice tire aucune gloire de l'assassinat vif de ses fils
On peut s'mentir, abrité derrière 1 000 artifices
La vie est une mère, elle gardera le sens du sacrifice,
Rien n'est plus noble qu'une cause juste, oppressée,
Acculée au mur, dernière défense, c'est mes mots
    blessés.

Auteur : Philippe Fragione.
Compositeur : Paul Lavon Davis.
Éditeurs : Sony ATV Songs & Paul and Jonathan Songs / La Cosca.

# Suprême NTM

C'est en 1989 que le duo Joey Starr et Kool Shen se manifeste pour la première fois, à la radio. L'année suivante, leur notoriété, portée par d'innombrables tags et grafs ornant la ligne 13 du métro parisien, croissant, ils signent chez Epic, un label de la major Sony Music. Un premier maxi, et une attitude de contestation radicale de l'ordre établi feront le reste, et assoiront la sulfureuse réputation que le groupe a conservée jusqu'à aujourd'hui : agressions verbales ou physiques, provocations diverses, démêlés personnels de Joey Starr avec la justice... Passons. Depuis, Suprême NTM a enregistré quatre albums studio, vendu des millions de disques, et influencé une grande partie du mouvement rap français. Leurs textes reflètent cette violence, exprimée, c'est le moins que l'on puisse dire, sans ambages. Chacun des deux membres a ensuite créé sa propre maison de production, enregistré des disques moins marquants que leurs précédents, mené leur carrière en solo, ne se rejoignant que sur scène en 2008. On trouvera plus loin un texte de chacun d'entre eux.

■ Discographie : «Authentik» (Epic, 1991) ; «J'appuie sur la gâchette» (Epic, 1993) ; «Paris sous les bombes» (Epic, 1995) ; «Suprême NTM live» (Epic, 1995) ; «Suprême NTM» (Epic, 1998).

# L'ARGENT POURRIT LES GENS

Personne ne peut comprendre
Ma vie n'est pas à vendre
Et je le clame haut et fort
Il ne faut pas se méprendre
Asphyxiant les sentiments
L'argent pourrit les gens
Précisément en ce moment
Tout s'achète, tout se vend
Même les gouvernements
Prêts à baisser leur froc
Pour une question d'argent
Avec une veste réversible
Suivant le temps
Apparemment l'armement
Passe largement avant
La condition de vie de chacun
Le monde est plein de bombes
Qui creuseront nos tombes
Maintenant tu sais à quoi sert le fric
Qui à lui seul pourrait stopper la famine en Afrique
L'ARGENT POURRIT LES GENS,
J'EN AI LE SENTIMENT
Faire avancer les choses
Défendre notre cause
Pour une métamorphose
Voilà ce qui s'impose
Loin de tous ces requins
Je poursuis mon chemin
Loin de la tune, mon posse évolue
Voilà ma vraie fortune

Sans grand moyen, oui je suis né
Et pourtant prêt à affronter
Cette injuste réalité
Pré-réglée par le pognon
Car sur ma face
Il est écrit que je suis à l'écart
De la grande répartition monétaire
Préservée depuis plus d'un millénaire
Riche et pauvre, oui depuis trop longtemps
Les valeurs n'ont pas changé
Quel que soit le siècle
Quelle que soit l'heure, mes yeux ont peur
Car la monnaie a une clarté
Qui aveugle mes frères
Dealant la mort au coin des rues
Se charcutant pour un blouson
Hé Mec ! De cette façon
Le pognon ne fera pas l'ampleur de ta condition
L'ARGENT POURRIT LES GENS
J'EN AI LE SENTIMENT
Je ne me prétends pas du tout différent
J'aime l'argent, l'adopter le maîtriser
Le contrôler avec doigté
Doit apporter une jouissance interne et intense
Quelle qu'en ait été l'origine de la semence
Oui j'ai ce défaut aussi
Mais je n'ai pas trahi
La confiance de mes pairs
Pour une sale affaire de fric
Situation courante et dramatique
La corruption est une arme à ne pas négliger
Si tu veux réussir en politique

Sache que l'arnaque est une « technique »
Une tactique illicite
Qui profite toujours aux mêmes, aux piliers du système
Mais que fait la justice ?
L'argent les rend complices
L'ARGENT POURRIT LES GENS
J'EN AI LE SENTIMENT
La convoitise perpétuelle des biens de mon prochain
Ne fait qu'enflammer constamment
Mon amour pour l'argent
Et pourtant, étant conscient
Que cette valeur est matérielle
Rien ne m'arrête pour l'acquérir
Donc je me fais prédateur
Pour une poignée de papiers
Qui pour un jour ou plus
Me fera croire que l'argent fait le bonheur
Oui ! je me leurre
Déréglé par le système qui me pousse à l'extrême
Je suis en bas, mais bien plus haut
Incomparable par leurs niveaux
Des gens tournent le dos
À la famine de leurs égaux
Dédaignant leurs pairs
Car, plus ils croulent sous l'argent
Moins le monde devient réel
Est-ce le bonheur ?
Non je ne crois pas que le pognon
Soit une rançon du bonheur.

# QUELLE GRATITUDE

Quelle gratitude devrais-je avoir pour la France ?
Moi Joey Starr qu'on considère comme un barbare
Donc j'encule tous ces moutons de fonctionnaires
Tous ces pédés de militaires
Qui pendant oui presque plus d'une année
M'ont séquestré, malmené
Sous prétexte de faire de moi
Un homme, un vrai
Avec les couilles dans le béret,
Avec le cerveau dans le paletot
Et à la place du cœur
Une saloperie de drapeau.
Quelle gratitude devrais-je avoir pour la France ?
Me demandant ma vie
En cas de conflit
Alors qu'aucunement je ne partage
Leurs idéologies
Qui n'ont fait de moi
Qu'un jeune aigri paranoïaque
Donc pour tous ces désirs
Inassouvis pour chacun d'eux
Pas un bras assez ingrat
Je ne donnerais
Pas une goutte de mon sang
Ne sera versée pour rejoindre leurs rangs
Car au-dessus de leurs lois
J'ai bâti mon toit
À mon crew 93 NICK TA MÈRE
J'ai donné ma foi
Fraternité dans laquelle

Les business illicites
Sont habituels et nécessaires
Car nos lois de survie
Ne sont pas les mêmes
Et perpétuel est l'appui
Que nous apporte la flicaille
Dans notre haine
Quelle gratitude devrais-je avoir pour la France ?
Encore moi, Joey Starr,
Révolté, renégat de cette enculerie
Qu'on appelle le système
Pour lequel je n'ai aucune gratitude
Et pourtant de temps en temps
Je retourne dans leur troupeau
Mais fonctionnaires et prolétaires
Me ramènent vite fait sur terre
Voilà pourquoi NICK TA MÈRE
Voilà pourquoi cette pluie de mots
Adressée à ma nation se veut forte
Car je n'oublie pas tous ces gens
Qui un jour ont pu fermer leur porte
Jugeant mes capacités
Sur ma couleur et mon ethnie
Voilà pourquoi mon entourage
Vit dans l'ennui et a choisi le mépris

# BLANC ET NOIR

Il est blanc, je suis noir
La différence ne se voit que dans les yeux des bâtards
Trop tard
Différence ethnique, alliance de cultures
Voilà les raisons de notre progression, c'est sûr
J'ai l'esprit clairvoyant et les yeux bien ouverts
Car j'aspire, j'espère
Mec, à voir, à faire taire
Dans l'instant tous les soi-disant «prophètes,
Les propagateurs, adulateurs d'une race parfaite»
C'est clair et net, la démonstration est faite
Dix pour cent pour Le Pen aux élections, c'est une
    défaite
En fait, prends ça dans ta face, quelle que soit ta race,
Noir et blanc, blanc et jaune, jaune et rouge, rouge ou
    beur
Je m'adresse à la jeunesse, celle qui se dresse, sans cesse
Sans peur ni crainte, face aux dictateurs
Dont l'empreinte reste une offense, pour ce monde qui
    avance.
JE SUIS BLANC, EST-IL NOIR.
C'EST UNE LEÇON POUR L'HISTOIRE.
BLANC ET NOIR, L'HISTOIRE EST À REVOIR.
OK SHEN, je reprends pour faire monter la transe
J'augmente le volume, et là tu sens gonfler ma plume
Mon cerveau fume, j'ouvre les yeux
Les faussaires sont partout
Oui, ces individus qui crachent seulement sur Le Pen
Et entretiennent le même style de haine
Du genre complètement manipulé

Le décalage est certain
Mais, maltraitant le bâtard
Qui se dit blanc, qui se dit beur, qui se dit noir,
NTM est l'impact sans aucun sens du tact
Se déjouant de toute attaque
Des ennemis de la liberté
Fils de pute qui réfutent et se butent
Dans des préjugés dépassés
Pump it up, Pump it up...
Ankylosés par les années
Quant à nos pairs
Endoctrinés par leurs aînés
Sont déjà prêts à assurer la relève
Donc une seconde d'attention
Car, préalablement, toujours sans faux-semblants,
La société multiraciale va de l'avant
Je suis renoi, c'est un blavanc
Et pourtant dans nos veines coule le même sang.
JE SUIS BLANC, IL EST NOIR.
C'EST UNE LEÇON POUR L'HISTOIRE.
BLANC ET NOIR, L'HISTOIRE EST À REVOIR.
Farakhan ou Le Pen
Même combat pour la haine
Je dis stop, c'en est trop go !
Attention danger, ne laisse pas véhiculer
Dans ton esprit, leurs idées
Leurs paroles, leurs volontés, leurs notions d'attardés
Fanatiques ou disciples, ta raison n'a pas de sens
Je suis blanc, il est noir
Alors prends ça comme une offense
Car en France, le problème n'a pas lieu d'exister
Les États-Unis ne sont pas toujours bons à copier

Multiraciale est notre société
Alors bougeons ensemble, et créons l'unité
Car depuis longtemps, trop longtemps, oui depuis trop
  longtemps
Depuis que le monde est monde, la couleur est une
  frontière
Une barrière, c'est clair, je déclare la guerre
À la terre entière, d'un revers autoritaire
Je balaie, je combats puis, l'un après l'autre, j'abats
Le Front national, les skins, l'apartheid, le ghetto.
JE SUIS BLANC, IL EST NOIR.
C'EST UNE LEÇON POUR L'HISTOIRE.
BLANC ET NOIR, L'HISTOIRE EST À REVOIR *(bis)*.
Parallèlement, je te démontre
Que, quelle que soit ta couleur, quelle que soit ta nature
Aucune race n'est supérieure, car il n'y a pas de couleur
Pour être un cartonneur
Asphyxiant le préjugé, car toute connerie a ses limites
L'indulgence, je m'en dispense
Toutes ces conneries dérisoires
Comment peux-tu y croire ?
De quel droit peux-tu penser que cette chose dans
  laquelle
Tu te terres nous différe
Car sans comprendre, sans apprendre
Tu t'enfonces et je n'ai même pas pitié de toi
Car, à l'heure où je te parle,
Prends-tu seulement conscience de mes mots ?

# POLICE

Police : vos papiers, contrôle d'identité,
Formule devenue classique à laquelle tu dois t'habituer.
Seulement dans les quartiers,
Les condés de l'abus de pouvoir ont trop abusé.
Aussi sachez que l'air est chargé d'électricité,
Alors pas de respect, pas de pitié escomptée
Vous aurez des regrets car :
Jamais par la répression vous n'obtiendrez la paix,
La paix de l'âme, le respect de l'homme.
Mais cette notion d'humanisme n'existe plus quand ils
    passent l'uniforme
Préférant au fond la forme, peur du hors norme,
Pire encore si dans leur manuel ta couleur n'est pas
    conforme,
Véritable gang organisé, hiérarchisé,
Protégé sous la tutelle des hautes autorités,
Port d'arme autorisé, malgré les bavures énoncées,
Comment peut-on prétendre défendre l'État, quand on
    est soi-même
En état d'ébriété avancée ? Souvent mentalement retardé
Le portrait type, le prototype du pauv' type,
Voilà pourquoi dans l'excès de zèle, ils excellent,
Voilà pourquoi les insultes fusent quand passent les
    hirondelles.
Pour notre part ce ne sera pas « Fuck the Police »,
Mais un spécial NICK TA MÈRE de la part de la mère
    patrie du vice.


Police machine matrice d'écervelés mandatés par la justice
Sur laquelle je pisse *(bis)*.


113

Aucunement représentatif de l'entière populace,
Que dois-je attendre des lois, des flics
Qui pour moi ne sont signe que d'emmerdes ?
Regarde je passe à côté d'eux :
Tronche de con devient nerveux ;
«Oh oh contrôle de police, Monsieur.»
Systématique est la façon dont l'histoire se complique
Palpant mes poches puis me pressant les balloches
Ne m'accordant aucun reproche à part le fait de passer
    proche
Portant atteinte à leurs gueules moches.
Traquer les keufs dans les couloirs du métro,
Tels sont les rêves que fait la nuit Joey Joe.
Donne-moi des balles pour la police municipale
Donne-moi un flingue...
Encore une affaire étouffée, un dossier classé,
Rangé, au fin fond d'un tiroir, dans un placard ils vont
    la ranger
Car l'ordre vient d'en haut,
Pourri à tous les niveaux.
Ça la fout mal un diplomate qui businesse la pedo
Alors on enterre, on oublie, faux témoignages à l'appui
Pendant ce temps, des jeunes béton pour un bloc de teuchi
Malheureusement j'entends dans l'assistance :
«Écoutez, moi j'ai confiance»
Confiance en qui ? La police, la justice... Tous des fils...
Corrompus, dans l'abus ils puent ;
Je préfère faire confiance aux homeboys de ma rue, vu !
Pas de temps à perdre en paroles inutiles ;
Voilà le deal :
Éduquons les forces de l'ordre pour un peu moins de
    désordre.

Police machine matrice d'écervelés mandatés par la
    justice
Sur laquelle je pisse *(bis)*.


Du haut du 93, Seine-Saint-Denis, Chicago bis,
Port des récidivistes, mère patrie du vice,
Je t'envoie la puissance, conservant mon avance,
Tout en transcendance, un à un me jouant
De tous les flics de France,
Mercenaires, fonctionnaires au sein d'une milice
    prolétaire,
Terriblement dans le vent,
Trop terre-à-terre pour qu'ils tempèrent ou même
    modèrent.
L'exubérance héréditaire qui depuis trop
Longtemps prolifère
Contribuant à la montée de tous les préjugés et
Manœuvrant pour renflouer l'animosité des
Poudrières les plus précaires
Considérées secondaires par les dignitaires
D'un gouvernement trop sédentaire
Et d'une justice dont la bâtisse est trop factice
Pour que s'y hissent oui sans un pli
Nos voix approbatrices.
Mais sincèrement, socialement
Quand il était encore temps
Que l'on prenne les devants ;
Tout ne s'est fait qu'en
Regressant, comment ?
Aucun changement de comportement
De la part des suppôts des lois
Rois du faux-pas

Ma foi, ce qui prévoit un sale climat
Donc pour la patrie mère du vice
De la part de tous mes
Complices, des alentours ou
Des faubourgs,
Avant qu'on
Ne leur
Ravisse
Le jour :
Nick la police !

## J'APPUIE SUR LA GÂCHETTE

Seul, dans la pénombre,
Avec mon passé,
Cherchant à me remémorer
Les joies et les raisons
Pour lesquelles j'encaisse
La monotonie de
Cette vie,
Plus désarmé qu'au
Premier jour,
Les années blanches
De ma jeunesse
Se sont laissé posséder
Quant au futur !
Le futur
J'ose même pas y penser.
Vide est ma vie
Et pourtant je n'ai pas choisi

116

Tant le présent n'est
Que néant...

Tout a commencé sûrement
Le jour où je suis né,
Le jour où je n'ai pas
Croisé la bonne fée
Qui aurait fait de moi ce
Que je ne suis pas
Ceux qu'il m'arrive d'envier parfois,
Ceux que la vie a dotés d'une chance,
Mais moi malheureusement voilà,
Je n'en suis pas là,
Et privé de ça, pour quoi
Devrais-je mener un combat ?
De toutes façons pas la peine,
Je connais la rengaine
Mais je n'ai pas la force.
Mon amour pour la vie s'est
Soldé par un divorce,
Moi aussi j'ai rêvé de connaître l'idéale idylle,
Le désir, la passion pour ne pas perdre le fil
Quitter sur-le-champ la ville, s'isoler sur une île
Au lieu de ça, ma vie file, se faufile et défile
Sans domicile fixe.
J'ai toujours relevé la tête, même à genoux.
Mais ce soir, je suis fatigué de lutter
Et pense sérieusement à tout déconnecter.
L'hiver a posé son manteau,
Comme si la mort était déjà là, tout près de moi.
Le froid me lacère la peau,
Comme cette vie, dont je n'ai plus envie

Égaré dans ces pensées
Où tous ne cessent de m'apitoyer
Voilà, ce soir je vais craquer
Ne pouvant échapper à mon destin.

L'âme stressée, le cerveau compressé,
Comme usé par la guerre des nerfs
À laquelle je dois me livrer.
Subir sans pitié, sans répit, voilà ma vie
Gris semble l'avenir et noire est
La couleur de mon esprit
Je n'essaye plus de comprendre,
Ni de me faire entendre.
Je suis le troupeau avec un numéro
Collé dans le dos
Métro, boulot, aseptisé du cerveau
Mon ultime évasion se trouve
Dans le flot de ces mots
Quarante ans de déboires
Passés à la lumière du désespoir
Tu peux me croire
Ça laisse des traces dans le miroir.
J'ai les neurones affectés et le cœur infecté,
Fatigué de lutter, de devoir supporter la fatalité,
Et,
Le poids d'une vie de raté
Voilà pourquoi je m'isole, pourquoi je reste seul
Seul dans ma tête libre, libre d'être
Un esclave en fait battant en retraite,
Fuyant ce monde d'esthètes en me pétant la tête.
Okay, j'arrête net, j'appuie sur la gâchette.

# PLUS RIEN NE VA

Restez toujours à l'heure, ne ratez pas le 20 heures :
Au menu viande saignante dans le téléviseur. Pas
    d'erreur.
Un peu comme un remake de «Rambo 2» en live et en
    couleurs
À la différence près qu'aucun des Croates n'est acteur
La guerre à domicile, la peur et la famine
La terre en ce moment n'a pas vraiment bonne mine
Son état de santé se dégrade et me mine, j'imagine.
Bien pire que tu ne l'imagines.
Bing Bang abattu sous les balles d'un gang
À l'âge où d'autres jouent innocemment à se tirer la langue
Paradoxal, pourtant apparemment normal
Dans un monde moderne qui petit à petit perd les
    pédales
Perd toute notion de ce qui doit rester vital
Voilà le mal, tout se décale,
Écrit noir sur blanc dans le journal
De plus en plus apocalyptique
Ma vision n'en reste pas moins réaliste
Et logique, non utopique
Typique de quelqu'un qui a pris le tic
Automatique de ne plus faire confiance
À leur éthique politique.
Trop de micmac,
Trop de mimiques
Du genre y a plus de fric,
Mais on envoie l'armée dans le golfe Persique.
On nous prend pour des bêtes,
Des bancals de la tête, ou quoi ?

Analphabète, c'est pas du tout mon cas, moi
J'ouvre les yeux, la télé, le journal, et je vois
Que chacun joue pour soi, et que plus rien ne va.

Plus rien ne va
Non croyez-moi, plus rien ne va

Chacun parcourt le monde, grâce au satellite, et
Regarde la misère par le carré magique, mais qui
S'implique, qui réplique
Que font les politiques, quand l'enjeu n'est pas le fric
Pas grand-chose, voilà le hic !
Ah ! Je vois, on n'se déplace pas pour n'importe quoi,
    c'est ça ?
Exact. Il faut du bruit de l'impact,
Tactique technique médiatique
Visant à tromper l'opinion publique
À grands coups de discours démagogiques
Alors que vouliez-vous que je fisse
Face à ces fils
À force de crier, j'ai l'impression
De pisser dans un violon
D'essayer de détruire un mur en béton.
C'est embêtant
Celui de l'incompréhension intense et totale
Harassante quand on la vit mal
Sans importance pour ceux
Qui sont à l'abri des balles
Eh ouais, mais l'homme est ainsi fait,
Fait de failles
L'humain manque d'humanité,
Oua Oua, Why ?

120

Parce que la haine a pris le pas sur l'amour.
Parce qu'à l'acte on préfère le discours.
Parce que personne n'entend
Les appels au secours, Fuck em' all

Sans détour, sans détour,
Car jour après jour,
De la planète s'égrène le compte à rebours.
Et pourtant ce ne sont pas
Les témoins qui manquent,
Mais plutôt des paires de couilles
À tous ceux qui se planquent
Et, planquent à la banque,
De quoi s'acheter une armée de tanks
Multiplient les volte-face et
Nous prennent pour des branques
Et après ça vous espérez
Nous faire suivre les lois
Car quand on suit l'exemple,
Vous trouvez que plus rien ne va

Plus rien ne va
Non croyez-moi, plus rien ne va

## QUI PAIERA LES DÉGÂTS ?

N'oublie jamais que les cités sont si sombres
Tard lorsque la nuit tombe et que
Les jeunes des quartiers
N'ont jamais eu peur de la pénombre

Profitant même d'elle tels des hors-la-loi
N'ayant pas d'autre choix que de
Développer une vie parallèle.
Business illicite,
La survie t'y invite
Comme persuadé de prendre le
Chemin de la réussite ;
Mais pour ça, qui fait quoi ?
Quelle chance nous a donnée l'État ?
Ne cherchez pas
Intentionnel était cet attentat :
Laisser à l'abandon une partie
Des jeunes de la nation,
Ne sera pour la France qu'une
Nouvelle amputation,
Car quand la faute est faite,
La fête est finie.
Fini de rire, pire, j'ai peur pour l'avenir,
Mais toi, qu'as-tu à dire pour
Contredire mes dires ?
Je n'invente rien contrairement
À ce que tu peux lire,
Pas de brodages,
Dans mes textes pas de romance
Car je sais que notre pensée
Peut avoir de l'influence.
Quelle solution préconise-t-on ?
Mieux vaut prévenir que de guérir
Dit le dicton
Mais dans ce cas précis si guérison il y a,
Souvenez-vous que c'est à nos frais
Que seront les dégâts.

Trop longtemps plongés dans le noir,
À l'écart des lumières et des phares,
Éclairés par l'obscure clarté de l'espoir,
Les enfants des cités ont perdu le contact,
Refusent de paix le pacte,
Conscients qu'ils n'en sortiront pas intacts,
Vivre libre, aspirer au bonheur,
Se donner les moyens de sortir du tunnel
Pour voir la lueur
Et pouvoir tapisser de fleurs les murs de l'amour.
Voilà ce qu'on reproche à mes proches à ce jour,
Sans pour autant essayer de comprendre
Le pourquoi du comment,
Et préférant se baser sur des préjugés
Pour porter un jugement
À la hâte, dans le vent.
Non non, décidément un monde nous
Sépare alors foutez-moi le camp.
C'est clair, je pense vous avez saisi la sentence,
La France est accusée de non-assistance
À personne en danger,
Coupable crient les cités, mais l'État
Malgré ça nous fera payer les dégâts.

Tout le monde est conscient
Maintenant du besoin d'argent,
Et comme en haut lieu, la cité a sa propre règle du jeu,
Avec ses coups du sort et ses coups malheureux.
On ne joue pas éternellement avec le feu sans se brûler
Ne prends pas ça comme une moralité,
J'essaie en vérité de te dire qu'un jour il faudra bouger,
Pour ne pas rester prisonnier du béton,

Et à plus forte raison des portes des prisons,
Non, je ne prends parti pour personne,
Je donne mon avis, ma philosophie,
Prends ton gen-ar et fais ta vie,
Car le business doit être une étape pour changer de
    cap.
Prends-en conscience avant que le malheur ne te
    frappe.
Ne t'attends pas de leur côté à de la compassion,
La machine judiciaire se jouera de ton sort
Comme on se joue d'un pion.
Attention à la sanction !
N'oublie pas qu'à leurs yeux tu n'es
Qu'un parasite pour la nation.
Un : ton avenir est entre tes mains, je dis deux
Sache retirer à temps tes billes du jeu,
Pour le trois, j'accuserai les lois et l'État de quoi,
De toujours nous faire payer les dégâts.

Kool Shen

## DERNIER ROUND, feat Oxmo Puccino

Ne touche pas à ma musique enfoiré
N'y touche pas enfoiré, faut pas toucher sinon t'es dead
Dernier round, Ox et Kool Shen and again and again.

Kool Shen
Il suffirait de balancer cash Nique la police

Plein de démago pour que les foules applaudissent
Mais pour que je m'accomplisse frères
Il m'en faut plus c'est le dernier round
Et j'ai bien plus taffé que pour mon premier opus
Sur scène dos au mur j'avance
Avec beaucoup de carence j'évite les coups de balance
La vie qui pousse à bout j't'annonce je suis encore
    debout
Coincé entre un flingue et les roses
La rime amère rarement à mourir de rire
C'est le dernier round, dernier tango avant l'apocalypse
C'est l'heure de faire des francs plutôt que des vocalises
Assis-toi Ox et dis-moi sur quoi on se focalise
Sur quoi on mise pour qu'enfin on puisse foutre les
    nôtres à l'aise.

Oxmo Puccino
T'as un carré d'as il a carrément la quinte flush
Royale quand le sort n'est pas loyal plein de pleurs
J'ai peu d'espoir pour mettre les nôtres à l'aise
Et pourtant j'y pense mais les choses sont moins aisées
    qu'elles paraissent
Je viens du Nième rang, j'sais plus le combien tième
    round
Ô combien fier on tiendrait à se rendre
Te déplace pas pour le trône ouais
T'es pas le premier, vous êtes trop
Gardez la monnaie, rentrez chez vous en tramway

   *Refrain*
*Même si c'est pas le dernier round*
*Ma dernière rime, mon dernier flow*

*Mon dernier souffle j'écris comme si c'était mes derniers mots*
*Ils sont fatidiques, fatigués d'enchaîner les rounds*
*J'attends pas le fond de l'eau pour nager le crawl*
*Même si c'est pas le dernier round*
*Ma dernière rime, mon dernier flow*
*Mon dernier souffle j'écris comme si c'était mes derniers mots*
*Bon, au cas où s'ils le sont je kicke ça haut pour casser la*
   *cloche du ring*
*On verra pas de K.O.*

Oxmo Puccino
On a gravi les échelons tout en restant underground
À l'école quand les mômes répètent nos mots on les
   gronde
Batailler pour ce hall, je me voyais black à Wall Street
Mon complice est né à Chelsea et yo notre histoire est
   celle-ci
Les gens comme nous n'ont que jusqu'à six
Cette vie n'est pas juste, pour toi les secondes s'allongent
L'arbitre compte jusqu'à douze
C'est dur, abusé, coincé dans les cordes je pense à
   décrocher
La ceinture au pluriel t'iras manger de l'ombre à la
   petite cuillère
Car y a pas de place pour des gus sur une civière
Mec il faut que t'aimes, Ox et Kool Shen
Écoute cette chanson solide comme un bout de chêne
Et le seul round qui compte est indiqué par l'horloge
Ses dents se transforment ou se perdent tout et fort, tort
Quel que soit ton parcours on s'en fout
Tant que ça roule tu peux les gagner tous et tout perdre
   au dernier round

*Refrain*

Kool Shen
Puisque je ne sais pas de quoi sera fait demain
Je goûte chaque seconde ma vie
Quitte à tomber raide mort sur le pavé bêtement
Enfant sous traitement on rêve tous ici secrètement de se
    barrer
Complètement de s'évader, concrètement c'est pas les
    couilles qui nous manquent
Un truc qui nous bloque mais plus la téci qui nous
    manque
Chuis pas né pour attendre le dénouement
Un genou à terre à me demander au fond combien il me
    reste de jours à faire
Et si c'est pas le dernier round, tant pis
Je ferai comme si j'ai pas le temps
J'suis pas de ceux qui pensent qu'on aura le plan en
    restant statique
Sceller les pieds dans le sol, l'esprit dans le flou,
Coincé dans le rôle à tirer sans flingues
Moi je veux mourir d'avoir vu trop de choses
Vécu trop de plans, cueilli trop de roses
Connu trop de gens, partagé trop de temps avec les miens
À tenter de pas perdre avant le dernier coup de gong
Puisque on est tous censés se la faire

*Refrain*

Joey Starr

# MÉTÈQUE

Avec ma gueule de métèque
Ma ganache de nègre errant
Toujours aussi réfractaire à vouloir rentrer dans le rang
Avec vous je serai franc, franc au possible
Dans l'rang impossible votre morale au crible
Qu'on me déleste de mon ego
Ça me rend psycho, j'sors les crocs

Ça me rend psycho dans mon flow et là il y a plus
    d'idéaux
Et donc je deviens accro à la suffisance, la violence
Et là vous braves gens, ah c'en est trop
Avec ma gueule de métèque mon œil de prédateur
En phase avec son temps, j'ai poussé sans tuteur
Poussé comme une mauvaise herbe
Comme un môme croate ou serbe
Qu'on me dit que mon attitude fout la gerbe
C'est la merde, c'est la merde

Avec ma gueule de métèque rafistolée qui s'est bastonné
À qui on a tout pris tout volé si peu donné
J'ai pris des branlées par un père déserteur
Au point d'espérer qu'en enfer il y ait du bonheur
La perception atrophiée
Et c'est pas votre moralité qui m'a habillé
Parce qu'anormal est l'isolement dans lequel j'ai pu
    nager
Dans lequel on m'a plongé

Auquel personne n'a jamais voulu rien changer
Avec ma gueule de métèque abreuvé par la passion
Mon sacerdoce est ma mission et si récompense il y a
Mon cœur me guide au trépas
Rien est acquis j'ai toujours appris
Ça m'inquiète pas

Avec mon air aigri amer, galbé comme un fil de fer
Affûté pour la guerre j'roule pour la maison mère
Avec ma gueule j'fais belek
J'ai pas une ganache de dieu grec
Il est possible qu'on m'arrête ou par erreur qu'on
    m'affrète
Avec ma bouche qui a trop bu mon air obtus qui pue la
    rue
Cette façon d'être à raffût et en même temps d'être à la
    rue
Avec mes yeux tout délavés qui me donnent l'air de
    rêver
Avec mes rêves de délinquant
Mes coups d'sang incessants
Avec ma gueule de métèque
Héritière d'une souffrance lointaine
J'veux pas finir en victime ni même finir à Fresnes
Avec son visage ses yeux verts
Tout me rapproche de ma mère
Tout m'éloigne de mon père grâce à qui j'ai ce goût
    amer.

*Les stars,*
*anciennes et nouvelles*

# Doc Gynéco

Même si les puristes du hip-hop le vouent aux gémonies, Doc Gynéco a fait passer dans le rap (il n'aime pas le mot ni le contenu, et se moque volontiers des rappeurs) un grand souffle d'humour, d'anticonformisme et de variété, tendance mauvais goût à la Gainsbourg. Bruno Beausire, né à Clichy en 1974, d'origine antillaise, a d'abord appartenu à la galaxie du Ministère AMER. Puis, jouant de sa belle gueule et d'un machisme provocateur de pacotille, il a sorti un album, «Première consultation», qui l'a d'emblée propulsé au premier rang d'un courant duquel il ne veut en aucun cas se sentir prisonnier. La preuve : il a produit ensuite «Liaisons dangereuses», où figurent aussi bien des rappeurs que Renaud, Catherine Ringer et même «C'est beau la vie», un duo avec Bernard Tapie que l'on oubliera volontiers. Depuis, il a sorti quatre albums studio, moins rap que variété, et s'est surtout fait remarquer par ses hautes relations politiques...

■ Discographie : «Première consultation» (Virgin, 1996) ; «Liaisons dangereuses» (Virgin, 1998) ; «Quality Street» (Virgin, 2001) ; «Solitaire» (Virgin, 2002) ; «Menu Best of» (EMI, 2003) ; «Un homme nature» (Exclaim, 2005) ; «Doc Gynéco enregistre en quartier» (Exclaim, 2005) ; «Peace maker» (Wagram, 2006).

# NIRVANA

Je sors de chez moi salut mon gars
tu sors de prison dis-moi comment ça va
tu veux que je t'enregistre les nouveaux sons
le dernier Ministère et la «Première Consultation»
tu veux être à la page avant de rejoindre l'entourage
de ceux qui boivent du douze ans d'âge
prisonnier du quartier, pris dans la foncedé
plus rien ne m'étonne, plus rien ne me fait bander
depuis que j'ai la tête collée sur une pochette
certaines font semblant de ne pas me reconnaître
d'autres me guettent, s'entêtent, m'embêtent
alors je les pète
et tout est si facile quand on marche dans sa ville
même les bleus pour moi sont en civil
j'veux changer d'air, changer d'atmosphère
je vais me foutre en l'air comme Patrick Dewaere
me droguer aux aspirines façon Marilyn
faut que je me supprime

Comme Bérégovoy
aussi vite que Senna, je veux atteindre le Nirvana
Comme Bérégovoy clic clic boum
aussi vite que Senna, je veux atteindre le Nirvana

c'est donc ça la vie, c'est pour ça qu'on bosse
voir son gosse traîner dans le quartier dans une poche les
    feuilles OCB
dans une chaussette la boulette à effriter une cage
    d'escalier et le tout est roulé
mais stone, le monde est stone

y a plus de couche d'ozone
et les seins des meufs sont en silicone
tu rêves de pèze fini le guèze
1 2 3 tu m'amènes avec toi
4 5 6 cueillir du vice
7 8 9 dans ton cabriolet neuf
J'ai connu les bandes, les gangs, les meufs de gang bang
et les gros bang bang bang
dans la tête de mes amis
n'y pense même pas si tu tiens à ta vie
j'ai troqué ma famille contre ces amis
et je me moque de ton avis
je veux me doper à la MARADONA
car je suis triste comme le clown ZAPATTA[1]

Comme Bérégovoy
aussi vite que Senna, je veux atteindre le Nirvana
Comme Bérégovoy clic clic boum
aussi vite que Senna, je veux atteindre le Nirvana

le docteur ne joue plus au fraudeur
j'achète des tickets par simple peur
d'avoir à buter un contrôleur
je flirte avec le meurtre, je flirte avec mon suicide
vive le volontaire homicide
je ne crois plus en Dieu et deviens nerveux
Allah, Krishna, Bouddah ou Geovah[2]
moi j'opte pour ma paire de puma
elles guident mes pas à pas

---

1. *Sic.*
2. *Sic.*

j'ai fait le bon choix et j'y crois
j'n'ai pas touché mais caressé tous mes rêves
je demande une trêve, le doc est en grève
plus rien ne me fait kiffer, plus rien ne me fait marrer
de la fille du voisin je suis passé à de jolis mannequins
    très convoités
ma petite amie elle est belle, elle est bonne
elle s'appelle Brandy QUINONNE
si tu veux je te la donne car plus rien ne m'étonne
j'en ai marre des meufs, j'en ai marre des keufs
c'est toujours la même mouille, toujours les mêmes
    fouilles

Comme Bérégovoy
aussi vite que Senna, je veux atteindre le Nirvana
Comme Bérégovoy clic clic boum
aussi vite que Senna, je veux atteindre le Nirvana *(bis)*

## NÉ ICI

Là-bas, il fait chaud,
on boit l'eau du coco.
Sous les cocotiers les filles sont dorées.
Les maillots mouillés et les bondas bombés.
Ça sent le colombo, les plats épicés.
Y a du zouk à fond, des fruits de la Passion.
Frankie Vincent est le saint patron.
On coupe la canne pour en prendre le sucre.
Mélangé citron vert et rhum Trois Rivières.

Bologne ou Lamony et oui c'est clair.
Clair comme l'eau de la mer.
J'y vais quand c'est gratuit, congés bonifiés.
Dis-moi ti mal est-ce que tu connais ?
Suis-moi dans les hauteurs de la Soufrière.
Je suis le guide touristique qui t'emmène en Basse-Terre.
On tape une pointe pour aller à la Pointe.
C'est du frotté-frotté et des gens qui s'éreintent.

Ma mère est née là-bas,
mon père est né là-bas.
Moi je suis né ici
dans la misère et les cris *(bis)*

C'est le deuxième couplet, j'espère qu'on va clipper.
Tu pourras voir la tristesse de mon quartier.
Ici tout est gris, ça s'appelle Paris.
Les rues sont mortes, les filles décolorées.
Pour rester bronzées, elles brûlent sous UV.
Toujours fâchée la fille de la ville
est agressive comme un flic en civil.
Y a comme une odeur de gaz sur les Champs-Élysées
et les bombes pètent dans le RER D.
Ma mère est fatiguée, je la laisse respirer.
Je vis de mon côté et tente de subsister. Arrête de rapper
    me crie-t-elle toute la journée.
Ce n'est pas sérieux, trouve un métier.
Fumer ça donne faim, je suis Arsène Lupin. Je tape à
    ED ; même sans les mains
Sur mon canapé, on est moins serré. C'est sûr certains
    se font soulever.
Je pense aux novices et n'oublie pas mes complices.

Ma mère est née là-bas,
mon père est né là-bas.
Moi je suis né ici
dans la misère et les cris *(bis)*

J'veux porter des shorts toute ma vie. Avec mon escorte
quitter Paris.
Manger du poisson grillé sur la plage du Gosier. Prendre
des bains de mer avec le Ministère.
Mais je me suis noyé, je ne sais pas nager,
les rues sont profondes et mènent toutes au boulevard
Ney.
Comment s'en sortir pour la fille du quartier? Elle croit
que pour percer, il faut se faire trouer.
Certains jouent au foot et veulent devenir pro. D'autres
dealent et rêvent de kilos.
Les seringues mortes se ramassent à la pelle sur les
trottoirs de la rue de la Chapelle.
On protège nos fils de tout ce vice.
Dans les cours d'école, on ne sniffe plus de colle.
Drogue et alcool ont pris le monopole. Ma vie n'est pas
si simple, elle n'est pas funky.
Moi je suis né ici et mon enfant aussi.

Ma mère est née là-bas,
mon père est né là-bas.
Moi je suis né ici
dans la misère et les cris *(bis)*.

# CLASSEZ-MOI DANS LA VARIET

Adidas, gants blancs
oh oui t'étais classe
le roi du smurf c'était toi
l'as des as
par vingt francs l'entrée
la vie était belle
tous les dimanches après-midi
c'était la « grange aux belles »
au temps du globo
tu tournais sur le dos
et moi Bruno
je me prenais pour Zico
tu dépouillais des doudounes et des casquettes
moi j'évitais les tacles,
les marquais d'une pichenette
pendant que tu salissais les murs
à coups de graffiti
moi je tentais le coup franc magique
de Michel Platini
la carte d'Afrique autour du cou
a fait de toi un vrai zoulou
si Africa Bambata te l'a mis dans le baba
moi j'ai encore la foi en Diego Maradona
t'as rangé ton marqueur et tes bombes de peinture
car le phénomène de mode est passé à toute allure
je ne suis pas un charlatan de l'ancienne école
encore moins un zoulou de la nouvelle école

Arrêtez de lui prendre la tête
arrêtez de jouer vos zoulettes

y a qu'du rap à l'eau
sur toutes les radios
classez-le dans la variet

je me moque du hip-hop
ce n'est pas ma dope
je suis le type au top
qui te critique non-stop
je me fous de la nation zoulou
je ne sais pas danser ta hype ni ta gogo
la seule danse que je connaisse
c'est « la danse des canards
qui en sortant de la mare
se secouent le bas des reins
en faisant coin-coin »
t'aimes les Américains,
tu copies leur attitude
et leurs manières rudes,
mec, t'es abruti
par MTV, Nike, cross color
et Karl Kani
si la variet te prend la tête
moi dessus je fais la fête
et je pense que tes conquêtes
s'éclatent sur mes chansonnettes
et dans les bacs de la FNAC aux côtés des productions
AB tu pourras me trouver
car je préfère être classé dans la variet

Arrêtez de lui prendre la tête
arrêtez de jouer vos zoulettes
y a qu'du rap à l'eau

sur toutes les radios
classez-le
dans la variet

classez, classez,
classez-moi dans la variet *(bis)*
oui je sais je me répète
classez-moi dans la variet
jette un œil sur les states
c'est d'être hardcore
la meilleure variet
plus tu dis «the fuck»
et «the bitch» dans les textes
plus tu vends de disques
et deviens une vedette
le rappeur «gangster»
tue devant les caméras
et regagne sa villa
en Porsche Carrera
tes éclats d'âme sont pour moi
comme tous les États d'Amérique

Arrêtez de lui prendre la tête
arrêtez de jouer vos zoulettes
y a qu'du rap à l'eau
sur toutes les radios
classez-le
dans la variet

141

# TROP JEUNE
## featuring Chiara Mastroianni

J'étais trop fort et ils m'ont pas compris
Suivez l'cercueil de l'incompris [de l'incompris]
Ma vie fut longue et douloureuse
Je ne suis qu'une érection qui les rendait heureuses
Leur distraction dans ce cortège
Je souhaite... qu'il y ait
Tous les élèves de ma promotion
[Du 7ᵉ Art] de la profession [de la profession]
Non du show-bizz, de l'art pour la nation [de l'art pour
    la nation]
Un retraité d'éducation ruelle
J'ai un doctorat délivré à Porte de la Chapelle (Chapelle,
    Chapelle)
Ma vie s'abrège, mon silence vous protège [mon silence
    vous protège]
L'argot vit !
[Mes mots vous protègent]
Je joue mon rôle et je survis
Doc gît au milieu des sans-abri
Dans l'noir, j'ai vu l'espoir [j'ai vu l'espoir]
Les hommes puissants de ce monde d'argent
Qui se disputent... [une mélodie]
Le dernier chanteur venu d'un trottoir
Trop jeune pour parler d'la mort [d'la mort]
Trop jeune pour [l'aimer] l'aimer
Non, je n'suis pas trop jeune [trop jeune]
Non, je n'suis pas trop jeune... pour rêver [pour rêver]
Personne n'a jamais vraiment su qui j'étais
Ni quel était mon secret [ton secret]

Le principal c'est que l'message passait
[La voix du cœur] et le message de paix
Même si les gens disent « nous n'y arriverons jamais »
Nos opinions... sur le sujet
Coûtent beaucoup moins cher que celles de Strauss-
    Kahn
C'est beau la vie
Ebola vit [Ebola vit]
Que fait police du monde et Kofi Annan
Famine, misère à l'unisson, on voit mourir des
    nourrissons [des nourrissons]
J'dégueule ma thèse sur du papier, exploitation et
    exclusion
Les dirigeants, vous m'avez tué
Message passé et moi j'y vais [Message passé et moi j'y
    vais]
Et grâce à Dieu, je m'en vais [je m'en vais]
Trop jeune pour parler d'la mort [d'la mort]
Trop jeune pour [l'aimer] l'aimer
Non, je n'suis pas trop jeune [trop jeune]
Non, je n'suis pas trop jeune... pour rêver [pour rêver]
Je le savais et j'ai laissé faire
Mal au cœur quand arrive l'hiver
La drogue, la mort, les armes et la guerre
Je le savais mais j'ai dû me taire
[Je le savais et j'ai laissé faire]
[Mal au cœur quand arrive l'hiver]
[La drogue, la mort, les armes et les guerres]
[Je le savais mais j'ai dû me taire] mais j'ai dû me taire

## NOS LARMES

J'ai pas un cœur de pierre, une mécanique sous mon
    thorax
J'ai un cœur de chair, romantique, jamais furax
Un cœur fait de douleur, j'ai mal, enfant du malheur
C'est la fête des mères, frère, c'est la misère
J'irai voler des fleurs pour les offrir à ma mère
C'est pas mes abdos, des tablettes de chocolat
Soulève mon polo, tu verras tout ce que j'ai péta
Pourquoi mon cœur pleure des larmes de haine ?
La haine, je l'ai aimée comme la femme que j'aime
Je m'souviens d'un Noël où y avait rien sous le sapin
Pourtant sur mon bulletin, y avait que des 20 sur 20
Mon père aurait dû me prévenir qu'on était en chien
J'étais trop jeune, il s'est barré... pauvre gamin
Mon passé, c'est mon avenir
Ce que je suis devenu, c'est ce qu'on m'a fait subir
Un mec malheureux, mais toujours avec le sourire.

Dans la rue, j'étais facile à reconnaître
La tête penchée sur le côté, un bas de survet'
Sale, du foot en salle et des trous dans mes baskets
J'me remplis le bide à l'eau du robinet
Ça coupe la faim, on riait, on fumait le calumet
1<sup>re</sup> cuite, 1<sup>re</sup> garde à vue, 1<sup>re</sup> fuite
Dans les poches, pas un billet, pas une seule pièce de
    monnaie
Desserre les menottes, putain, ça fait trop mal au poignet
Ça me donne envie de chialer, de m'saouler, de
    m'laisser aller
J'ai le cœur lourd, en bas de la tour

La haine se savoure comme une bonne bière
Avec humour, on fait des mamours à police-secours
Je reste marqué par mon enfance, par mon quartier
Mon stylo crie, que rien n'a changé
Verser des larmes d'encre sur le papier
La misère du monde, pourquoi ça te fait flipper?
Alors que la douleur du monde devrait te toucher...

Effriter mon savoir, sur un banc, dans un square
Boire à la mémoire, à mes déboires
Éviter les histoires
OK, j'y vais, j'te raconte mon histoire
J'crache ma rancœur, dis ce que j'ai sur le cœur
On dit que dehors, c'est la loi du plus fort
Mais tu vois, j'suis l'exemple, le plus faible s'en sort
Toujours à me marrer, le cœur fissuré
Ma chanson donne des frissons
Comme la chronique à chaque émission
Tonnerre, j'parle à une minorité qui ignore qu'elle est
   majoritaire
Les ventres sont vides, avec les mots, j'nourris les
   cerveaux
Narrateur, conteur au grand cœur
Sous ma chemise plus tard, j'aurai un peacemaker

   *Refrain*

Quand je verse une larme c'est mon cœur qui parle
J'épuise mon mélo, tous mes plus beaux mots
Ouvre-moi ton cœur, ouvre ton cœur.

# Stomy Bugsy

Stomy Bugsy est né à Sarcelles, dans une famille originaire du Cap-Vert. Fâché très tôt avec l'école, il se lance vite dans le rap, et crée, avec son pote Passi, Le Ministère AMER, qui commence en 1991 une carrière sulfureuse. En 1995, le titre « Sacrifice de poulets » qui figure sur la bande originale du film de Mathieu Kassowitz, *La Haine*, et quelques déclarations fracassantes, valent à Stomy et à ses acolytes plusieurs plaintes des pouvoirs publics pour « provocation et incitation à la violence ». Le Ministère mis en sommeil, Stomy entame une carrière solo (comme Passi), et sort en 1996 son premier album « Le calibre qu'il te faut », suivi, en 1998, d'un « remix » de certaines chansons, avec pas mal de rappeurs invités. Ensuite, il s'est lancé dans le cinéma, a enregistré plusieurs albums, dont un de world, fidèle à ses racines cap-verdiennes.

■ Discographie : « Le calibre qu'il te faut » (Columbia, 1996) ; « Quelques balles de plus pour... Le calibre qu'il te faut » (Columbia, 1998) ; « Trop jeune pour mourir » (Columbia, 2000) ; « IVe Round » (Sony Music, 2004) ; « Rimes passionnelles » (7e sens et Garde à vue, 2007).

# C'EST LA MERDE ET TU LE SAIS

C'est la merde et tu le sais
Dans tous les quartiers
C'est la merde et tu le sais
Là où y a des immigrés
C'est la merde et tu le sais
C'est la merde et tu le sais *(bis)*

Je sors de garde à vue
La tête dans le cul,
Je remets mes lacets, ma ceinture et mes bijoux
Rien d'extraordinaire, les fers à mes poignets,
Il y a longtemps que j'y ai pris goût.
Direction maison,
Mais les serruriers s'attaquent à ma porte
Une vieille histoire de PV
Comment j'me comporte
Mes pulsions sont fortes
Mais je fais le diplomate
Ça ne change rien, ils matent
Les meubles, la télé
Les biens que ma Mama a durement gagnés.
Pour tout emporter devant moi, il faudrait me caner
Je fais l'hystérique, coléreux, maniaco
Et Babylone se met à calter
J'ai gagné ! Mais coup de téléphone
Le syndic,
Quoi ? Comment ? M'accuse de dégradation
Sûrement, mes amis ont trop de pigmentation
Résultat : expulsé
Putain, les enculés !

C'est la merde et tu le sais
Dans tous les quartiers
C'est la merde et tu le sais
Là où y a des immigrés
C'est la merde et tu le sais
C'est la merde et tu le sais

Direct dans la salle de bains,
Putain y a pas d'eau chaude
J'me lave à l'eau froide
Je n'suis pas le glode
J'enfile ma tenue périmée,
Une chaussette différente à chaque pied
Tous mes caleçons sont craqués
Les plombs ont sauté
Mes tresses sont défaites
Ma be-her n'est pas prête
Mon bip n'a pas bippé
Toutes les lapines s'la pètent
J'entends crier AU VOLEUR !
Un toxico déglingué
En train de traîner
Une dame âgée
Par les veux-che
Pour son que-che
Tu sais dans l'quartier
Faut pas trop compter
Sur Starsky et Hutch.
J'descends à son secours
Car j'suis un gangster d'amour
Les colbocks me bloquent
Me choquent, menottes

148

Pensant que c'est moi qui ai traîné
La mémé
Hé ! Mon Dieu, qu'est-ce qui se passe
Dans ce foutu quartier
Tout simplement c'est la merde et tu le sais

C'est la merde et tu le sais
Dans tous les quartiers
C'est la merde et tu le sais
Là où y a des immigrés
C'est la merde et tu le sais
C'est la merde et tu le sais

Vers le métro, à Marx-Do
J'aperçois une rate
Qu'était dans ma classe
Elle était bombe à max
« Sappa payah »
Elle est devenue dégueulasse.
Les collants filés,
Le visage boursouflé,
Les talons pétés,
Elle déambule, bascule
Dans tous les véhicules
Et j'me cache pour ne pas qu'elle m'calcule.
Holà,
Il est déjà l'heure d'aller chercher Bilal à la maternelle
Devant, deux belles demoiselles
Me serrent de plus belle
Lâchez-moi, j'sais pas laquelle choisir
Mais le pire c'est que les deux m'inspirent
Alors Stomy, on t'a grillé, hein

Qu'est-ce que t'as à dire ?
Je rentre à la case, ma base
Il y a trop de phase
Mon père et ma mère
Se font la guerre
C'n'est plus des phrases
Tout vole en l'air, à terre
Une vie d'enfer
Et j'suis même dégoûté d'être sur planète terre.

C'est la merde et tu le sais
Dans tous les quartiers
C'est la merde et tu le sais
Là où y a des immigrés
C'est la merde et tu le sais
C'est la merde et tu le sais

## MON PAPA À MOI, C'EST UN GANGSTER

Mon papa à moi est un gangster d'amour
Il fait partie du Ministère AMER
Wouai, wouai, wouai, wouai

Sorti tout droit d'une ambiance folle
Mais tôt le matin, il m'amène à l'école
Fatigué de ses soirées agitées
Il me dit que c'est le studio, mais...
C'est vrai qu'il travaille dur, dur,

Mais pas quand il a du rouge à lèvres sur les habits, ça
    c'est sûr !
Dès l'ascenseur, il fait des clins d'œil
Aux mamans accompagnant leurs enfants.
Il est épatant, pleure même d'un œil
De tous les côtés, il n'arrête pas de mater
Comme ça, comme si il était recherché
Je ne suis jamais certain que c'est lui
Qui viendra me chercher à quatre heures et demie
Avec un style d'affranchi, une nouvelle petite amie.
Mon papa c'est l'plus fort
Quand il entend « pin pon », il s'évapore
Pas besoin de le voir avec un revolver

Fils, tu sais la vie c'est pas un film
Ça dure pas une heure et demie, deux heures, et puis on
    rembobine
Les gangsters ne font pas de vieux os
Si oui, derrière les barreaux
Choisis le droit chemin,
C'est le seul par lequel on ne se fait pas attraper,
Retiens bien, le savoir est une arme
Maintenant tu sais
Le savoir est une arme, bébé
Ne l'oublie jamais !

Mais des fois tu es blessé
Souvent tu es armé
Les dames d'la maternelle
De questions me martèlent
Elles n'arrêtent pas, pas
Sur toi, papa

Bébé, ton père a-t-il une fiancée?
A-t-il beaucoup de billets?
C'est vrai que c'est le plus stylé de tous les papounets
Mais pourquoi y a ta tête sur les journaux
Comme un dangereux rappeur qui va devant les
    tribunaux
Quand tu dis la vérité, on veut toujours t'écraser
C'est eux, ces empâfés. Oh, laisse pour le moment
Tu comprendras une fois plus grand
Et quand elles continuent toutes à t'énerver
Dis-leur: «Il me ramène chaque semaine une nouvelle
    belle-mère»

Mon papa à moi est un gangster d'amour
Il fait partie du Ministère AMER
Wouai, wouai, wouai, wouai

Il me donne des bons conseils
Y en a pas de pareil
Comment placer une droite, gauche, crochet
Mais seulement quand le camarade a cherché
«Ne jamais respecter quelqu'un qui ne te respecte pas»
Il ne m'influence pas
Juste me guide sur mes pas
Il m'offre des bonbons, gâteaux, super-héros, lapins
Et aussi des magnums, des fusils, des Uzis
Sa maman, ma grand-mère, le gronde
Et v'là, flah! qu'il fuit en moins d'une seconde
Il ne fait pas ce qu'il veut
Tout ce qu'il peut
Entre la vie, la nuit. L'artiste mystère
Et pour son Lal-Bi, le meilleur des pères

Mais fiston, y aura toujours des détracteurs
Qui te diront : Ton papa à toi est un gangster

Bilal : Mon papa à moi, c'est un gangster

## LE PRINCE DES LASCARS

J'suis le prince des lascars
Et j'suis toujours en retard
Laisse-moi le temps de me préparer
Mon jean est cartonné
Mon polo lacosté
Mes baskets sont blanches
Ma Breitling étanche
J'allume le premier splif de la journée – Aaah !
J'descends au sous-sol
Déjà sous alcool
L'YZ fait du bruit
La 205 est GTI
Vive le BM cabriolet, retour de vol
Et je décolle, j'ai le monopole
C'est moi qui contrôle
Sur le boulevard
Je compte mon « gen-ar »
Mais, appel de phares
C'est la brigade des stups
Et mes forces décuplent
Sur le siège arrière
Les pits sont « vé-ner »
Dans l'autoradio, le son est clair

Si mon banquier téléphone chez moi
Si toutes les polices craignent mon avocat
Et si toutes les folles sont folles de moi
Pourtant je n'suis pas une star
Juste le prince des lascars

STOMY EST LE PRINCE DES LASCARS

Nino Cerrutti, c'est pour Lucie
Je porte des ralph pour Lauren
J'ai du style toujours à l'ancienne
Tobacco Mysto, toujours propre et net
Des pieds à la tête, oui j'me la pète
Dans le cent mètres du style, je suis en tête – (Partez!)
T'inventes des tonnes d'embrouilles pour avoir les meufs
T'inventes des poursuites, des histoires avec les keufs
J'n'ai pas le temps de mentir
Je préfère sourire
Je prends ma carte bancaire
J'la prends, j'la jette, elle glisse
Sur le comptoir, elles l'ont toutes vue même dans le noir
Le toque me gratte et alors?
Les rates me matent et me demandent si c'est de l'or
Jamais de faux sur le Mysto Flow
Mais qui est ce mec mac qui passe dans la salle?
Trop clean, trop net pour être un squale
Je n'suis pas une star
Mais je brille dans le noir
Oui, c'est moi, c'est moi, c'est moi, c'est moi, c'est moi...
Le prince des lascars

STOMY EST LE PRINCE DES LASCARS

Et tous les « scar-la » tapent, tapent, tapent des mains
Et toutes les « cli-ra » tapent, tapent, tapent des mains
Et tous les « le-squa » tapent, tapent, tapent des mains
Tu peux taper, humm ! jusqu'à demain matin
Toute la journée, mon beeper m'harcèle
Je rappellerai la plus sexy ou mon cartel
C'est ça ma vie, non, j'ai aussi dit non
Aux enfants-fants qu'adoraient les bandits
Qui veulent tout le temps que je leur montre mon lit
Ouh oui ! Bu-Bu-Bugsy, voyelle ou consonne
Ça sonne et ça donne, donne bien
Champagne, Elle m'accompagne
J'lui donne, donne bien
2, 3 pour les « scar-la »
Et tous les man lèvent leurs mains en l'air
Les « tas poupech » bougent bien leur derrière
Prépare le cigare au prince des lascars

STOMY EST LE PRINCE DES LASCARS

Dans le hit parade des embuscades, je suis classé
Mes ennemis le savent,
Je suis dur à choper et à clamser
Puis-je avoir un témoin que j'ai décapsulé,
Avalé et fait tellement kiffer
Qu'elle plaide à la barre
Pourtant je n'suis pas une star
Tu piges, qui suis-je ?
Le prince des lascars

STOMY EST LE PRINCE DES LASCARS

## MES FORCES DÉCUPLENT
## QUAND ON M'INCULPE

Madame le juge, les jurés, la défense
La partie civile, monsieur le procureur,
Regardez-moi regardez-moi bien, car désormais,
Je n'suis plus un danger pour la société,
Je suis réhabilité, vous m'entendez ? Réhabilité !

Main droite levée,
Sur la vie de moi, j'n'ai rien fait
Mais j'entends déjà le bruit des gens qui contre moi vont
    témoigner.
Les oh, ouh, ah, dans la salle sont partagés,
Y a tellement de bruit que je m'entends même plus
    penser,
Je regagne mon siège en traînant les pieds,
Les sourcils froncés,
Les témoins prêts à foncer
Dans leur prêt-à-porter
M'enfoncent,
Dénoncent,
Des mots qui mettent K.-O.
Auxquels je n'ai pas de réponse,
Bienvenue dans ma décadence,
Avec élégance,
Je claque des doigts
Et ça claque des fesses
Suivis de clins d'œil
Les sourires je cueille,
Je remonte dans les pourcentages,
Je suis pour le chantage,

Mes forces décuplent quand on m'inculpe,
Allez-y appelez les flics *(ter)*

J'nai pas les avocats de Michael Jackson,
Ni de O.J. Simpson,
Ni de Mike Tyson,
Mais j'ai un alibi
Pour le jour du délit,
Dans mon lit,
Catherine Deneuve, Vanessa, Elsa, Isabelle Adjani,
C'est un paradis, la France dans mon lit, ouh oui.
Très bien je gagne des points,
Toutes mes ex-greluches
Dont je suis la coqueluche
Me matent comme un prince,
Leurs dents grincent,
Plus malin que Mesrine,
Au procès j'suis bourré de protéines.
Seul le Bon Dieu a le droit de me juger,
J'suis accusé d'avoir trouvé le point G,
Ma curiosité est une vilaine qualité,
Rêve pas de me voir enfermé,
Tu t'excuseras au réveil,
Même si les RG sont au bout de l'appareil.
Y a trop de pressions, tensions,
Même la télévision, j'relève la situation
Comme dans un film d'action,
BOUM, BOUM, voici ma réaction :

Madame le juge, les jurés, la défense,
La partie civile, monsieur le procureur,
Regardez-moi regardez-moi bien, car désormais,

Je n'suis plus un danger pour la société,
Je suis réhabilité, vous m'entendez ? Réhabilité !

Auréole sur ma tête,
J'nai pas peur de la perpet',
Mon costard sur mesure,
À la barre j'assure,
Je suis le clou du spectacle,
J'évite les obstacles,
Stomyrâcle,
Mais jamais je ne bâcle,
Pas besoin de Vergès, laisse,
Ma verve étincelante,
Alimente l'attente,
Je tente le diable,
Ma tchatche est inépuisable,
La juge me regarde, obsédée,
Le chasseur aime son gibier,
C'est comme au cinéma, mes lascars foutent le bordel,
Dès que j'ouvre la bouche,
Je fais mouche
Et je touche le cœur
De milliers d'téléspectateurs
Et trices,
Je suis la roue motrice,
Ils ne vivent que pour moi, OUAIH,
Manifestent pour moi, OUAIH,
Mais ça n'agit pas, NON,
Sur les jurés te-be, entêtés,
Qui veulent me voir tomber, HA HA HA,
Et j'm'envole en fumée
Comme Kaiser Sauzé

158

Madame le juge, les jurés, la défense,
La partie civile, monsieur le procureur,
Regardez-moi, regardez-moi bien, car désormais,
Je n'suis plus un danger pour la société,
Je suis réhabilité, vous m'entendez? Réhabilité!

HA HA HA, je vous l'avais dit, ils peuvent me faire ça, ici
    ceci, cela, quoi, pas d'importance, j'ai tout connu, ils
    peuvent rien contre moi, d'abord, pourquoi flipper, je
    suis innocent, non?
Maintenant laissez-moi passer car j'ai toujours cru en la
    justice française. Et où je vais?
Fourrer mon zizou dans la brechhhhhe...

## SOIS HARDCORE

Le videur est KO
Laisse-moi l'enjamber,
évadé de l'enfer je suis en train de flamber,
Révolutionnaire sur mon épitaphe
Même avec les menottes je signe des autographes
J'ai baisé la juge, violé la loi
J'ai un sarcophage dans la vallée des rois
Pas la peine de te cacher, ton ombre te montre du
    doigt
Donne vite mon cachet, je vais te découper un doigt
J'appelle jamais la flicaille pour leur demander de l'aide
Comme au bled, toujours un pompe sous le bed
Boom, minimum 3 bombes sur le lit,

Je suis le bon, la brute et le truand réunis
Sors le tapis rouge, les bleus, ont le ssem ça tue
Représente les gangsters
Honnêtes gens qui suent
La bourse ou la vie, dans l'avion ou le métro
La vie est une garce et je suis son maquereau.

*Sois Hardcore, Stomy t'es trop fort*
*Mets-les tous d'accord*
*Qui bute un Keuf, gagne un cabriolet tout neuf*
(× 2)

Elles aiment quand je suis Hardcore et je tire les
    veux-che
Enlève les douilles de Starsky et Hutch
Le sang des porcs, sur le drapeau blanc
Les singes dans la jungle ont buté Tarzan
Les portes sont fermées, t'ouvre pas les veines
Tiens un pied de biche, va au QG du FN
Mets un coup de teub à Marine et fais-la gueuler
une capote à l'acide entourée de barbelés
Mon rap est tellement fertile t'approche pas des
    enceintes
T'es pas la vierge Marie, t'es qu'une tainp
La bass, tabasse, fait trembler ton taille basse
Mon café est criminel, ressers-moi une tasse
Je vous adore, mais je me préfère
Rimes passionnelles, ton corps dans mon fer
Faut que t'apprennes à voir plus loin que le bout de ta
    queue
France ignore son passé, je lui ai crevé les yeux

*Sois Hardcore, Stomy t'es trop fort*
*Mets-les tous d'accord*
*Qui bute un Keuf gagne un cabriolet tout neuf*
(× 2)

Te la raconte pas avec tes muscles et ta clique,
Même Superman peut finir tétraplégique
On m'a tué, j'ai toujours ressuscité
Minister Amër, le vrai rap de cité
Ils mettent des coups de pelle avant d'avoir mon linceul,
T'as vendu 2 disques, ferme ta gueule.
Quand tu rappes ça sent mon sexe,
Normal c'est toutes mes Ex
Si tu veux la guerre, tu mourras
Ta meuf mettra dans sa teuch de la mort aux rats
Machiavélique
Il s'en vend du derrière du périphérique
au tribunal arrête de faire la Mesquine
T'avais qu'à apprendre le langage des signes
Trop de gens parlent sans savoir,
J'ai le bombers d'un skin
Je suis le prédator, pas la proie
Et ouais je crois en ce que je ne vois pas
Mon rap est né sous un bel astre
Tout est plastiqué, je suis prêt au désastre

*Sois Hardcore, Stomy t'es trop fort*
*mets-les tous d'accord,*
*Qui bute un Keuf gagne un cabriolet tout neuf*
(× 2)

*Éditions Desh Musique – 7ᵉ sens.*

# J'SUIS AL

C'est gratuit pour les filles
Et les lascars peuvent rentrer
J'regrette mes délits que
Quand j'me fais serrer
J'aime les femmes nues car
Elles ne cachent pas d'armes
Donc je braque les bacs
Et les grands sans états d'armes
Paranoïaque comme Tony Mani
Sur le macadam va dire aux p'tits à l'Élysée
Qu'on ne vole pas le sac des dames
Je garde mes amis près de moi
Mes ennemis encore plus près
Mets-nous bien ce soir balance la purée
Tout le monde debout
J'remplis ma vessie assis
J'peux me braquer sur la tempe
Mais jamais dans la che-bou
Et si j'dois partir
La mort ne m'aura pas vivant
Je la flanquerai divinement sur le divan
On est dans le pays des droits de stom'
Alors j'fais c'que j'veux
95 Capitale je parie sur la banlieue
J'suis al, J'suis al

*Refrain*
*Une embrouille dans le quartier, dans la ville (J'suis al)*
*T'as besoin de quoi que ce soit au parloir (J'suis al)*
*Le quartier VIP c'est la banlieue depuis que (J'suis al)*

162

*Pour ma mère, ma famille Ster-Mini (J'suis al)*
*Si ta rate est trop bonne, t'es pas al (J'suis al)*
*Pour te que-n' sur scène MC (J'suis al)*
*J'suis al, J'suis al*

Pas de flingue dans la poche
Juste heureux que tu t'approches
Superman du ghetto
Sur mon torse elles ricochent
Ouvrir un coffre ça peut prendre
Cinq minutes ou cinq piges
Donc laisse-moi faire swinguer
Le peuple sur la piste
Balance des skeud, crunk, funk (DJ Miss)
Ce soir les raclis dans leurs sacs ont des manix
Mais elle, qu'est-ce qu'elle veut ?
Brigitte, tête à tête ton mec
C'est quand il veut

    *Refrain*
*Une embrouille dans le quartier, dans la ville (J'suis al)*
*T'as besoin de quoi que ce soit au parloir (J'suis al)*
*Le quartier VIP c'est la banlieue depuis que (J'suis al)*
*Pour ma mère, ma famille Ster-Mini (J'suis al)*
*Si ta rate est trop bonne, t'es pas al (J'suis al)*
*Pour te que-n' sur scène MC (J'suis al)*
*J'suis al, J'suis al*

Mon tailleur est zaïrois et
Mon banquier est suisse
La classe 357 entre les cuisses
Ti' mal, le savoir est une arme

Ne te laisse pas abattre
Que tu sois noir, blanc, jaune, arabe ou mulâtre
J'débarque l'arc de triomphe
Écarte ses beuj
Au casino la roulette est russe
La vie c'est pas un euj
J'suis al, J'suis al

Merguez-Frites ou Caviar
Je n'change pas (J'suis al)
De la cave au Ritz
Si j'te... (J'suis al)
Tête à tête à Gare du Nord
Ou Châtelet Les Halles
Devenu le prince des lascars
Mais un ancien squale
J'suis al, J'suis al

### Refrain
*Une embrouille dans le quartier, dans la ville (J'suis al)*
*T'as besoin de quoi que ce soit au parloir (J'suis al)*
*Le quartier VIP c'est la banlieue depuis que (J'suis al)*
*Pour ma mère, ma famille Ster-Mini (J'suis al)*
*Si ta rate est trop bonne, t'es pas al (J'suis al)*
*Pour te que-n' sur scène MC (J'suis al)*
*J'suis al, J'suis al*

Enfant de Sarcelles également, et cofondateur de Ministère AMER avec Stomy Bugsy, Passi a aussi donné la réplique à Doc Gynéco dans un duo fameux «Est-ce que ça le fait?». Pour son premier album solo, Passi ne s'embarrasse pas de précautions oratoires, le style est direct, avec des slogans tels que «La France au rap français». À noter, également, de fortes influences africaines (Passi est d'origine congolaise), qui s'affirmeront plus tard avec le projet «Bisso Na Bisso». Il a poursuivi son bonhomme de chemin avec quatre albums plus matures, transmettant un message de paix et de fraternité.

■ Discographie: «Les Tentations» (V2 Music France, 1997); «Genèse» (V2, 2000); «Odyssée» (V2, 2004); «Révolution» (Musicast, 2007); «Évolution» (Sony BMG, 2007).

## JE ZAPPE ET JE MATE

Câblé sur télé, l'image, le son sont mes spectres,
les programmes, je becte et les directs je m'injecte.
Je suis un «enfant de la télé», fonce-dé aux rediffusés,
Flash-back dans le passé, conditionné, barbé
aux sagas des séries et aux BANG' à l'américaine,
Starsky, Star Trek et tout ce qui engrène.

Pose une « Question pour un champion »,
parle-moi d'émissions,
Argot Margot, je connais les ragots,
je suis barjot comme Columbo.
« Comme un lundi », « Un samedi mat » ou « Le jour du
    Seigneur »,
je suis un téléphile « Au-delà du réel »,
Télé-commandant chez les zappeurs.
À cause de leurs bêtises, mon crâne
est un « Bouillon de Culture Pub ».
Dans les films, je veux du feu, de l'amour et de
    l'aventure.

La Une, la Deux m'ont pris dans leur jeu
La Trois, la Quatre je zappe et je mate
La Cinq, la Six en sont aussi complices
Beaucoup d'argent, de guerre et de sexe à la télé
La Une, la Deux m'ont pris dans leur jeu
La Trois, la Quatre je zappe et je mate
La Cinq, la Six en sont aussi complices
Câblé, survolté, j'ai le syndrome du canapé

« Stade 2 », télé allumée, même sous « La couette », elle
    m'appelle,
« 19 / 20 », je suis avec elle, comme à minuit ou quatorze
    heures.
Quand je me lève en jogging, je veux des « Matins
    bonheur »,
« Marié, deux enfants », faire du téléshopping.
Moi, « Chapeau melon », des pompes en cuir,
un papa connu comme Cousteau,
je veux des jumeaux Heckel Jeckel, un « Cosby Show ».

166

Mon chien sera Scoubidou, se tapera Lassie,
des «Histoires naturelles», dans ma «Maison dans la
  prairie».
Placer ma «Famille en or» haut dans la «Pyramide»,
sortir de la «Zone interdite» et des histoires stupides,
un beau cabriolet d'«Amour, gloire et Beauté».
Oui, je suis matérialiste,
je veux ce que je vois dans le poste,
«Les couleurs de mon pays»,
«Saga cité», m'ont trop traîné au poste.
Je lance «La roue de la fortune», j'ai ma «Chance» dans
  la «Chanson»,
mes «Lettres» valent du «Chiffre», je hais les artistes à
  deux francs
«Fa Si La chanter», tocard,
je mets ton «clip» sur le «boulevard».

La Une, la Deux m'ont pris dans leur jeu
La Trois, la Quatre je zappe et je mate
La Cinq, la Six en sont aussi complices
Beaucoup d'argent, de guerre et de sexe à la télé
La Une, la Deux m'ont pris dans leur jeu
La Trois, la Quatre je zappe et je mate
La Cinq, la Six en sont aussi complices
Câblé, survolté, j'ai le syndrome du canapé

Troisième mi-temps, «Tout le sport», je suis fou de
  «Téléfoot»,
je suis la «Télé» le «Dimanche»,
«L'équipe du dimanche» me branche.
J'erre dans «La marche du siècle», parle-moi de «Capital».
Y a trop de bluff dans nos pages,

les magazines, les reportages,
tout est possible, manipulé sous projecteurs,
contrôlé à la télé et «Nulle part ailleurs».
«T'y crois, t'y crois pas», «Sans aucun doute», «Ça se
 discute».
«Taratata», j'a «Bas les masques», butte l'image qui
 percute.
Oui, l'audimat n'est qu'une histoire de gent-ar.
«Gag vidéo», moi je suis pas un «Guignol» du «Flash
 Info»,
Sors ton «Œil du cyclone», t'as perdu de vue «Le vrai
 du faux»,
quand tous les médias bosseront bien, je serai «Témoin
 numéro 1».

La Une, la Deux m'ont pris dans leur jeu
La Trois, la Quatre je zappe et je mate
La Cinq, la Six en sont aussi complices
Beaucoup d'argent, de guerre et de sexe à la télé
La Une, la Deux m'ont pris dans leur jeu
La Trois, la Quatre je zappe et je mate
La Cinq, la Six en sont aussi complices
Câblé, survolté, j'ai le syndrome du canapé

© *Delabel Éditions / PolyGram.*

## KEUR SAMBO

Quand on déboule, tout se déroule, sur un air de soul.
Voiture lustrée, contact, un son compact.
Les frères coiffés boogie, dégradés, Pento,

Soul-Glow glissant sur tête de négro.
Ce soir funk, zouk, soukouss au Keur Sambo,
Troisième merveille dans l'échelle des boîtes afros.
Ah ! l'ALTESSE et BUGSY sont soignés en « cent pour
    cent ».
Bon sang, les filles sentent bon,
y a du bon son, je bois ma boisson.
Laisse-moi tâter la piste de dances ooh ! ça glisse,
sueur à terre, Big Bonda, faux chivés, j'y vais.
Y a des raclis « Kao Kao Bougou Bénié » mal peignées,
qui te balancent des « Pchitt » en début de soirée,
et des bombes-à-max, avec le string tu vois le Tampax.
Je fais signe au DJ qui met Boombastic,
le ragga ça donne la trique.
Virginité sautée, c'est pas mon problemo, moi j'dois
    quêne
toutes les gos.

Dans cette boîte de nuit, tous les négros sont fonce-dé,
et ne peuvent plus s'arrêter.

Voulez-vous savoir comment j'attaque les rates ?
Minuscule bout de papier, dis rien à ton ke-mè !
Gangster d'amour :
c'est un jeune garçon qui te donne une bonne bourre.
Beaucoup ont laissé leur mec pour venir s'animer, à la
    chasse,
celui qui lâche sa meuf perd sa place.
Sous les spots, je tape mes pas de pacha.
Dans ma poche y a mon stylo, sur la ble-ta le whisky-
    coca.
« Sapa paya » guette-moi, j'attaque un canon.

Son black bidon, teint en blond, vient me casser les
   couilles,
un coup de tête dans sa mère, c'est bon il s'écroule.
De la cocaïne dans sa clope ?
Y... Salope !
Les videurs arrivent, laissez passer on est VIP,
des meufs sur estrade cassent leurs talons carrés.
Elles ont même oublié tous leurs potes recalés,
elles s'en foutent,
t'as raison remue ce que Dieu t'a donné !


Dans cette boîte de nuit, tous les négros sont fonce-dé,
et ne peuvent plus s'arrêter.


Je vais errer, langue sortie, séquence collé-serré.
«O Nigivir», elle est là-bas, je l'ai repérée.
Je fais mon chemin entre parfums et seins,
Je bluffe une flambeuse pour qu'on finisse bien.
Aime ton prochain ! Parfait, j'exécute !
Écoute miss ! Dans culbute, y a cul et y a bite !
Tu sais le mec affalé sur une meuf au fond, c'est moi,
qui fuit avec elle avant la fin, c'est encore moi !
J'ai vidé le JB, attaque la vodka-orange,
Alerte au Malibu, mélanges étranges.
Y a pas de Pamela ! Y a une blondasse classe,
je lui mets quand même là le billet :
phénomène pute de luxe,
chatte épilée, non poilue, comme Pollux.
Je danse à la scar-la, c'est pas la Scala.
— Eh ! DOUBLE S guette !
— Qu'est-ce qu'il y a MY-STO ?
— MAMA mia ! je danse le STOMY-AAH !

Dans cette boîte de nuit, tous les négros sont fonce-dé,
et ne peuvent plus s'arrêter.

## ÉMEUTES

Dans la rue l'humeur est sale « C'est rien c'est rien »
De la rue montent les rumeurs « Ça va pas bien loin »
Si les casques bleus caltent « C'est rien c'est rien »
Si c'est chaud sur l'asphalte « C'est rien c'est rien »
On passe tes barricades, on pète les barrières
On a la barre on déraisonne et on ne craint plus
    personne
Toi t'appelles les renforts, la rage nous rend forts
Sonne ta retraite c'est ton heure qui sonne
Insensible aux propagandes des mecs qui glandent
Ceux-ci bandent hélas et veulent tout péter en bande
Comme dans un James Bond ou un Banderas
Là t'as pas de télécommande donc on te nique ta
    « Shut... »
En force on fout le désordre « C'est rien c'est rien »
Pour toi on a une corde « C'est rien c'est rien »
Tu nous verras à l'antenne déraciner ton chêne
On va changer les programmes sur ta 1$^{re}$ chaîne

    *Refrain*
*C'est rien c'est rien*
*Ça va pas bien loin*
*C'est rien c'est rien*
*Ça va pas bien loin*

L'air est impur les règles n'existent plus
La foule a compris et ça n'hésite plus
Le bien ou le mal, mais là c'est pas le bien qui triomphe
L'instinct a fait un tri, on fait un cri on fonce
Si l'émeute s'étend « C'est rien c'est rien »
Et si c'est inquiétant « Ça va pas bien loin »
Si tout est fermé, les rues et les voitures enflammées
Et que ta citoyenneté rien à glander
Les gens des halls me comprennent, ceux d'en haut
    disent que je gêne
Ils disent qu'y a trop de haine qui coule dans mes
    veines
Un peuple héroïque face à un pouvoir égoïste
Un coup de gueule des sous-classes de la République
C'est un champ de bataille sur les Champs Élysées
Le diable vient pisser sur la Rue de la Paix
On lâche pas le contrôle « C'est rien c'est rien »
Sur la lisière de l'émeute subit la haine de la meute

*Refrain*

Si ça pue et qu'ils le sentent « C'est rien c'est rien »
Si la tension est oppressante « Ça va pas bien loin »
Si y a plus de respect plus de cadet plus de gradé
Et que de tous vos conseils on en a rien à péter
On va tout dégrader la banque va sauter la boulangerie
    d'à côté
On fout le feu chez le voisin histoire de se venger
S'il y a des vitres cassées « C'est rien c'est rien »
Si on vient tout piller « Ça va pas bien loin »
Et si le Maire s'est sauvé « C'est rien c'est rien »
Et même s'il y a l'armée « C'est rien c'est rien »

S'il y a des jets de pavés, des comas, des hématomes et
    des blessés
Des décès, si ton pays est stressé
S'il y a le feu au village s'il y a le feu dans la ville
Si tu vois saigner les civils, si ça tire dans l'entourage
C'est juste une nuit d'émeutes où le diable jubile
Deux jours aux infos, après on est tranquille

*Refrain* × 2

## CHAMBRE DE GOSSES

Tant de mômes naissent,
Et grandissent sans enfance,
Un monde fait d'enfants soldats,
Sans base, sans repère,
Dans la ville, v'là le kid,
Une vie speed, les kids speed,
Ouais, c'est vrai qu'aujourd'hui nos p'tits sont rapides,

J'ai tout vu, j'ai tout fait,
Une pensée pour l'enfant perdu,
Et des choses j'en connais,
L'enfant d'la zone de la zup ou la rue,
Mais je voudrais retourner,
Dans ma chambre de gosse,

173

Une pensée pour l'enfant au combat,
Dans ma chambre de gosse,
Pour l'enfant seul dans le monde perdu,

Le vice dans les BD, dessins animés,
Les biens, les catastrophes et le crime, à la télé,
Le biz, les bédo, si jeunes à la récré,
Les jeux violents j'suis sur ma planète j'rêve de t'allumer,
dialectes sur portable, sur le Net, je télécharge,
C'est leste movie sur GTH fait un carnage,
Plus speed aujourd'hui, le jeune gladiateur développé,
Voit encore plein de corn flakes et des longs pieds,
L'enfant soldat grandit vite pour le magot, sort les crocs,
Et qu'il a dit, à la voir de derrière les barreaux :
Les vieux parlent des années yéyé, là c'est les années yoyo,
Plus d'repères, trop de haine, au fond du lit très tôt,

Je n'oublierai jamais,
Une pensée pour l'enfant perdu,
Les bons et les mauvais,
L'enfant d'la zone de la zup ou la rue,
Maintenant je veux retourner,
Dans ma chambre de gosse,
Une pensée pour l'enfant au combat,
Dans ma chambre de gosse,
Pour l'enfant seul dans le monde perdu,

Dur et fragile, mais en voir l'allure,
Quand ça bute pur tête brûlée le sale gosse joue le dur,
Partout dans c'monde de plus en plus de monde prêts à
     tirer,
La violence est gratuite, on est des privilégiés,
Vous énervez plus qu'vec dans les ghettos et les cités,

On traîne tard et en groupe, on jette le pavé,
Inspiré par ceux qui ont manié l'acier pas le cinéma,
On tombe de haut dans nos rêves de (mitraillettes) et de
    biatch,
Et toi, qu'est-ce que tu vas faire quand tu seras grand ?
Moi, j'voudrais être un gangster ! Oh... Tu crois qu'tu
    pourras m'arrêter ?
Eh petit chut !

J'ai tout vu, j'ai tout fait,
Une pensée pour l'enfant perdu,
Et des choses j'en connais,
L'enfant d'la zone de la zup ou la rue,
Mais je voudrais retourner,
Dans ma chambre de gosse,
Une pensée pour l'enfant au combat,
Dans ma chambre de gosse,
Pour l'enfant seul dans le monde perdu,

Treize ans l'enfant soldat, en avant armé jusqu'aux dents,
Traumatisé dans l'régiment violent au cou un nœud
    coulant,
Si on kidnappe ton fils, petit frère, on vole son enfance,
On lui fournit le fusil, on le pousse, on le drogue et on le
    forme,
Vite branché à terre, sans forts jeux de militaires,
Il faut faire face à la mort, et ne pas tomber,
Enrôlé de force par les rebelles, ou les forces armées,
Voir le sang de l'ennemi, braver le feu et sacrifier.
Tuer, mourir trop jeune, l'arme en main, le gamin sans
    expérience,
Ne run explose, exploser sur le terrain,

C'est l'horrible destin, d'un jeune convoi humain,
À peine connaître la vie, et si vite en voir la fin.

Je n'oublierai jamais,
Une pensée pour l'enfant perdu,
Les bons et les mauvais,
L'enfant d'la zone de la zup ou la rue,
Maintenant je veux retourner,
Dans ma chambre de gosse,
Une pensée pour l'enfant au combat,
Dans ma chambre de gosse,
Pour l'enfant seul dans le monde perdu,

Ouais, j'ai entendu un p'tit,
Comme un militaire qui disait :
Enfant soldat, ça veut rien dire,
Soit on est enfant, soit on est soldat,
Eh les mômes, j'ai des p'tits cadeaux pour vous !
Approchez, approchez les mecs !
Tu vas vraiment nous donner tous ces flingues ?
Eh, t'as d'jà tiré toi ? Ouais, ça j'sais l'faire,
Ah mais non, je vois, je vois,
Exercice, ouais, j'vais l'faire,
On bouge pas, attendez on ne bouge pas !
J'vais l'faire, ouais j'vais l'faire,
Ah ! (Mitraillette),

J'ai tout vu, j'ai tout fait,
Et des choses j'en connais,
Mais je voudrais retourner,
Dans ma chambre de gosse,
Dans ma chambre de gosse.

# Oxmo Puccino

Dès son premier album, «Opéra Puccino», Oxmo Puccino a été considéré comme un des plus originaux, des plus créatifs rappeurs français. Il a une gueule qu'on n'oublie pas, Oxmo (alias Abdoulaye, Malien d'origine), il s'affiche souvent le havane à la bouche, et il possède un vrai talent de poète, souvent amer et désespéré. Il a poursuivi dans une voie à la fois fidèle au hip-hop et ouverte à d'autres musiques comme le jazz, un parcours exemplaire, et démontré aussi des qualités de showman, rares chez les rappeurs.

■ Discographie : «Opéra Puccino» (Delabel, 1998) ; «L'amour est mort» (Delabel, 2001) ; «Cactus de Sibérie» (Delabel, 2004) ; «Lipopette Bar» (Blue Note Records / Capitol Music, 2007) ; «L'arme de paix» (Derrière les planches, 2009).

## QUI PEUT LE NIER ?

Je fus le mec le plus tricard
Que je connaisse.
(Qui peut le nier !)
Trop longtemps resté
La main tendue à mendier le bien
Vu que leur seul souhait

Est que tu squattes la téc'
On te jette en BEP
Quand tu souhaites faire
Une fac de lettres
Étrange comme les diplômes
Se ressemblent dans l'ghetto
Bonhomme, t'as le crâne calciné
Par le bedeau ou quoi ?
Dans quel camp tu veux être ?
Dans celui de ceux qui empruntent,
S'endettent ou ceux qui
Tisent du cognac dans une bugatti ?
C'est plus un mystère
Les stars ici sont ceux qui visent bien
Je te parle pas d'études
Mais de toi, connard.
Si ton avenir est un livre,
Dommage pour l'encyclopédie que c'est
Que les dernières pages
Soient les cages d'escalier
Et comme dans l'hall
Faut qu'tu palpes,
On calcule la valeur qui saute à l'œil :
Celui qui a le plus de sapes
Mais en vrai on a pas de cash
Et peu le savent...
Car c'est l'illusion
Dans le même camp.

Et c'est chacun son camp
Chacun son camp
Même le plus niais ne peut nier

Que c'est chacun son camp
Dis-moi que c'est faux hein ?
Le monde est rond
Mais se divise en continents
Qui se divisent en pays
Se divisant en nombre d'hommes
Se divisant en camps
Définir son camp
C'est une réponse au conflit
Maintenant tu connais la limite
À pas franchir pour pas qu'on te pende
Trop de conflits
Sont une question de camps
Et quand est-ce que tu te casses
Du coin que j'ai choisi de t'prendre ?
Difficile partage
À coups de missiles là-bas
Ici carnage au couteau
Pour le hall qui vend mieux le shit
J'ai des amis dans chaque race
Ça n'empêche pas
Les reubeus et les renois
De s'patater pour un terrain de foot
À ce niveau-là ça va encore
Mais quand il y a un mort
Bonjour les épisodes
D'un feuilleton long comme côte ouest
Je me proclame l'élu
Qui rime au nom des exclus
Surpris de subir la vie
Et de presque plus en pleurer
Je parle pour ceux qui pleurent

Des larmes rouges
D'avoir pris les armes
Prouvant qu'on est pas
Du même camp

Et c'est chacun son camp
Chacun son camp
Même le plus niais ne peut nier
Que c'est chacun son camp
Dis-moi que c'est faux hein ?

La couleur de peau n'est qu'une raison
Pour haïr un homme
Remarque les omissions
Des autres causes comme
« Bon, bon, bon... »
Il n'y a que l'argent qui efface
Les différences, tout le monde le sait
C'est con mais c'est vrai
De Times Square à Pont de Sèvres
Les couples mixtes
Connaissent mon speech
Ou quand se marier devient
Le même speech que Martin Luther King
« On veut pas de ça ici,
C'est pas du même pays »
Sois pas die Adélaïde,
Ta famille aussi agit ainsi
Un métis ne symbolise la paix
Qu'après sa venue au monde
Heureusement que l'amour
Se moque de la honte

Attendre tes huit piges
Pour entendre des gens
Demander à ton teint
Qui sème la confusion
«Dans quel camp t'es?»
Car c'est chacun son camp
Qu'on se le dise
C'est comme ça que c'est
C'est jamais dit
Quand on te bloque tes accès
Alors est-ce que t'aimes mon rap?
Aime mon rap, sinon choisis ton camp
Et ne te trompe pas.

Et c'est chacun son camp
Chacun son camp
Même le plus niais ne peut nier
Que c'est chacun son camp
Dis-moi que c'est faux hein?

## ENFANT SEUL

T'es comme une bougie
Qu'on a oublié d'éteindre
Dans une chambre vide,
Tu brilles entouré de gens sombres
Voulant te souffler
Celui qui a le moins de jouets
Loin du chouchou
Celui qu'on fait chier

181

Le cœur meurtri
Et meurtrière est ta jalousie ;
L'enfant seul se méfie de tout le monde,
Pas par choix, mais par dépit
Pense qu'en guise d'amie
Son ombre suffit
Une solitude qui le suit
Jusque dans le sexe, mon texte coupe
L'enfant seul en deux espèces :
Ceux qui baisent à l'excès
Mais souhaiteraient se fixer à une femme
Plutôt qu'à mille fesses
Quand l'autre sorte écoute
Souvent la même chanson dans le poste
Porte le deuil d'une relation morte
Et reste l'œil humide
La tête baissée laisse
Le cœur sur l'estomac,
L'estomac sur les genoux ma
Tristesse n'a d'égale
Que le coup de gueule muet
De l'enfant seul que nul ne calcule

T'es l'enfant seul
Je sais que c'est toi
Viens-tu des bas-fonds
Ou des quartiers neufs ?
Bref, au fond
Tous la même souffrance

Mes mots s'emboîtent les gens s'y voient
Comme dans une flaque d'eau,

Ça leur renvoie un triste reflet
Mais est-ce ma faute ?
T'es l'enfant seul c'est pas facile
On se comprend, peu l'savent,
Que je le sache ça te surprend.
Il mate par la vitre
Une solitude qui le mine fait passer
La quinine pour un sucre
Faut être lucide, il faut qu'on se libère
Disent-ils, ils n'en discutent pas,
Confondent la rime et l'acte
La fuite et le suicide un pacte
Une promo sans tract
Sans trop de mots
Nobody n'a capté le sale souhait, l'envie
De se laisser par le cou pendu
Pour punir les parents
Qui pour aimer l'enfant
Ont trop attendu
Car si l'amour est une course
L'enfant naît
C'est le départ en tête
L'embêtement comme passe-temps
En fait des parents bêtes
Maîtrise lancinante sentiments,
En ciments sinon dans six ans
On me retrouve ciseaux dans le crâne
Dans le sang gisant

T'es l'enfant seul
J'suis sûr que c'est toi
Viens-tu des bas-fonds

Ou des quartiers neufs ?
Bref, au fond
Tous la même souffrance

L'enfant seul
C'est l'inconnu muet du fond de classe
Celui de qui l'on se moque rond
Comme Coluche
Ou le boss dans le hall
Au groupe d'hologrammes
L'os dans le steak haché
Plantant chaque postulant à son poste
Vu que les conneries de gosses des rues
Couvrent souvent un jeune
Qui souffre d'un gros gouffre affectif
Grandir sans père c'est dur
Même si la mère persévère, ça sert
Mais pas à trouver ses repères
C'est sûr
Perdre sa mère c'est pire
Demande à Pit j't'assure
T'as pas saisi ?
Enlève la mer de la Côte d'Azur
Quand ces gosses poussent
Leur souffrance aussi
Nous savons tous
Que personne ne guérit de son enfance
Même un torse poilu
Ne peut oublier
Sa vie de gosse
Du divorce rossé par son beau-père
L'enfant seul c'est toi,

Eux, lui, elle
Oxmo Puccino voix de miel

T'es l'enfant seul
Dis-moi que c'est toi
Viens-tu des bas-fonds
Ou des quartiers neufs ?
Bref, au fond
Tous la même souffrance

## SORTILÈGE

J'suis né en Afrique noire
Malien j'suis Bambara
J'ai l'gri-gri
Jette les kauris
Gèle la lave
Ma magie lave mon âme
Les marionnettes vaudous, Bountys
Disent à tout va
Qu'ils sont pas comme nous
M'affichent devant les babtous
Magique l'effet que m'font
Tes strings
De la glace qui fond
De ton sein jusqu'à ton...
Sans m'remercier trop de MC's
J'transforme en moi
Le super-MC

185

Plus mortel qu'un cimetière
Rappelle-toi ce videur
M'avait dit
« Fiston remets ta veste,
Tu rentreras si en août il neige »
En allant vers le parking,
Il sut qui j'étais
Ses yeux s'écarquillèrent :
Ils étaient comme sous sortilège

Ils sont comme sous sortilège
Tout marche au sortilège
Nous détenons le sortilège
Vous êtes sous mon sortilège

C'est un HF mon mic
J'suis l'possesseur chaussé de Nike
Achète ton shit puis mon CD
Et j'aurai ton âme
S'agit du premier rendez-vous
De son bisou magique ou
Ta dernière déroute dans le love
Qui t'a cristallisé.
Le flouze rend les pauvres haineux
Les fortunés peureux
Tous importunés
Par le choc des deux sphères
La façon dont mon flot fluide
Rend le ciel bleu
Tes vieux jeunes
Tes yeux pluvieux plus éblouis
J'ai le pouvoir des mots

Pour voir ta meuf
Nue dans mon lit
Pour te faire rire
De ta propre mort
Alors écoute mes rimes
Qu'elles te dégoûtent
Et tu montes aux cieux,
Appelle-moi Monsieur Ox
Ou Monsieur Sortilèges

Ils sont comme sous sortilège
Tout marche au sortilège
Nous détenons le sortilège
Vous êtes sous mon sortilège

Me v'là à dédier
Le premier prix de sortilège
À des pièces ou des billets
Dont l'poids d'un seul
Déconsidère le poids du cœur
D'un pauvre des villes
Là où l'aspect et l'apparat sévit
Puis y a cette façon dont
Les gens disparaissent
Quand t'as besoin d'eux
Par magie
Pas par légende
Car c'est les gens
Les moins grillés
Qui sont les faux anges
Et t'étranglent
Avec leur auréole

Il me reste quelques rares amis
Tu sais les femmes l'argent
La jalousie
Dur de rester amis
Nous avons le pouvoir contre
Les forces du mal et ses pièges
Question d'affection
Nous détenons le sortilège...

Ils sont comme sous sortilège
Tout marche au sortilège
Nous détenons le sortilège
Vous êtes sous mon sortilège

## MOURIR MILLE FOIS

Vu qu'à chaque fois qu'on perd
Quelqu'un de cher
On meurt aussi un peu
Facile d'écrire

J'ai peur de la mort
Je le sais
Je l'ai vue
Épeler mon nom
Appeler des amis
Jamais je les ai revus
J'ai peur qu'sans moi
La vie suive son cours

Qu'un autre con touche ma thune
Que ma fouf' change de pine
Et qu'une
Quelconque loque me copie
Que mes potes m'oublient
Qu'à chaque fois que ma mère
Ouvre les yeux ses larmes aient doublé
Ne pas voir son gosse pousser
Frotter son dos quand il tousse,
Toucher d'autres foufs que ta meuf
Si demain le pire arrivait
Prends ce texte tel un testament
Pas de biens à partager
Sauf mes sentiments
Nos soucis ne sont pas les mêmes, fiston
Ne mélangeons pas nos sentiments
J'pense qu'on sera jamais amis

C'est l'existence et ses châtiments
L'amour des proches est d'or
J'ai mouru mille fois
Quand Dieu les rappelait à l'ordre
Profites-en encore
Tant que t'as le temps
Nos vies se raccourcissent
Chaque jour
Écoute le compte à rebours *(bis)*

Pour mourir
Y a mille façons
Peu le choisissent
La faucheuse n'oublie personne

Ni toi ni moi jamais oisive
J'en passe
Des façons de s'casser de la tèc'
Des potes qui se disloquent en caisse
Des se laissant suicider
Tant d'vies perdues
Dans le triangle love des Bermudes
Un type une fille dénudés
Et tu viens tu vois te fâches
En tues un
Le rouge coule
Un bougre au sol l'autre en taule,
Drôle de vie dire que tout ça
Part de l'amour
C'est pourquoi ma haine
Je savoure
On dit perds pas l'espoir
Faire quoi quand un sale faire-part
Dit que ton père part d'un cancer
De toute façon c'est ça ou autre chose
Il y a mille façons d'être soustrait
De laisser les joues arrosées

C'est l'existence et ses châtiments
L'amour des proches est d'or
J'ai mouru mille fois
Quand Dieu les rappelait à l'ordre
Profites-en encore
Tant que t'as le temps
Nos vies se raccourcissent
Chaque jour
Écoute le compte à rebours *(bis)*

Ceux que tu aimes vraiment
Tiens-les telle une poignée de sable
Pendant la tempête
N'écarte jamais les doigts
Ou toute ta vie
Tu le regretteras (amèrement)
Et ceux qui t'aiment, adore-les
Avant la housse car les regrets
Ne servent à rien arrivés dans l'au-delà
Aimer ses amis sans baliser
Croire que la vie est longue
Jusqu'à réaliser l'erreur
Lors d'une chère fin de vie
Le pire dans la perte
C'est pas l'être aimé
Mais le temps de se consoler
Car quand on meurt
C'est pour si longtemps
Ce qui est à craindre
C'est qu'à force que tes proches
Se taillent à la morgue
Tu finis par être plus mort qu'eux
Vu qu'à chaque fois qu'on perd
Quelqu'un de cher
On meurt aussi un peu
Facile d'écrire Mourir mille fois

C'est l'existence et ses châtiments
L'amour des proches est d'or
J'ai mouru mille fois
Quand Dieu les rappelait à l'ordre
Profites-en encore

191

Tant que t'as le temps
Nos vies se raccourcissent
Chaque jour
Écoute le compte à rebours *(bis)*

## J'AI MAL AU MIC

*Refrain*
*J'ai mal au mic,*
*C'est la seule tristesse que je ressens*
*Tu m'as planté dans le dos, y avait pas de sang*
*Car c'est du son qui coule dans mes veines en BPM*
*Musique t'es ma « My Lady », sans belle mélodie…*

Auditeurs et spectatrices, applaudissez !
C'est le charismatique pratiquant du rap magique
Je marche dans la ville un walkman et pack de piles
Pour pas être en panne dans la cabane en cas de
    kidnapping
Un « 6 » dans la banane au cas où,
Tu croyais que j'allais sortir du ring au premier chaos
Je reviens te tuer sapé en arbitre
Je délivre un titre pour suicidaire averti
« Carabine à air déprimé cherche tempe libre »
Passe la Greenpeace, assez pour dix cendriers vides
Mes songes en profondeur sans escale ni scaphandrier
Gris dans ma ville il fait tout le temps
À cause des pots d'échappement

La musique est ma porte d'échappement,
Chaque note m'apporte un rythme cardiaque
Suffit que le beat reparte pour que mon mic batte

*Refrain*

Je reprends UN encore moi, DEUX pour le troisième
    coup...
Je suis jamais parti, mais toujours de retour
Lumière à l'horizon on traîne en bas des tours
Où j'étais hier, vide des théières de thé à la menthe
On pense à nos potes pas morts de vieillesse...
Mes sujets sont plus graves qu'une basse
La musique les élèves, mes lèvres célèbrent
Celle qui n'est qu'une longue trêve de plaisanterie,
La vie est courte et cette salope est unique,
Ironique ? son mérite d'être vécu
Je suis pas venu étaler nos souffrances
J'ai pas que ça à faire, frères !
Mes thèmes me viennent de la sous-France même.
Je sais qu'avant de tirer, tu respires un grand coup,
Connais-tu, lorsqu'on te braque, cette douleur qui te
    prend le cou ?
De partir, je m'en fous, je ne crains que la manière
Ce monde n'est pas le mien, même si je m'en sors bien.

*Refrain*

# TOUCHER L'HORIZON

Lyrics apaisants je rappe les oiseaux se taisent
Fais-toi plaisir, écoute ça avec ta daisy
Ce matin j'suis bien dans ma peau, j'ai la pêche telle
    cette
femme qui
Dame des parts de tartes par dizaines
Te dis frappé par un maléfice
Recommence ta vie à zéro quand je la redémarre à
    moins dix
Je suis né blasé sans un sou,
Puis brassé me suis retrouvé sans issue
J'suis rentré en collision avec mes obstacles
Tourne le pire à la dérision, l'offre en spectacle
Je me dois de tout tuer pour ceux qui n'ont pas le choix
Ma chanson va pas sauver le monde, tant pis pour cette
    fois
Si j'avais entendu les profs, je serais pas le type
Dont on étudie l'écriture laisse les rires, faire mon truc
Je me suis fixé ce but si j'arrive à mi-chemin
Je ferai date comme ce tigre tué par un caniche nain
Tu connaîtras jamais la fin de l'histoire
En faisant demi-tour à deux minutes de la victoire
On peut viser ton blé, ta femme et son vison
Mais qui peut se vanter d'avoir touché l'horizon

    *Refrain*
*J'irai plus loin que l'horizon*
*C'est bien mieux que le bout de son nez*
*Tous les murs qui nous bloquent brisons*

*Avance laisse-les klaxonner*
*Viens, la vitesse de mon son frisons*

Je me sens encore de ceux sur qui nul ne miserait
Autant de chapitres que de poils que possède un bison
J'enchaîne les brochettes de problèmes, uppercut,
esquive, crochet
Le revers de la médaille c'est mon emblème
Tu déconnes avec tes tonnes de projets
Ils vont encore s'entasser pour rouler jusqu'à l'horizon
Qui m'aime me suive
Amène les cuivres, les guitares
Du pain et de l'huile d'olive
Le seul raccourci est ma potion, ne suis pas les
panneaux
Aucun n'indique la bonne destination. Action !
Laisse-les kiffer ma passion
M'échapper car à chaque page des marionnettes rêvent
qu'on m'isole
Hélas plus on est de fous on évite la camisole
J'te fais plein de feintes, pas de ceux qui démissionnent
Le plan se trouve en bas à gauche, juste après do ré mi
sol

        *Refrain*
*J'irai plus loin que l'horizon*
*C'est bien mieux que le bout de son nez*
*Tous les murs qui nous bloquent brisons*
*Avance laisse-les klaxonner*
*Viens, la vitesse de mon son frisons*

195

# PERDRE ET GAGNER

Il y a des jours qu'on attend plus que d'autres
Comme ce jour où l'on marche vers le trône
La cousine venue accompagner Cali
Ce genre de fleurs que t'aimerais dans ton panier
Elle était superbe, rendait les hommes carnivores
Un fantasme de peintre, dans toutes ses formes
Les soirées people elle adore
Mais Cousine Billie fuit la foule
Strass, paillettes, la rend pas folle
Mais today, Cali passe l'audition ultime
Adieu les boulots d'merde, VIVE LA MUSIQUE
On sait bien qu'elle va y arriver
Quand on mise tout, un rêve doit s'réaliser nan ?

   *Refrain* × 2
   *Perdre et gagner, savoir perdre*
   *Gagner, re-perdre et gagner*
   *Sans s'éloigner d'soi-même*
   *Rare les épargnes*
   *On peut à la fois perdre et gagner*
   *Telle une triste mariée*


Après 76 candidates, c'est au tour de Cali
C'est parti pour la favorite
La beauté panique, mais trouve la force
Elle entame la chanson, les yeux clignotent
Enchante le jury, sûr c'est dans la poche !
Au fur et à mesure les pieds battent la mesure
La cour est conquise, la voix s'élève et s'envole
Cali pilote, prestance de marquise

196

Lorsqu'un jeune homme s'invite à l'inaperçu
Chuchote les mots qui percutent au visage du producteur
Qui enchaîne un saut d'humeur
Au lieu d'la féliciter, le chef du jury s'excuse
« Y a des capacités mais on ne cherche plus
On a trouvé la perle, veuillez pardonner
Etc. coordonnées »
C'est bien gentil mais lorsque ton rêve s'écroule
Les explications t'en as rien à foutre
C'est pas pour aujourd'hui Cali, nan
Quelquefois c'est ainsi...

*Refrain* × 2
*Perdre et gagner, savoir perdre*
*Gagner, re-perdre et gagner*
*Sans s'éloigner d'soi-même*
*Rare les épargnes*
*On peut à la fois perdre et gagner*
*Telle une triste mariée*

Cali pleurait plus qu'elle n'en pouvait
Billie s'mit à chanter pour détendre l'atmosphère
Doucement, il s'passe quelque chose de magique
Ceux qui sont de dos regardent en oblique
Billie est saisie lorsque s'adresse à elle
Cette voix d'homme pleine de courtoisie
« Tenez ma carte, venez à ce rendez-vous
Une voix comme la vôtre serait à l'écoute
Parole de producteur, aucun doute
J'suis envoyé pour faire de vous la vedette »
Billie tombe dans l'incompréhension
Cali sombre dans la déception

Comment était-ce possible?
Cali humiliée par sa propre famille
Qu'à l'injustice, les larmes durcissent
Et ainsi de suite, c'est perdre et gagner
Re-perdre et gagner

## TIRER DES TRAITS, featuring Sly Johnson

Sans escalier, j'ai grimpé à l'étage
La vie un livre dont il faut tourner les pages
Les cours, c'était pas cubique
Un QI élevé n'explique pas
Les bulletins d'un cancre chronique
J'ai arrêté l'école avant de la quitter
Hélas en dessous de mes capacités,
Les plans qu'ils avaient pour nous je les ai déjoués
Taffer nous fait chier au risque d'échouer
De toute façon, on ne va pas se plaindre
Nos parents se sont saignés
Au sommet, on sera pas plein
Car on se fout d'être conseillé
Mon daron m'avait dit qu'exister c'est

*Tirer des traits vivre les sacrifices de si près*
*Je sais à quoi tu songes en secret,*
*À notre âge déjà les traits tirés*
*À force de tirer des traits*

En vrai, les femmes n'aiment vraiment
Que leurs enfants,
Moins tu le comprends... plus tu te morfonds.

198

Tous nés pour morfler !
Mes nuits blanches... d'un divorce de Morphée
Une vie montagneuse,
Des virages, des pics, des chutes et des mirages !
Radeau cassé, on repart à la nage du rivage
Garçon, en une décennie, j'en ai vu défiler
Trop de frères sont difficiles à tirer
Je t'aurais prêté la jambe, même estropiée
Je t'ai donné la main, tu l'as escroquée
Atteindre l'âge des blessures sans coquards,
Transmission de savoir, se vider
Pour que d'autres puissent avoir,
Pouvoir pardonner j'ai tout donné
Mais les gens ne savent pas recevoir

*Refrain*

Cinq disques, des traits tirés, un million
Autant de larmes tracées entre les lignes
Mon métier les textes durs mais polis
C'est ma réponse lors des contrôles de police
Elles viennent de l'univers,
Mes phrases mises bout à bout
Font le tour de la terre,
Les traits c'est comme les cartes,
Le pire est de tirer les mauvaises
Que tu le souhaites ou pas, tu vas tirer un traitement
Tirer deux traits ça fait... très mal mais
La vie c'est...

*Refrain*

# Booba

De son vrai nom, Élie Yaffa, il est originaire de Boulogne-Billancourt. Le pseudonyme Booba a une double origine : le petit ourson du dessin animé et Boubacar, référence à la famille sénégalaise. Il fait des débuts remarqués avec Ali dans le groupe Lunatic, puis entame une carrière solo en 2001. Si sa plume semble parfois faire une apologie facile de l'ego, de l'argent, de sa violence et de son clinquant, elle recèle aussi de véritables trouvailles, des images mélancoliques. Ce talent poétique lui valut la reconnaissance d'un article de la *NRF* qui le comparait à Genet ou à Céline ! Booba est peut-être aujourd'hui le rappeur français qui connaît le plus de succès.

■ Discographie : avec Lunatic, « Mauvais Œil » (45 Scientific, 2000) ; en solo, « Temps mort » (45 Scientific, 2002) ; « Panthéon » (Tallac Records, 2004) ; « Ouest Side » (Tallac Records, 2006) ; « 9.0 » (Tallac Records, 2008).

# MA DÉFINITION

On y pousse un peu d'travers, skate, BMX puis nique la
    RATP,
tout ça rythmé de rap music ; ma jeunesse a la couleur
    des trains,
RER C pendant l'trajet j'rêvais de percer, fier d'en être
    un.
On cultive sa haine anti-flic ou gendarme alors on
    d'vient des boss du maniement d'armes.
Mon peuple anéanti, temporaire seulement jusqu'à la
    rébellion
de l'Afrique et des Antilles.
C'est 9 ze-dou nous, on est p'tits, on veut niquer Paris,
On connaît rien nous et y a plein d'trucs à prendre,
et puis t'apprends, vite avec les coups, reviens avec tes
    couilles,
tes potes, frappe avec les coudes.
C'est pousser comme une ortie parmi les roses
Et y sont trop alors j'appelle mes Khros les ronces.
C'est un état d'esprit ne plie que si les pissenlits j'bouffe.
Ne reçois d'ordre ni des keufs ni des profs.
Haineux, de chez nous vient le mot vénéneux.
La rue conseille, la juge te console souvent.
Drogue douce ou c'est le bug, la rue t'élève et te tue ;
    alors laisse-moi tirer qu'j'm'assomme au teuh teuh !!
Grillé mais je nie, ici les hyènes ont une insigne,
et j'espère qu'c'est pas l'un d'nous qui servira de gnou.
La folie, le sang, la mélancolie, du rap, du fil rouge,
des risques et du son, ma définition.

J'viens des Hauts d'Seine, Obscène est mon style, mon
comportement.
J'suis instable au micro, et dans la rue j'vis n'importe
comment.
J'm'en bats la race sauf des potes, la famille et l'cash
Y faut d'la maille, plein d'sky, y faut qu'j'graille, non ?!
Écoute, goûte mon flow, fils, car j'ai pas b'soin
d'sponsors,
le rap, mon crew et l'vice, c'est comme ça qu'j'm'en
sors.
Connu pour tuer les MIC d'ici à NYC.
Du sang, des risques et du son, ma définition.

Ma définition, j'en veux toujours plus,
j'attends pas leur putain d'paye ou leur putain d'bus.
Insoumis ! j'fais des sous bêtement parce que j'veux voir
c'pays en sous-vêtements.
J'voulais savoir pourquoi l'Afrique vit malement,
du CP à la seconde y m'parlent d'la Joconde et des
Allemands.
Ici le diable racole, fuit son rodéo, t'attache dans l'hall
avec la coke,
pisse sur ton auréole.
Delabel, Sony ou Virgin, vous comprenez,
mon style n'a pas b'soin d'vigile.
Des plaques et des plaques, si c'porc d'Chirac était
black.
J'suis obscur, dors d'un œil comme un missile Scud.
J'suis pas le bienvenu, mais j'suis là, reprends c'qu'on
m'a enlevé,
j'suis venu manger et chier là.
Plongé dans la tourmente quand les fonds manquent,

202

à force de m'plaindre,
j'attends plus l'argent, j'vais l'prendre.
Dérivé trop jeune, j'peux plus redescendre,
et j'essaie pas d'être en chien d'janvier à décembre.
Ou j'te fais jouir ou j'te fais mal, c'est très simple,
ma définition avec des textes à prendre à 1 degré 5.

J'viens des Hauts d'Seine, Obscène est mon style,
mon comportement.
J'suis instable au micro,
et dans la rue j'vis n'importe comment.
J'm'en bats la race sauf des potes, la famille et l'cash
Y faut d'la maille, plein d'sky, y faut qu'j'graille, non ? !
Écoute, goûte mon flow, fils, car j'ai pas b'soin
   d'sponsors,
le rap, mon crew et l'vice, c'est comme ça qu'j'm'en
   sors.
Connu pour tuer les MIC d'ici à NYC.
Du sang, des risques et du son, ma définition.

# LE BITUME AVEC UNE PLUME


Mon frère, j'voulais la gloire, j'ai eu la guerre, j'l'ai faite,
   y en aura d'autres,
c'est la merde, chiez dans vos toubëïs car tout s'paye,
donne-moi la bouteille et j'touze-par, m'touche pas, du
   9.2 c'est d'là qu'tout part,
l'œil de Rocky, les couilles à Rocco, grand Cherokee et
   trop d'popo dans les propos,

douze dans la nane-ba, tous dans la tate-pa,
et c'est trop tard pour foutre du mascara sur un coquard.
J'parle mal et j'ai la rétine assassine, le mal par le mal,
   son pour les man.

Trop d'soucis aussi, on mincit et c'est pas nouveau, ici
   y a que des putes
on serre la main à des canons sciés, n'aimant que manier
   l'acier pour des biffetons ;
micro 3.5.7. python violent,
depuis les chaînes et les bateaux j'rame,
t'inquiète, aucune marque dans l'dos man, j'les ai dans
   l'crâne.

   *Refrain*
*J'suis arrivé dans l'son, retrace la guerre dans mes*
   *morceaux,*
*et si j'me fais canner pas besoin d'en faire une chanson*
*Mon stylo dans la terre, j't'aurais sans rançon, 500 rancunes,*
*j'suis l'bitume avec une plume.*
*Je retrace la guerre dans mes morceaux,*
*et si j'me fais canner pas besoin d'en faire une chanson*
*Mon stylo dans la mer vers le cap sud*
*Je t'résume je suis l'bitume avec une plume.*

J'suis mort de faim, rap F1 pour tous mes défunts,
la routine, le she-ca, la chevrotine, roule en chette-ca
Du popo, un stylo dans mon jean, sans millésime, j'suis
   dégoûté comme quand j'ai ché-cra.
Rap à l'usine, contrôlé + à l'urine j'fais du 0 à 100 en
   1'10" quand j'vois mes Khros en sang.
J'dors sans la fiole, démarre sans fuel,

quand j'vois la France les jambes écartées j'l'encule sans
huile.

J'arrive en ville, brille, repars en vie.

Si t'aimes les représailles, tire en l'air ou dans mes Nike Air.

J'me lève à 15 h, me couche à 6 h du mat' et veux du
Moët, c'est la patate ouais...

Au mic' c'est Platoon et ça r'tourne car j'ai appris quand
y avait pas d'thunes,

alors que tourne la roue, nos rues des fours, laisse-moi
rouler ma niax, ma tass et ma liasse.

Un bon QI, du courage, un peu d'vice et les poulets
rôtissent,

dans ma team que des numéros 10.

*Refrain*

J'veux pas rapper avec les pinces, écrire mon nom sur
l'banc,

sous écrou longtemps, mes empreintes de doigts sur
l'gland.

Je veux peser, baiser, me reposer,

B2OBA,

j'roule avec OCB, 3, 4, 5, 6 tasses à la s'maine, ici ça
pue l'cash de la casquette à la semelle.

J'suis qu'un missile, guidé par 45, dopé au shit, à la soul
au riz à la s'moule.

C'est ça, gars ! On sort pas du chapa d'une chaga, et à
chaque album, vit notre époque de chacal.

J'suis c'macaque avec une plume, ne sens plus la douleur
et leur tumeur a la couleur de c'que j'fume.

Mon régime à la résine, J'te résume, j'suis l'bitume avec
une plume.

Et si j'me fais canner pas besoin d'en faire une chanson
Mon stylo dans la mer vers le cap sud
Je t'résume je suis l'bitume avec une plume.
Retrace la guerre dans mes morceaux,
et si j'me fais canner pas besoin d'en faire une chanson
Mon stylo dans la terre, j't'aurais sans rançon, 500
    rancunes,
j'suis l'bitume avec une plume.
Je retrace la guerre dans mes morceaux,
et si j'me fais canner pas besoin d'en faire une chanson
Mon stylo dans la mer vers le cap sud
Je t'résume je suis l'bitume avec une plume.
Je retrace la guerre dans mes morceaux,
et si j'me fais canner pas besoin d'en faire une chanson...

## PITBULL

Venu extraire Excalibur de son enclume
En 6.45 j'suis l'bitume avec une plume
Tout commence dans la cour de récréation
Malabar, Choco BN, sale noir, ma génération
Enfant seul, sans problèmes sauf à la maison
J'ai pris la vie par derrière sans m'poser d'questions
J'aime une femme, elle m'a donné le sein
M'a appris à m'tenir, à différencier l'homme et le chien
On m'a dit tu as la rage, dégage ou je te pique
Femelle en chaleur reste pas dans les parages ou je te
    nique
J'ai grandi, j'suis mort en silence

Crucifié sur une caravelle sous l'œil éternel d'une étoile filante
Dans ce capharnaüm, derniers seront les vainqueurs
Mes rimes te touchent au cœur ou en plein sternum
La vie d'un homme, la mort d'un enfant
Du sang royal dans les veines, premier en sport et en chant

*Refrain*
*Bras levés, tête haute, j'ai rêvé qu'j'mourrais au combat*
*J'veux pas mourir sur scène*
*Le ciel sait que l'on saigne sous nos cagoules*
*Comment ne pas être un pitbull quand la vie est une chienne ?*

Mon premier spliff ma première bouteille
La richesse est dans nos cœurs mon cul ! Moi j'veux de l'oseille
Pour en obtenir des fois c'est l'hécatombe
Peu importe si la daronne veut faire le tour du monde
Petit, la race humaine est méchante
Je suis venu, j'ai vu, j'ai vaincu ces chiens, la queue entre les jambes
Et j'ai toujours la larme à l'œil, le cœur engourdi
Dis-leur qu'j'suis noir et blanc, 100 % Bounty Killer
Talentueux mais tu s'ras jamais dans ma poule
Sur le plus haut trône du monde, on est jamais assis que sur son boule
Des fois j'me dope comme un coureur cycliste
Quand ça réveille mes cicatrices, j'me sens si seul et si triste
Lyriciste agréé, pour ça qu'Dieu m'a créé

Sisi, ambiance bandit, ambiance Mississipi
J'me déchaîne, au microphone c'est l'Amazonie
Des indigènes dans les chromosomes, les cités d'or, ma
    terre promise

*Refrain*

J'en suis, où j'en suis malgré tellement d'erreurs ?
J'suis trop en avance pour leur demander l'heure
Pas à pas, de pied ferme, sans savoir où j'vais
J'ai souvent cherché la merde, je l'ai toujours trouvée
Devant les profs j'faisais des grimaces en tirant sur mon
    ouainje
Car on m'a dit en classe que l'homme venait du singe
B2OBA

# Kery James

Alias Alix Mathurin, né en Guadeloupe le 28 décembre 1977, de parents haïtiens, arrivé en France à sept ans pour emménager finalement à Orly. C'est lui qui, à quatorze ans dans *Ragga Jam* de MC Solaar, dit «Je ne veux pas aller au service militaire / Je ne veux pas faire la guerre pour un morceau de terre». Il débute véritablement dans le rap avec la Mafia k'1 Fry, collectif du Val-de-Marne et dans le groupe hardcore Ideal J, célèbre pour ses paroles de véhémence et de révolte. L'assassinat de Las Montana, l'un de ses amis d'enfance, va être l'occasion pour lui d'un véritable tournant existentiel, spirituel et artistique. Kery James prend désormais conscience de l'impact du rap sur son public et par conséquent de sa propre responsabilité, de la mission du rappeur. Il initie ainsi en solo un rap qu'il veut conscient, lucide, moral et rassembleur. Poursuivant son chemin entre rage et idéal, il est aujourd'hui l'une des figures majeures et fédératrices de notre rap national.

■ Discographie : «Le Combat continue» avec Ideal J (Alariana / Arsenal Records, 1998); «Si c'était à refaire» (Alariana, 2001); «Savoir et vivre ensemble» (Naïve, 2004); «Ma vérité» (Alariana, 2005); «À l'ombre du Show Business» (Up Music, 2008); «Réel» (Up Music, 2009).

# Y A PAS DE COULEUR

Message d'amour même en temps de guerre
Alors que certains attisent les passions
Moi j'rappe pour les Noirs, les Arabes et les Blancs
Sache que je suis pas de ceux qu'effraie la différence
Ta couleur de peau pour moi ne fait aucune différence
Y a pas de couleur pour aimer, pas de couleur pour
　　souffrir
Pas une couleur qui t'empêche de mourir
Pas une couleur pour s'aimer, pas une couleur pour
　　sourire
Pas une couleur pour pleurer (tu le sais)
Dans nos différences nous sommes liés
Nos apparences ne sont pas toujours le reflet
De ce que contiennent nos cœurs et c'est ce qui importe
Y a pas de couleur pour que la mort t'emporte
Y a pas de couleur pour tricher, pas d'couleur pour
　　tromper
Pas de couleur pour blesser ou tuer
Pas une couleur qui t'immunise contre la douleur
Pas une couleur qui te rende supérieur (sache-le !)

Ma sœur y a pas d'couleur pour pleurer
Tu vois mon frère, y a pas d'couleur pour aimer
Pas d'couleur pour souffrir
Pas d'couleur pour sourire
Y a pas d'couleur pour pleurer

Y a pas de couleur pour être stupide, ignorant, raciste et
　　borné
Pas une couleur attitrée à l'absurdité

Pas une couleur qui prouve ton intelligence
Pas une couleur qui témoigne de ta tolérance
Pas une couleur qui t'empêche de te sentir seul
Foudroyé, rescapé d'un amour manqué
Pas une couleur qui t'abrite de la pauvreté
Pas une couleur qui garantisse ton honnêteté
Pas une couleur qui te protège de l'erreur, frère
Pas une couleur qui te protège de la peur, sœur
Pas une couleur qui t'innocente de toute injustice
Aucune couleur ne garantit ta réussite
J'connais les méfaits du racisme et ce qu'ils provoquent
Quand l'exclusion devient rage, arrive le choc
Même en temps de guerre alors que la paix agonise
J'réanime l'amour dont l'absence m'épuise

Y a pas d'couleur pour pleurer
Pas d'couleur pour aimer
Message d'amour même en temps de guerre

Y a pas d'couleur pour pleurer
J'dis qu'il n'y a pas d'couleur pour aimer
Message d'amour même en temps de guerre
Moi j'rappe pour les Noirs, les Arabes et les Blancs
J'suis pas là pour leur dire ce qu'ils veulent entendre.

# PLEURE EN SILENCE

Pleure en silence Pleure en silence...

Persuadé d'avoir du vécu
Chacun de nous pense posséder le monopole de la
    souffrance
On arbore fièrement nos cicatrices
Et on aime à rappeler à quel point nos vies sont tristes et
    cruelles
On est le nombril du monde
Et tous prétendent avoir grandi à l'ombre du bonheur
On se fait notre ciné
Dans le vacarme de nos plaintes y a tant de gens qu'on
    entend même plus pleurer
Tu sais on ne souffre pas qu'en banlieue
Partout tu peux lire le même manque d'amour dans les
    yeux
Même dans les beaux quartiers, les sourires sont des
    masques
On n'achète pas le bonheur sans qu'un jour le temps
    nous démasque
La détresse n'a pas de couleur
Réveille-toi! sous combien de peau blanche se cache la
    douleur
Chacun ses secrets emmuré dans le silence
Ces hémorragies internes qui nous font pleurer en
    silence

Tu peux souffrir sans venir de la banlieue
Partout tu peux lire le même manque d'amour dans les
    yeux

À chacun son ghetto chacun porte son fardeau
Tu peux grandir à l'air libre mais comme derrière des
  barreaux

Pleure en silence × 2

Mal-être chronique nos douleurs contraignent
On espère qu'elles disparaissent mais en fait elles
  hibernent
Dans l'hiver de nos plaies nos cœurs les renferment
C'est une peine sans sursis à vie c'est du ferme
Et on se cache pour pleurer
Si on sourit au monde c'est en espérant le leurrer
Parce qu'au fond qui veut réellement savoir ce qui nous
  tue et ce que l'on est
Les gens se contentent de se comparer, pas vrai ?
Souffrir sans pouvoir le dire c'est pire
Moi j'ai encore la chance de l'écrire
Alors je chante pour celles et ceux qui meurent de leur
  vivant
Dans des drames silencieux
Boulimie de douleur anorexie de bonheur
Tous chantonnent leurs vies en ré mineur même mineur
Chacun ses secrets emmuré dans le silence
Ces hémorragies internes qui nous font pleurer en silence

Tu peux souffrir sans venir de la banlieue
Partout tu peux lire le même manque d'amour dans les
  yeux
À chacun son ghetto chacun porte son fardeau
Tu peux grandir à l'air libre mais comme derrière des
  barreaux

Pleure en silence × 2

Ne crois jamais être le seul
À pleurer de quoi inonder le sol
Certains enveloppent leur tristesse dans un linceul
Mais seuls ils finissent pleureurs comme le sol
Écoute battre le cœur
Qui fait boom boom au rythme des peurs
Poom Poom chacun porte son fardeau
Les cœurs gèlent et prennent les faux-semblants comme
    manteau
Quand d'autres se replient dans la violence
Se cachent derrière l'arrogance
Traduisent leur tristesse par l'insolence
Les gens cachent leurs douleurs se tiennent debout
    comme des arbres
Mais leurs branches sont d'argile du cristal sous du marbre
Les blessures mortelles sont celles qu'on peut confier
Si on se sent asphyxier c'est qu'on tente de les étouffer
Chacun ses secrets emmurés dans le silence
Ces hémorragies internes qui nous font pleurer en
    silence

Tu peux souffrir sans venir de la banlieue
Partout tu peux lire le même manque d'amour dans les
    yeux
À chacun son ghetto chacun porte son fardeau
Tu peux grandir à l'air libre mais comme derrière des
    barreaux

Pleure en silence × 2

214

Paris on pleure en silence
New York on pleure en silence
Kinshasa on pleure en silence
Palestine on pleure en silence

## À L'OMBRE DU SHOW BUSINESS
### featuring Charles Aznavour

Kery James :
À l'ombre du show business
Combien de temps ? combien de temps ?
Vont-ils étouffer notre art
Combien de temps ?
Vont-ils se partager les Victoires de la musique
On s'en fout on est réels nous, t'es fou toi

Ils tentent d'étouffer notre art faut être honnête
Ils refusent de reconnaître qu'en ce siècle
Les rappeurs sont les héritiers des poètes
Notre poésie est urbaine, l'art est universel
Notre poésie est humaine
Nos textes sont des toiles que dévoilent nos mal-être
des destins sans étoiles
Nos lettres, photographies des instants
Deviendront des témoins chantant le passé au présent

Un piano, une voix tu vois l'art des pauvres n'a besoin
    que de ça
Je rappe à la force des mots sans artifice

215

Moi c'est à force de maux que j'suis artiste
J'pratique un art triste, tristement célèbre
Car c'est à travers nos disques que la voix du ghetto s'élève
Mon rap est un art prolétaire alors les minorités y sont
    majoritaires
Mais comme tout art je pense que le rap transcende les
    différences
Rassemble les cœurs avant les corps
Faisant des corps des décors
Mettant les cœurs en accord


Et si j'écrivais mieux que Lionel que Florence
Issu de la deuxième France j'attends encore ma
    première chance
Portant mon arrogance mais ils condamnent mon art en
    silence
Pendant que je pleure mes potes ont terminé leur
    dernière danse
Alors oui je suis poète dans le cercle des disparus
À l'ombre du Show-Business, mon art vient de la rue
Mon art est une pierre précieuse qu'on a recouverte de
    ciment
Que seuls peuvent faire fondre les sentiments
Mon art est engagé
Mon art a un sens
Mon art a une opinion
Mon art est intense
Mon art ne s'excuse pas s'il vous gêne
Car il apaise nos cœurs
C'est le cri des indigènes
Oh que j'aime la langue de Molière
J'suis à fleur de mots tu sais

216

Y a une âme derrière ma couleur de peau
Et si je pratique un art triste
C'est que mon cœur est une éponge
On est rappeurs et artistes même si ça vous dérange

Charles Aznavour :
À l'ombre du show business
À l'ombre du show business

Kery James :
J'écris des poésies de larmes
Des pluies de pleurs
ils veulent tuer mon art
Mais mes œuvres demeurent
À l'ombre du show business mes vers sont des éclats
Qui rayonnent sur les cœurs
C'est pas grave s'ils m'écartent
J'ai grandi sur du verglas
Où chaque chute peut être fatale
Dans le balet des balles
Dans le dialogue du métal
La France nous a mis de côté
J'ai écrit ce qu'on ressent quand on est rejeté
Sans pudeur je l'ai décrit
T'es fou toi
Ça fait 20 ans qu'on chante la banlieue
20 ans qu'ils décrient nos écrits en haut lieu
20 ans qu'ils étouffent nos cris
Qui transcrivent les crispations des cœurs en crise
et les conditions de vie de nos frères en prison
20 ans qu'on ouvre des fenêtres sur des avenirs sans
   horizons

217

20 ans qu'on pose nos mains sur des plaies ouvertes qui
    saigne le rejet
Car l'égalité des chances n'est qu'un projet

Charles Aznavour :
À l'ombre du show business
À l'ombre du show business

À l'ombre du show business
Faut être optimiste mon frère
Tous les grands mouvements ont souffert
Les poètes sont morts de faim
À l'ombre du show business

Aujourd'hui ça serait peut-être même... plus facile
Les portes sont fermées, verrouillées
Mais elles s'ouvrent petit à petit
Et plus tu y croiras, plus tu pourras
Plus tu réussiras à l'ombre du show business

Aujourd'hui ce sera peut-être plus... simple
Parce que y a toute une jeunesse qui te suit mon frère
À l'ombre du show business, le soleil peut se lever...

# Rohff

De son vrai nom Housni Mkouboi, né en 1977 aux Comores, arrivé en France en 1985 à Vitry-sur-Seine, il naît au rap dans le giron de la Mafia K'1 Fry. Son pseudonyme signifie Rimeur Original Hardcore au Flow Fluide ou Rimeur Offensif Honorant le Fond et la Forme, ou peut-être d'autres choses encore à trouver. Personnalité complexe oscillant entre un certain gansta rap à la française, un rap rageur et un rap conscient, il a connu, depuis son premier album en 2001, un succès grandissant.

■ Discographie : « Le Code de l'honneur » (Phénomène Records, 1999) ; « La Vie avant la mort » (Delabel, 2001) ; « La Fierté des nôtres » (Hostile Records, 2004) ; « Au-delà de mes limites » (Capitol Music, 2005) ; « Le Code de l'horreur » (Delabel Hostile, 2008).

## QUI EST L'EXEMPLE ?

Eh Eh Eh Eh
Mais faut pas déconner
Joue pas au gros bonnet
Tu te feras détrôner
Faut même mieux raisonner
Non faut pas déconner

M'la fais pas tu m' connais
N'aie pas l'air étonné
On sait que tu t' reconnais
Passer sa vie à zoner
À cailler, consommer
On peut pas cautionner
T'es pas un exemple à donner

J'ai grandi en banlieue
Tu peux lire la routine l'amertume à travers la rétine de
    mes yeux
Parmi les victimes du système
Je suis le narrateur du pourquoi
Tes modes de vie on en connaît tous la cause mais voilà
    quoi !
Faut faire quelque chose pour nos rejetons
Et si je t'en parle c'est parce que nos mères ont les
    j'tons
Avis à la génération d' moutons dix à la vingtaine
Tournez le bouton, faites attention message très
    important
Considère ces informations comme une alerte
Toi t'es en pleine formation avant que mon pouls soit
    déclaré inerte
Et m'incombe d' t'éviter d'courir droit à ta perte
Dans ce monde blessé d'illusions la plaie bien ouverte
En plus la télévision et l'influence que porte le mauvais
    exemple
Le bitume, l'engrenage est de plus en plus ample
Mais qui est l'exemple ?
Est-ce celui qui s'instruit s' détruit
En séjournant en tôle, en faisant du mal à autrui

220

Mais qui est l'exemple ?
Celle qui s'instruit s' détruit
En pensant qu'à s' divertir d' mecs et d' boîtes de nuit
Eh eh eh eh oh oh oh oh oh !

*Refrain*
Mais qui est l'exemple ?
À tous les grands frères les grandes sœurs
Servons de modèle à nos petits frères à nos petites sœurs
ROHFF l'avertisseur
J'ai fait des conneries de grande envergure
Mais faut bien qu'on change un jour
Même si c'est hyper dur
File dans le droit chemin trace ta route ne te retourne
    pas
Chacun sa chance pour certains la roue ne tourne pas
Ne fume pas ne t' saoule pas
Pour ta maman et ton avenir va à l'école ne déconne pas
Ne traîne pas rien à gratter à part des problèmes
    d'argent sale et
D'embrouilles qui viennent et vite t'as la haine

La rue n'abrite que des bêtes féroces comme moi
Crois-en au moins mon expérience,
Je suis la philosophie de la haine
Y a pas de destin en commun
Fille ou garçon nous sommes les parents de demain
(Inch 'Allah attention)
En fonction du bon exemple faut s'identifier,
Il faut s' méfier du moraliste d'un jour
Une fois contaminé on devient sourd
On t' fait dealer, troquer c'est pas une couverture

221

Combien d'années dure la vie d'un voyou à moins de se
    faire condamner ?
On donne de bons conseils aux nouvelles générations
Tandis qu'les cons essaient de troubler nos opérations
Chacune de mes phrases coûte cher,
Si j' te raconte de la merde ça peut te coûter très cher
J'compte pas passer ma vie sur le béton, faire des gosses
    les voir béton, pour
Quelques bâtons, à coups de bâton, de respecter les
    inspecteurs et autres !

*Refrain*

# CREUSET 2 VOYOUS

Un creuset de voyous, victimes du système, que Dieu
    nous guide. Woy !
Un creuset de voyous, victimes du système, que Dieu
    nous guide. Woy !
Un creuset de voyous, victimes du système, que Dieu
    nous guide. Woy !

À travers ma voix, tu marches dans ma rue,
C'que t'entends c'est c'que tu vois, lyrics tirés d'images
    crues.
Ça craint.
T'aimerais que j'te chante autr'chose, mais c'est
    toujours l'même refrain.
Mon frère 400 à l'heure, accroche-toi, y a plus d'freins.

On enfreint tous les lois, juges, procureurs, même les
    avocats,
C'est pas qu'des voyous incarcérés, y a même des
    hommes d'État.
Ils ont niqué mon bled, rien à foutre de leurs règles,
Tout comme leurs filles qui s'font foutre même en
    période de règles.
Après avoir arbitrairement fixé les règles du jeu,
Comme dit l'poto Kery James, faut que tu marches ou
    c'est l'enjeu.
Ils t'envoient à l'ombre pour réfléchir si tu chinef.
L'État c'est la plus grosse carotte du siècle, tu sais c'est
    tout bénef'.
Taxe la moitié du salaire misérable de nos parents,
Pourtant les allocs ont du mal à prendre congé une fois
    par an.
J'viens des blocs là où les darons paient plus de loyer.
Ça c'est le rap des familles nombreuses, des mères au
    foyer.
Pourquoi ils peuvent pas comprendre ?
Ils ont la mentalité du bled.
Leur mode de vie est différent du nôtre, c'est pas d'leur
    faute.
Moi j'suis croque, j'ai un minimum d'éducation.
Mon point d'repère : l'islam, un bon garçon qui a grandi
    sans son père.
Mon p'tit frère et moi, on a pris l'avion pour v'nir dans
    c'pays,
Pour nos études, mais l'système a fait d'nous des soldats
    sans treillis.
Le bonheur a ses étages comme la haine.
C'est hallucinant.

Comme quand t'attends une réponse d'emploi favorable
   alors que c'est «allô, c'est non!».
Sinon on a les pieds bloqués dans la merde, comme
   dans du ciment.
Ceux qui parviennent à s'en sortir passent pour des gens
   fascinants.
Comme des dirigeants, avares et riches d'exigences.
Pour nos familles opprimées et accablées c'est
   désobligeant.
Alors ils snobent les familles nobles au rang social élevé,
Ils causent avec dédain, insultent, enfants mal élevés.
Pendant qu'les riches tuent le temps, le temps tue les
   pauvres.
Chez moi on s'contente plus du comptoir, les p'tits ont
   l'appétit de rafle et de coffre, on risque.
Les keufs déboulent, gyrophares, vénère, chez moi on
   s'branche plus sur Sky, en prévention, scanner.
J'ai des connaissances ils ne savent ni lire, ni écrire, y a
   pas pire,
Mais j'vais t'dire, ils prennent des thunes quand t'es en
   train d'dormir.
C'n'est pas pour les vanter, c'qui n'est pas dit n'est pas su.
Je fais qu'raconter, la réalité, y a rien d'inventé.
L'argent aveugle les jeunes, savent plus sur qui ils tirent,
Savent plus où ils en sont, où ils vont, ne leur parle pas
   d'avenir.
Et quand t'as pas mis de côté, juste pour kiffer être coté,
Les jeunes courent droit vers l'enfer, même avec un
   point d'côté,
Rien à faire, à part tomber dans l'vice des substances
   illicites.
Une fois les esprits rodés, les bandes tombent en déficit.

Ça s'félicite tellement, qu'ça arrive vite aux oreilles
  d'indics,
Qui lui ne tard'ra pas à passer un coup d'fil, en informer
  les flics.
Des lops sont en poste là où tu résides, pour t'filer,
Jusqu'à ton prochain braco à la sortie ils te jettent le
  filet.
Alors c'est soit tu coopères ou tu prends la fuite mais
  faut défourailler.
Avec un putain d'revolver qui risque pas d's'enrailler.
Ton cœur bat tellement vite qu'il peut lâcher à tout
  moment.
Et quand on t'tire dessus gros t'oublies tout l'monde, et
  même ta maman.
Quand tu t'fais épingler, pas d'caresse ou tu t'fais
  étrangler.
À la BRP tu t'fais gonfler jusqu'à ronfler. Au poste, j'ai
  vu des photos prises en hauteur,
Qui dit qu'ton voisin n'est pas un RG, une famille
  d'inspecteurs.
On s'dispute le secteur, entre Rick Hunter, tous fous les
  psychopathes, t'as Hannibal Lecter.
Posé sur l'banc, t'as pas l'air d'un vendeur d'shit ni
  d'came,
Suspect d'être passé du vélo volant grosse caisse,
  bécane.
Comment s'passer d'se faire plaisir quand t'as du fric.
Ça attire les michtonneuses, une sorte de bite autant
  qu'les flics.
Yeah ! L'oisiveté est mère de tous les vices.
Le vice t'achète, en t'rendant service, en t'donnant du
  shit, en te faisant la bise.

Ça fait du bien d'flamber, n'importe quand tu peux
  t'faire plomber.
C'qui t'fait trembler, t'as plein d'embrouilles en cours,
  en plus t'as pas d'plan B.
Certains sont discrets, d'autres se font r'marquer, s'la
  jouent durs.
Ce sont les mêmes qui sont soumis aux drogues dures.
  Bref, tu m'écoutes ?
Quand t'as les steurs sur tes côtes, qui t'mettent sur
  écoute,
Si c'est pas toi dans la cassette ils font en sorte qu'ça
  coïncide.
Aux Assises, déballent toute ta vie, devant tes potes qui
  assistent.
Y a des durs qui pleurent d'entendre leur vécu, à l'oral
  c'est triste.
Ton père dégoûté, ta mère n'en trouve plus l'sommeil la
  nuit.
Hommage à elle et Fatiha pour l'parleur de nuit.
Parloirs sauvages, dédicacés à ceux et celles,
Qui vont casser la voix, comme Patrick Bruel,
Aux générations confondues des ruelles,
Bons ou mauvais, crapuleux même cruels.
Pour tous les Vitriaux, tombés à l'époque du blues,
Des racailles font les bom-bom, le sound system foutait
  la caille.
Les jeunes s'forment du ghetto aux schtars,
Normal qu'ils pètent un câble, c'est cinq piges de
  promenade, de mitard.
Toujours en r'tard, t'as raté l'bippeur, tout l'monde a un
  portable.

226

La prison fait d'certains des cons, d'autres des gens
  respectables.
Une fois libérable rebelote : dur de s'réinsérer.
À l'affût d'gros coups un gros somme, prémédité avec le
  SSEM.
On est encore à l'âge de pierre, on ne peut plus civilisé.
C'est la guerre du feu version fringues et rasés.
Trop nerveux, mythos, michtos, schizophrènes,
Trop d'potos ont grandi à Fleury, vieillis à Fresnes,
Sous l'œil de successeurs encore mangeurs de gâteaux BN,
Car à l'écrit des écoles, voient leurs prédécesseurs mener
  la vie d'bohème.
Génération d'BM, braqueurs d'BM, t'es adapté aux
  rythmes de vie, 9.4 400 bpm.
Vitry, banlieue parmi tant d'autres.
Ici comme chez toi, la paresse gagne du terrain sur
  l'envie d'changer des nôtres.
On roule sans permis, nique le RMI, au Foot Locker,
  t'as pas un rayon d'bonheur dans la zer-mi.
Oh la zermi !
Disparaît, lâche pas l'survet' même quand c'est glacial,
Fait rien d'spécial, les p'tits s'réchauffent les orteils au
  centre commercial.
On ronfle l'soir pendant l'juste prix.
En fin d'journée on s'remet d'sa soirée.
H 24 dehors sauf pour cause de diarrhée.
Le plus triste c'est qu'ça t'fait marrer.
Mais pour nos vieux, on vit comme des princes.
On rentre pour manger dormir, en gov' ou à pinces.
Les jeunes s'foutent d'leur santé, misent tout dans
  l'apparence chic, souffrent d'une chique.

Les rages de dent soulagées au sky, shit. Garé sur
l'parking, montent le son dès qu'y a les flics.
Écoute du ragga-roots à l'ancienne Buju, Banton,
Garnett, Silk.
Épais tel un sandwich du dépôt, en manque de calcium
au lieu de s'inscrire au gymnasium,
Préfèrent investir dans un Magnum, pour éduquer les
mastocs, avec le mach toc.
Même les mutilés d'guerre nous plaignent et regrettent
pas leur époque.
Constate, après la Gaule, la France, bientôt les States,
j'accuse l'État, d'nous avoir mis dans c't'état.

Un creuset de voyous, victimes du système, que dieu
nous guide. Woy!

## SENSATION BRAVE
### featuring la Mafia k'1 Free

He-he-he-he-he-he-he-he-he... ewah... 9.4...

J'viens d'en bas et j'dois monter la pente, le bitume
j'arpente.
L'amertume je chante.
Y a que les thunes qui m'enchantent.
Donc 1 pour les que-ché, ici c'est l'talent caché.
J'rappe pour les têtes fâchées à la jeunesse gâchée.
Gros, c'est Rohff au micro, pour tous les accros d'ça,

Pour tous les mecs en chien, qu'ont les crocs, tiens croque ça.

Si tu m'connais pas vas-y découvre, j'suis toujours pas fait d'couv'.

Quoi qu'il en soit les auditeurs qui bavent s'y r'trouvent.

Avis à tous les mecs et meufs qui sont dans l'mouv',

J'nique l'État et les keufs même sur un slow ou une musique groove.

Pour l'moment, t'es dans l'coaltard, t'es pensif.

Mon son s'empare d'ton esprit, rajoute du bien à ton spliff.

L'instant est émotif, monte le son à fond même s'il s'fait tard,

Quand M. Rohff s'exprime, c'est pas du rap de fêtards.

Mais d'la musique meurtrière, parc'qu'il y a eu un meurtre hier,

La crime tourne dans ma rue, parce que l'meurtre y est hier.

Nique sa mère, j'exprime ma rage sur c'son,

Comme de l'amour s'exprime cette garce de Véronique Samson.

Les jeunes ont besoin d'mes chansons,

Parce que mes chants sont assez profonds pour soulager la douleur.

Pas l'temps d'délirer, l'heure est grave,

Rien à foutre d'signer des autographes, j'rappe pour les braves.


Kery James : C'est d'la tristesse que tu peux lire dans mes yeux.

Rohff : Comprends pourquoi j'fais pas d'sentiments.


229

Kery James : C'est d'la tristesse que tu peux lire dans
   mes yeux.
113 : Désenchanté quand j'vois une famille fondre en
   larmes.
Kery James : C'est d'la tristesse que tu peux lire dans
   mes yeux.
113 : J's'rai p't'être jamais friqué, mais bon j'ai pas tout
   perdu.
Kery James : J'veux pas être le favori des dingues, ni
   celui des baltringues,
Que Dieu m'en soit témoin, j'veux être celui des gens bien.


J'rappe dur, le ton froid, involontairement.
À tous les durs qui durent faut s'repentir avant
   l'enterrement.
Même si on est fait à base de problèmes, faut s'faire une
   raison,
J'vais pas m'faire baiser par l'système, la rue et ses
   illusions.
Que l'chétane aille s'faire mettre, j'veux pas être son
   avocat.
J'rappe honnête. Prends note, mes pensées sont encore
   nettes.
J'vois plus loin que c'que tu vois à ta f'n'être.
Pourquoi hier la vie t'a fait naître, respect aux frères qui
   font des rappels,
Gagnent des hassanates.
Si t'apprécies c'est l'mic.
J'décris c'que j'éprouve, écris c'que j'approuve,
Me vide pour mieux remplir c'que j'découvre.
Rien n'va !
Depuis la nuit des temps, l'orgueil fait monter l'ton,

Comment refaire le monde sans la machine à remonter
  l'temps ?
Comment la jet set se la fait belle, grave, nous on bave.
Ignore la jalousie, si tu t'en sors : Bravo mon brave !

Kery James : C'est d'la tristesse que tu peux lire dans
  mes yeux.
Rohff : Comprends pourquoi j'fais pas d'sentiments.
Kery James : C'est d'la tristesse que tu peux lire dans
  mes yeux.
113 : Désenchanté quand j'vois une famille fondre en
  larmes.
Kery James : C'est d'la tristesse que tu peux lire dans
  mes yeux.
113 : J's'rai p't'être jamais friqué, mais bon j'ai pas tout
  perdu.
Kery James : J'veux pas être le favori des dingues, ni
  celui des baltringues,
Que Dieu m'en soit témoin, j'veux être celui des gens bien.

J'rappe pour les braves, les mecs qui cassent jamais les
  couilles,
Qui s'débrouillent, travaillent honnêtement, vivent de
  bracos et d'magouilles, respect !
C'est ça, peu importe ton aspect !
Au point où on en est, on a la gueule du suspect !
Cramé de l'accent au style vestimentaire à la démarche,
On s'demande pourquoi rien n'marche, quand on va
  faire des démarches.
Rien à foutre d'vos manifs, rien qu'tu gueules et qu'tu
  marches, ça change rien.
Ils s'foutent d'ta gueule et tu marches, ça t'sert à rien.

Pleurer sur son sort, même s'ils dominent, faut pas
s'laisser faire,
Chacun son domaine, persiste dans c'que tu sais faire.
N'en fais pas trop gros, fais-toi au bon niveau. Wow !
Maintiens la température de ton cerveau.
Chacun son destin.
Trace la route c'est pas l'moment d'se garer,
Quitte à être distant, t'fais pas détourner par les égarés.

Demon One : J'ai fait d'ma vie un rêve, et d'mon rêve,
une réalité.
Rohff : Comprends pourquoi j'fais pas d'sentiments.
113 : Les cœurs saignent, et les regrets, on s'les partage.
Kery James : De mes textes, mes œuvres pleuvent mes
larmes et mon sang.

Demon One : J'ai fait d'ma vie un rêve, et d'mon rêve,
une réalité.
Rohff : Comprends pourquoi j'fais pas d'sentiments.
113 : Les cœurs saignent, et les regrets, on s'les partage.
Kery James : De mes textes, mes œuvres pleuvent mes
larmes et mon sang.

Kery James : C'est d'la tristesse que tu peux lire dans
mes yeux.

Ouais mon gros... On s'en sort, tu m'écoutes plus là...
113 : Désenchanté quand j'vois une famille fondre en
larmes.

On compte que sur nous, mais sur nous on compte peu
hein...


232

Kery James : J'veux pas être le favori des dingues, ni
 celui des baltringues,
Que Dieu m'en soit témoin, j'veux être celui des gens
 bien.

# Diam's

Diam's, alias Mélanie Georgiades, est née à Nicosie, capitale de l'île de Chypre côté grec, et a passé la majeure partie de son adolescence aux Ulis où elle se lie d'amitié avec Thomas Gérald Idir qui deviendra le fameux Sinik. Elle a peut-être hérité de ses origines la marque d'Aphrodite : l'éclat. Son énergie lui a valu d'être la première à porter haut la voix des femmes dans cet univers très masculin : en se faisant la porte-parole des «nanas» de banlieue, mais aussi par son refus d'être simplement assimilée aux femmes, objets des magazines, par l'évocation des violences que trop souvent elles subissent dans l'ombre. Elle s'est imposée au fil de ses albums et de ses tubes comme l'idole d'une génération.

■ Discographie : «Premier Mandat» (Reel up, 1999) ; «Brut de femme» (Delabel, 2003) ; «Dans ma bulle» (Capitol Music, 2006).

## 1980

Me demande pas pourquoi j'ai faim, j'ai grandi dans les trains,
À galérer pour enfin sortir de l'écrin.

Me demande pas pourquoi je crâne,
De ceux qui craignent, moi j'veux être de ceux qui
    graillent grave
De ceux qui prennent.
J'connais pas de mômes qui n'veulent pas peser jusqu'à
    l'obésité,
On en voulait tous, on a trop hésité,
Maintenant on veut tout, quitte à être très cités,
J'veux du pétrole alors qu'j'écris à l'électricité.
Les temps changent, la femme aussi mec,
C'est pour ça que même les demoiselles ont un langage
    aussi laid.
La rue déteint sur nous comme sur les gentes dames.
Hier encore j'ai vu une femme insulter les gendarmes.
J'vis dans l'air du temps, j'veux qu'mon art déteigne,
Vous atteigne quitte à en perdre du temps.
Jeunesse à la vingtaine et trop de repères dans le péché.
On croit tous qu'à la trentaine, on s'ra tous bons pour
    prêcher.
On nous vend du rêve en petits sachets,
15-20 ans ma génération où être petit c'est cher.
On veut trop prouver nos compétences,
Moi j'veux qu'mes couplets dansent,
Quand d'autres parlent en complotant !
Me demande pas pourquoi j'ai mal.
À trop pleurer en silence, j'ai fait d'mes peines un idéal.
J'suis toute petite et on m'demande de faire la grande.
Rendez-moi ma jeunesse car je risque de n'pas
    apprendre.

Trop de gosses perdus pour si peu d'exemples donc
Trop d'argent pousse mes frères à se descendre et

Trop de mes sœurs ne savent même plus qui elles sont
donc
Trop c'est trop c'est trop c'est trop c'est
Trop de pleurs, de cris, de sang, de haine
Trop de lascars qui pour des filles se saignent et
Trop visent la place du roi pour si peu de règne
Trop c'est trop c'est trop c'est trop

Génération 80, on a grandi sans trop d'exemples,
Obligés de prouver, de pleurer en silence,
De faire savoir qu'on est « al » quoi !
Me demande pas pourquoi j'lutte,
Ça réconforte les MC de s'dire que Diamant est une pute.
Ils veulent salir mon nom car il fait de l'ombre,
Salir mon monde et faire pâlir mes mômes.
Me demande pas pourquoi j'pleure tant le soir : c'est
qu'j'avais peur dans l'square.
À 4 ans la déchirure, à 10 ans le mal de vivre,
15 ans et l'idée d'me jeter dans le vide
17 ans les coups, la haine d'un homme sur mon corps
d'enfant
Et toutes mes peines dans mon album...
Et si des fois t'as l'impression qu'j'pleure en chantant,
C'est qu'j'écris avec mes larmes donc mon malheur
s'entend.
C'est pour les 15-20 ans, élevés aux cris, peines, « fils va-
t'en ».
J'ai mal de voir la haine dans les yeux de nos gosses,
Mal de voir ma mère au service de son boss,
J'ai mal, mais je l'aime ma vie de mioche même,
Si le mal m'a poussée à trouver la lumière à coups de
pioche,

Même si j'ai du mal à oublier mon mal de vivre,
Seule dans une salle vide à l'inconnu je me livre.
Voici donc un bout de vie de la fille aux 4 mains 1980.

Trop de couples qui se déchirent devant les gosses
    donc
Trop de 15-20 ans demanderont le divorce ouais
Trop veulent s'en sortir sans en avoir la force donc
Trop c'est trop c'est trop c'est trop c'est
Trop de mères qui pleurent leurs fils incarcérés
Trop de filles violées donc trop de «pédos» à serrer
Trop d'animosité pour si peu d'amour
Trop c'est trop c'est trop c'est trop c'est trop

Génération 80, aujourd'hui j'ai la vingtaine,
Une fille cruelle à vie je suis, entre barres de rires et
    peines
Entre potes partis trop vite je grandis.
J'essaie de me faire un nom tandis qu'on m'fait de
    l'ombre.
J'essaie d'faire de l'oseille avec c'que j'ai de cher dans
    c'monde.
Ma musique est faite pour tous c'est pour ça qu'elle est
    réfléchie.
J'm'attends à tout, même à être reniée si ça marche,
Mais au moins j'l'aurai fait : 1980, j'l'aurai fait...

# LA BOULETTE

Alors ouais, j'me la raconte,
Ouais, ouais, je déconne,
Nan, nan, c'est pas l'école qui m'a dicté mes codes,
On m'a dit qu't'aimais le rap, voilà de la boulette
Sortez les briquets, il fait trop dark dans nos têtes !

Alors ouais, j'me la raconte,
Ouais, ouais, je déconne,
Nan, nan, c'est pas l'école qui m'a dicté mes codes,
On m'a dit qu't'aimais le rap voilà de la boulette !!!
Sortez les briquets !

Y a comme un goût de haine quand je marche dans ma
     ville,
Y a comme un goût de gêne quand je parle de ma vie,
Y a comme un goût d'aigreur chez les jeunes de l'an
     2000,
Y a comme un goût d'erreur quand j'vois le taux de
     suicides.
Me demande pas c'qui les pousse à casser des vitrines,
J'suis pas la mairie, j'suis qu'une artiste en devenir, moi !
J'suis qu'une boulette, me demande pas si j'ai le bac
J'ai que le rap et je l'embarque, je l'embrase, je le maque
     car je l'embrasse.
Y a comme un goût d'attentat, comme un goût de
     Bertrand Cantat,
Comme un goût d'anthrax pendant l'entracte,
Y a comme un goût de foolek, foolek chez les mômes
Comme un goût de boulette, boulette sur les ondes.

*Alors ouais on déconne ouais ouais on étonne*
*Nan nan c'est pas l'école qui nous a dicté nos codes, nan*
  *nan*
*Génération nan nan*
× 2

Y a comme un goût de viol quand je marche dans ma
  ville,
Y a comme un goût d'alcool dans les locaux de police,
Y a comme un goût de peur chez les meufs de l'an 2000,
Y a comme un goût de beuh dans l'oxygène que l'on
  respire.
Me demande pas c'qui les pousse à te casser les couilles,
J'suis pas les secours, j'suis qu'une petite qui se
  débrouille, moi !
J'suis qu'une boulette, me demande pas si j'aime la vie,
Moi j'aime la rime, et j'emmerde Marine juste parce que
  ça fait zizir.
Y a comme un goût de bad boy, comme un goût d'Al
  Capone,
Comme un goût de hardcore dans les écoles,
Y a comme un goût de foolek, foolek chez les mômes,
Comme un goût de boulette (boulette) sur les ondes.

  *Refrain*

Y a comme un goût d'église dans l'inceste et dans
  l'enfance,
Y a comme un goût d'Afrique dans les caisses de la
  France,
Y a comme un goût de démago dans la bouche de Sarko,

Comme un goût de michto près des mercos,
Y a comme un goût de coupe-coupe dans les chambres
    des jeunes,
Y a comme un goût de boom-boom dans le cœur de mes
    sœurs,
Y a comme un goût de j'suis saoulée de tout c'qui se
    déroule
Y a comme un goût de foolek, de boulette qui saute
    dans la foule !

*Refrain*

## MA FRANCE À MOI

Ma France à moi elle parle fort, elle vit à bout de rêves,
Elle vit en groupe, parle de bled et déteste les règles,
Elle sèche les cours, le plus souvent pour ne rien foutre,
Elle joue au foot sous le soleil souvent du Coca dans la
    gourde,
C'est le hip-hop qui la fait danser sur les pistes,
Parfois elle kiffe un peu d'rock, ouais, si la mélodie est
    triste,
Elle fume des clopes et un peu d'shit, mais jamais de
    drogues dures,
Héroïne, cocaïne et crack égale ordures.
Souvent en guerre contre les administrations,
Leurs BEP mécanique ne permettront pas d'être patron,
Alors elle se démène et vend de la merde à des bourges,

Mais la merde ça ramène à la mère un peu de bouffe, ouais.
Parce que la famille c'est l'amour et que l'amour se fait rare
Elle se bat tant bien que mal pour les mettre à l'écart,
Elle a des valeurs, des principes et des codes,
Elle se couche à l'heure du coq, car elle passe toutes ses nuits au phone.
Elle paraît feignante mais dans le fond, elle perd pas d'temps,
Certains la craignent car les médias s'acharnent à faire d'elle un cancre,
Et si ma France à moi se valorise c'est bien sûr pour mieux régner,
Elle s'intériorise et s'interdit se saigner. Non...

*Refrain*
*C'est pas ma France à moi cette France profonde*
*Celle qui nous fout la honte et aimerait que l'on plonge*
*Ma France à moi ne vit pas dans l'mensonge*
*Avec le cœur et la rage, à la lumière, pas dans l'ombre*
× 2

Ma France à moi elle parle en SMS, travaille par MSN,
Se réconcilie en mail et se rencontre en MMS,
Elle se déplace en skate, en scoot ou en bolide,
Basile Boli est un mythe et Zinedine son synonyme.
Elle, y faut pas croire qu'on la déteste mais elle nous ment,
Car nos parents travaillent depuis 20 ans pour le même montant,
Elle nous a donné des ailes mais le ciel est VIP,

241

Peu importe ce qu'ils disent elle sait gérer une
   entreprise.
Elle vit à l'heure américaine, KFC, MTV Base
Foot Locker, Mac Do et 50 Cent.
Elle, c'est des p'tits mecs qui jouent au basket à pas
   d'heure,
Qui rêvent d'être Tony Parker sur le parquet des Spurs,
Elle, c'est des p'tites femmes qui se débrouillent entre
   l'amour,
les cours et les embrouilles,
Qui écoutent du Raï, Rnb et du Zouk.
Ma France à moi se mélange, ouais, c'est un arc en ciel,
Elle te dérange, je le sais, car elle ne te veut pas pour
   modèle.

   *Refrain*

Ma France à moi elle a des halls et des chambres où elle
   s'enferme,
Elle est drôle et Jamel Debbouze pourrait être son frère,
Elle repeint les murs et les trains parce qu'ils sont ternes,
Elle se plaît à foutre la merde car on la pousse à ne rien
   faire.
Elle a besoin de sport et de danse pour évacuer,
Elle va au bout de ses folies au risque de se tuer,
Mais ma France à moi elle vit, au moins elle l'ouvre, au
   moins elle rit,
Et refuse de se soumettre à cette France qui voudrait
   qu'on bouge.
Ma France à moi, c'est pas la leur, celle qui vote
   extrême,
Celle qui bannit les jeunes, anti-rap sur la FM,

Celle qui s'croit au Texas, celle qui a peur de nos bandes,
Celle qui vénère Sarko, intolérante et gênante.
Celle qui regarde Julie Lescaut et regrette le temps des Choristes,
Qui laisse crever les pauvres, et met ses propres parents à l'hospice,
Non, ma France à moi c'est pas la leur qui fête le beaujolais,
Et qui prétend s'être fait baiser par l'arrivée des immigrés,
Celle qui pue le racisme mais qui fait semblant d'être ouverte,
Cette France hypocrite qui est peut-être sous ma fenêtre,
Celle qui pense qui pense que la police a toujours bien fait son travail,
Celle qui se gratte les couilles à table en regardant Laurent Gerra,
Non, c'est pas ma France à moi, cette France profonde...
Alors peut-être qu'on dérange mais nos valeurs vaincront...
Et si on est des citoyens, alors aux armes la jeunesse,
Ma France à moi leur tiendra tête, jusqu'à ce qu'ils nous respectent.

# Abd al Malik

De son vrai nom Régis Fayette-Mikano, né à Paris en 1975, il passe sa petite enfance à Brazzaville et son adolescence à Strasbourg. Parcours ascensionnel, un peu comme un conte de fées : alors qu'il commettait de menus larcins, un professeur décèle le potentiel du petit homme, le bouscule et l'oriente. Il se plonge alors dans les études (philosophie, lettres classiques), découvre l'islam. À Strasbourg, il participe dans un premier temps au groupe NAP (les New African Poets) qui connaîtra une certaine renommée pour ensuite « monter » à Paris tenter une carrière solo. Son premier album connaît un succès d'estime, et c'est avec son deuxième, *Gibraltar*, qu'il atteint la consécration. Avec des textes finement ciselés, réfléchis et poétiques, une influence assumée et déclarée de la chanson française, un message appelant à la discussion, à l'intelligence et à la paix, des instrumentations jazzy, plutôt douces, Abd al Malik a su faire retentir ses mots bien au-delà du public rap traditionnel. Il a reçu deux Victoires de la musique et de multiples prix et récompenses qui, revers de la médaille, commencent à lui attirer quelques détracteurs du côté des « intégristes » du rap.

■ Discographie : « Le face à face des cœurs » (Atmosphériques, 2004) ; « Gibraltar » (Atmosphériques, 2006) ; « Dante » (Polydor, 2008).

# GIBRALTAR

Sur le détroit de Gibraltar, y a un jeune Noir qui pleure
un rêve qui prendra vie, une fois passé Gibraltar.
Sur le détroit de Gibraltar, y a un jeune Noir qui se
d'mande si l'histoire le retiendra comme celui qui
portait le nom de cette montagne.
Sur le détroit de Gibraltar, y a un jeune Noir qui meurt
sa vie bête de « gangsta rappeur » mais...
Sur le détroit de Gibraltar, y a un jeune homme qui va
naître, qui va être celui qu'les tours empêchaient
d'être.
Sur le détroit de Gibraltar, y a un jeune Noir qui boit,
dans ce bar où les espoirs se bousculent, une simple
canette de Fanta.
Il cherche comme un chien sans collier le foyer qu'il n'a
en fait jamais eu, et se dit que p't-être, bientôt, il ne
cherchera plus.
Et ça rit autour de lui, et ça pleure au fond de lui.
Faut rien dire et tout est dit, et soudain... soudain il
s'fait derviche tourneur,
Il danse sur le bar, il danse, il n'a plus peur, enfin il
hurle comme un fakir, de la vie devient disciple.
Sur le détroit de Gibraltar y a un jeune Noir qui prend
vie, qui chante, dit enfin « je t'aime » à cette vie.
Puis les autres le sentent, le suivent, ils veulent être or
puisqu'ils sont cuivre.
Comme ce soleil qui danse, ils veulent se gorger
d'étoiles, et déchirer à leur tour cette peur qui les
voile.
Sur le détroit de Gibraltar, y a un jeune Noir qui n'est

plus esclave, qui crie comme les braves, même la mort n'est plus entrave.

Il appelle au courage celles et ceux qui n'ont plus confiance, il dit : « Ramons tous à la même cadence ! »

Dans le bar, y a un pianiste et le piano est sur les genoux, le jeune Noir tape des mains, hurle comme un fou.

Fallait qu'elle sorte cette haine sourde qui le tenait en laisse, qui le démontait pièce par pièce.

Sur le détroit de Gibraltar, y a un jeune Noir qui enfin voit la lune le pointer du doigt et le soleil le prendre dans ses bras.

Maintenant il pleure de joie, souffle et se rassoit.

Désormais l'Amour seul sur lui a des droits.

Sur le détroit de Gibraltar, un jeune Noir prend ses valises, sort du piano bar et change ses quelques devises,

Encore gros d'émotion il regarde derrière lui et embarque sur le bateau.

Il n'est pas réellement tard, le soleil est encore haut.

Du détroit de Gibraltar, un jeune Noir vogue, vogue vers le Maroc tout proche.

Vogue vers ce Maroc qui fera de lui un homme...

Sur le détroit de Gibraltar... sur le détroit de Gibraltar...

Vogue, vogue vers le merveilleux royaume du Maroc,

Sur le détroit de Gibraltar, vogue, vogue vers le merveilleux royaume du Maroc...

# LES AUTRES

Moi, moi quand j'étais petit, j'avais mal.
C'était l'état de mon esprit, je suis né malade.
Sur l'échelle de Richter d'la misère, malade ça vaut bien 6,
Quelques degrés en d'ssous d'là où c'est gradué « fou ».

Les autres, les autres c'est pas moi c'est les autres,
Les autres...

J'étais voleur et avant d'aller voler je priais.
Je demandais à Dieu de n'pas m'faire attraper.
J'lui demandais qu'la pêche soit bonne,
Qu'à la fin d'la journée le liquide déborde de mes
   poches.
Bien souvent j'ai failli m'noyer, j'ai été à sec, aussi,
   souvent...
Quand j'croisais papa l'matin aller travailler avec sa 102
   bleue
En rentrant l'matin d'soirée j'me disais « c'est un
   bonhomme mon vieux ! ».
Ensuite j'me faufilais dans mes couvertures et j'dormais
   toute la journée,
Le style vampire : dormir la journée et rôder une fois
   l'soleil couché.
L'genre d'prédateur à l'envers, le genre qui à la vue d'un
   poulet meurt de peur.
Je n'me suis jamais fait prendre et si...
Et si j'avais été pris, aux keufs j'aurais dit...

Les autres, les autres c'est pas moi c'est les autres,
Les autres...

Les autres, les autres c'est pas moi c'est les autres,
Les autres...
J'étais beau parleur et j'souriais aux filles en jean avec
    des grosses ceintures.
Celles qu'aiment bien l'odeur que dégagent les gars
    qu'ont la réputation d'être des ordures.
Le genre à jurer sur la vie d'sa mère dès qu'il ouvre la
    bouche,
Rêve de BMW pour asseoir à la place du mort celles qui
    couchent.
Dans mon monde un mec comme moi c'est l'top,
J'aurais été une fille, on m'aurait traitée d'sale...
Quand j'croisais ma sœur avec ses copines dans
    l'quartier,
Moi qu'allais en soirée, j'lui disais «rentre à la baraque,
    va faire à bouffer!»
Ensuite j'allais rejoindre mes copines, celles qui
    m'faisaient bien délirer,
Celles qui comme moi avaient un père, une mère,
    p't-être bien des frères et sœurs, qui sait...
Mais moi, du genre beau parleur à l'endroit sans foi ni
    loi
Mais c'était pas moi l'chien, mais...

Les autres, les autres c'est pas moi c'est les autres,
Les autres...

Les autres, les autres c'est pas moi c'est les autres,
Les autres...
Et puis du jour au lendemain j'ai viré prêcheur.
Promettant des flammes aux pécheurs et des femmes
    aux bons adorateurs,

Comme si Dieu avait b'soin d'ça pour mériter qu'on
    l'aime.
Mais moi pour que les autres m'aiment, moi j'en ai dit
    des choses pas belles.
Et j'en ai accepté aussi, on m'a dit « t'es noir ! Tu veux
    t'marier avec elle mais t'es noir ! »
Les autres i' disaient comme ça qu'elle était trop bien
    pour moi.
Donc moi, j'faisais d'la peine à voir, moi.
Moi j'continuais ma parodie, mon escroquerie spirituelle
Sauf que... j'me carottais moi-même.
J'étais dev'nu un mensonge sur patte qui saoule grave
Et qui sait même pas c'qu'i' dit,
Qui voit même pas qu'c'est un malade et qui dit comme
    ça... tout l'temps i' dit...

Les autres, les autres c'est pas moi c'est les autres,
Les autres...

Les autres, les autres c'est pas moi c'est les autres,
Les autres...
Et je vous dis Monsieur, je vous dis Monsieur
Quand je pense à tout ça, Monsieur, je pleure, je pleure.

# GILLES ÉCOUTE UN DISQUE DE RAP
## ET FOND EN LARMES

Lorsqu'on fait quelque chose, il s'agit d'y rester et d'en sortir. Lorsqu'on fait quelque chose, il s'agit d'en sortir et d'y rester.

Gilles il est pas laid, il a les cheveux mi-longs et il est plus tout jeune ça s'voit. Il aime pas les animaux non, mais il est tapi chez lui comme un chat, avec des livres, avec le souvenir d'avoir été ivre mais pas que de joie. Ses yeux vitreux posent leur doigt sur cette vie qui est d'venue une vitrine juste comme ça. Il sort encore, se mélange toujours aux autres, même s'il gueule, même s'il insulte, ne vous y trompez pas, il sait toujours reconnaître le beau dans le langage surtout quand il déplie et redéboîte façon neuve c'qui a toujours été là. C'est vrai qu'il pose et qu'il se pose beaucoup de question Gilles. Il trouve que tout est bien tant que ça fait pas de nous des loques c'est déjà ça.

Lorsqu'on fait quelque chose, il s'agit d'y rester et d'en sortir. Lorsqu'on fait quelque chose il s'agit d'en sortir et d'y rester.

Gilles, il s'en tape d'être beau, il s'dit «le plus important c'est de rester fidèle à soi et surtout de ne pas tout faire tourner autour de soi». Il aime comme un animal qui, dans un lieu qu'il ne connaîtrait pas, chercherait l'endroit où il se dirait «j'suis chez moi». Avec des livres, se souv'nant avoir parlé dans une autre vie le hollandais et s'être app'lé Spinoza. Ses yeux s'agrippent aux p'tites choses, celles qui permettent de comprendre que p'têt' pas tout à fait comme ça, mais il a su rester un mec simple, un parmi tous les autres, parce que tendre et fraternel c'est à c'prix-là. Il le sait comme son pote Félix, comme son gars Michel, parce que pour lui ce sont des types qui pensent droit. C'est vrai qu'il trouve cette époque naze, mais, il s'dit que ceux qui la vivent, ils s'en rendent pas vraiment compte alors c'est p'têt' pas si grave que ça.

Lorsqu'on fait quelque chose, il s'agit d'y rester et d'en sortir. Lorsqu'on fait quelque chose il s'agit d'en sortir et d'y rester.

Gilles, il est élégant à sa manière, c'est pas une gravure de mode, non, c'est juste lui quoi. Il aime comme une bête curieuse, c'est c'qui l'a poussé à acheter ce disque de rap je crois. Avec des livres, parce que écrire, et les rappeurs écrivent, c'est se lancer dans une affaire universelle, dit-il à haute voix. Ses yeux restèrent figés sur la pochette du CD, il s'gratta la tête et se dit «pourquoi pas?». Mais au fait, saviez-vous qu'il habitait non loin de la rue Nollet, la rue où Verlaine vivait, plein d'absinthe et de vodka. Il s'apprêtait à écouter un disque de rap classique au sens de consternant, égotripé, bourré d'clichés, victimaire, de lieux communs, d'attitude pseudo-gangsta mais à c'moment-là d'l'histoire il ne le savait pas encore. «C'est vrai qu'on a les poètes qu'on mérite», pensa-t-il, mais, quand la platine s'arrêta, il éclata en sanglots.

Lorsqu'on fait quelque chose, il s'agit d'y rester et d'en sortir. Lorsqu'on fait quelque chose il s'agit d'en sortir et d'y rester.

C'est mon cheikh, au Maroc, qui, un jour me l'a dit.

*Les enfants du hip-hop et du hardcore*

# Fonky Family

Les sept jeunes Marseillais qui composent Fonky Family ont fait leurs débuts, fracassants, le 27 mai 1995, dans leur ville, pour un concert-hommage au jeune rappeur d'origine comorienne Ibrahim Ali, tué par des colleurs d'affiches du Front national. Au milieu de tout le gratin du hip-hop, tout le monde les remarque, et notamment les maîtres d'IAM. Deux ans et demi après, après avoir participé à plusieurs projets (dont l'album solo d'Akhénaton) et donné des dizaines de concerts, la Famille sort son premier album, dont l'écriture est marquée par un ton très direct, très engagé, non dénué d'humour. Après un tel premier album, continuer sur une même lancée est difficile. Néanmoins, ils enchaînent sur un bon deuxième album, même s'il ne semble plus avoir tout à fait la même fougue, puis un troisième album à l'énorme succès, même si les fans lui reprochent son côté « commercial ». Après une tournée annulée, le groupe a été annoncé fini, mais des rumeurs de reformation circulent, avec peut-être un nouveau disque en 2010. En parallèle, les membres du groupe ont mené des carrières en solo.

■ Discographie : « Si Dieu veut » (SMALL / Côté Obscur, 1997) ; « Art de rue » (Sony Music, 2001) ; « Marginale Music » (Sony BMG, 2006).

# VERSET IV

En ville, les snobs et les flics me regardent de haut
Manque de pot, aux yeux de ces cons
L'allure de prolétaire colle à ma peau, je les emmerde
Objectif multi-millionnaire grâce à une musique
    populaire
J'ai quitté les caves où les gosses s'éclatent dans les
    vapeurs d'éther, eau écarlate
Cerveau ravagé, plus d'école, enragé, le courage
Fait carnage et profiter d'une vie qui n'offre pas grand-
    chose
Au milieu des pauses sur les chantiers, sans pitié, sans
    métier
Tous dans le même merdier le Rat a bien expliqué, FF
    est impliqué
Trempe à mort pour trafiquer du son de qualité
Du travail en famille en bonne et due forme
Soldats sans uniforme réveille ceux qui dorment, faut
    qu'ils voient ça
L'émeute soudée se serre les coudes, percute dans la
    mêlée
La solidarité, je crois qu'il y a plus que ça pour nous
    sauver

# LA RÉSISTANCE

FF débarque bordélique, sale son qui sature en concert,
    en sang, on sort les tripes, c'est sûr qu'on sue, frère

On se sert du mic à la guerilleros lâchés dans une jungle
    d'acier parmi les plus grands carnassiers hip-hop
    officier
Armée clandestine agent sous couverture pour foutre la
    pourriture sur les ondes
Chasser les caves fatigués dont tout le monde se fout,
    trente secondes d'écoute, t'es dégoûté
J'espère monter leurs pistes, péter leurs disques, pisser
    sur leurs lyrics, juge pédé.
Prends le risque montre que t'es un homme, boy, ils
    jouent les homeboys pour rien, dis-leur, le Rat, OK
    Choa
Fox trot Fox trot reçu 5 sur 5, c'est pas le 18 juin, mais
    je réponds à l'appel,
Liquide les collabos, j'ai mon fusil et ma pelle. La
    Famille balance le rap chaud, fait taire les balances et
    les bavards
Branleur, c'est l'heure, il faut se réveiller, je sors du
    merdier marseillais pour te rayer
Nique la musique de France en beauté, partout de tous
    les côtés on souille la variété plein les couilles
Tu sais qu'on se débrouille FF rap vérité ceux que nos
    mots traitent, on nous traite de terroristes
Le droit de parler librement ne doit pas servir qu'aux
    racistes
On s'acharne à la tâche et t'as pas tout vu, parole de
    mec qui caloine les rimes
Comme une chope en garde à vue. Don Choa FF mon
    cœur et mon sang sale son
Devine pourquoi on s'incrusterait même dans la chance
    aux chansons
En fait, j'ai pas le choix pour m'en sortir faut que je

brille plus qu'un saphir, un diams que les ladies
   clament Sat
J'arrive dans ta tête comme un film de science-fiction
T'amènes les frissons comme quand la FF déploie sa
   diction rap avec la rage mon gars
Et le style marseillais qui cause des dégâts
94, tu nous connais pas, 97, ne nous juge pas
On a pas attendu après vous pour faire parler de nous
Aujourd'hui les critiques deviennent jaloux
Croient qu'on a plein de sous
La vérité est autre
La galère me montre qu'il est plus vite fait de descendre
   que de monter
Alors la Famille avance petit à petit
N'hésite pas à prendre le mic dans les hip-hop parties
Pour entamer les premières parties d'un film d'horreur
Clamer la teneur dans le quartier, notre secteur
Emploie des techniques de tueur
La foi lui nique la bouche grasse pour te faire sentir que
   rien ne sert de mentir
Et si Marseille est une ville oubliée, le temps a fait
   qu'aujourd'hui tu nous connais
Je ne sais pas si notre heure a sonné mais dès que le
   réveil va se déclencher
Sache que des têtes seront tranchées.

# ART DE RUE

*Refrain*
*Ambiance scandale,*
*Danses de vandales,*
*Sens d'où vient la chaleur*
*(gloire à l'art de rue)*
*DJ, breacker, B-boy, graffeur, beat box*
*(jusqu'au bout, art de rue)*


Le thème c'est art de rue, dédié à ceux qui pratiquent et
　　ceux qui aiment, c'putain d'art de rue.
Ceux qui dansent sur la piste, sur la pierre ou à la zone,
　　ceux qui mixent,
Ceux qui parlent sur la 'zic et qui taguent sur les
　　fourgons.
C'est un mode de vie, une chose qui nous rend sérieux,
Un b'soin unique vécu jour et nuit, on désire toujours
　　faire mieux,
Vu qu'la vie n'est qu'un test, et qu'toutes les situations
　　sont complexes.
On pense et l'esprit dit « fais-le, fonce ».
Tant qu'on respire et qu'on est libre y a qu'à oser vieux,
Savourer l'existence comme on peut,
L'essentiel est de faire c'qu'on aime et comme on veut.
　　Morveux !
Le rap c'est bon quand tu fais ça par amour, mais pas
　　quand y a beaucoup de fric en jeu,
On s'en rend compte qu'une fois coincé dans l'cercle
　　vicieux.
C'est un salut aux anges et aux dangereux.


259

C'est un salut aux jeunes de France, d'la zone et
  d'l'Opéra,
Aux anciens qui ont pratiqué l'art d'la danse comme
  SDA.
Ceux qui taguent sur les trains, les murs crades et là où
  ça craint,
Comme sur les palais et commissariats.
C'est un salut à ceux qui parlent sur d'la musique...
Ceux qui décrivent joie, angoisse, haine et amour,
Sans méthode précise et sans être alléchés par l'appât du
  gain,
Mais juste parc'qu'ils en éprouvent le b'soin.
On en a marre de rire, gloire à l'art de rue, dédié aux
  gens durs et à tous ceux d'ta rue,
Le thème, c'est art de rue, dédié à ceux qui pratiquent et
  ceux qui aiment c'putain d'art de rue...

*Refrain*

Scandale, vandales (art de rue bordélique),
T'as reconnu notre style ou tu connais pas,
Dès qu'on est là, dégommez ça, stop les débats,
Étonnez-moi, les femmes, les gars, faites des dégâts
  déconnez pas !
3e Millénaire, rien qui change, B-boy.
Dédicacé à ceux qui rappaient sur beat box.
Maintenant les MCs veulent tous parler d'la même
  chose,
Mais ils font pas baigner leurs textes dans la même
  sauce.
On explose, extorque, exporte, explore, s'extorque,
  s'exporte, vexe porcs et fuck !

Si t'aimes pas le rap, c'est quoi qui t'dérange ?
Tu veux p't-être nous abattre, c'est ça qui t'démange ?
Des p'tites phrases et des phases face aux drames de la
    rue.
On s'emballe, tu t'sens mal ? Si tout crame c'est
    d'l'abus !
Les ordures pensent qu'on est bon qu'à prendre, vendre
    des drogues dures,
C'qui s'approchent ressentent la morsure...
Le truc s'est forgé dans la pénombre,
L'attente était longue, goûte l'élixir, bois une gorgée et
    tombe.
T'as reconnu c'putain d'art de rue ?
Faut l'suivre à la trace, faut pas le perdre de vue !
Dédié à ceux qui dorment pas et la ZONE, DJEL,
    S2ON, SOUNE.

J'entends dire que nos zones sont synonymes d'échec,
C'est vrai qu'chez nous c'est plutôt ouvrier
    qu'architecte.
Que nous payons en liquide et rarement par chèque,
Gardant la foi dans ces périodes où tout est sec.
Mais nous fous pas dans la merde, on lâchera pas le
    steak,
On l'a déjà dit mec, c'est nous contre eux.
Dans tout duel on en a marre, il en reste jamais deux,
Dans nos ruelles, Senior, ne vient pas qui veut,
Leur politique on l'ignore, dans nos quartiers c'est
    « sauve-qui-peut »,
Si ça va pas on s'en remet à Dieu.
Que sa puissance exauce nos vœux,
Que la gloire soit dans nos rues et dans cet art qui tue.

261

Ça encouragerait tous c'qui y ont cru, ma famille,
  Fonky F et le crew,
Dans c'monde où tout est flou, on essaiera de faire nos
  trous,
Dans cette ambiance scandale, danse de chacals,
Destins de vandales, tous poussés par la dalle,
Lorsqu'on entreprend, faut être des morfals,
Y a toujours une faille, gloire à l'art de rue.

*Refrain*

Où ça m'a m'né ?
J'aurais pu m'passer d'aller à l'école,
D'fumer d'la drogue et d'boire d'l'alcool.
Mais comment m'passer d'rapper
Sur ma vie cette musique constitue encore un des rares
  trucs qui m'animent.
J'ai pas confiance en l'argent, ça passe d'un compte,
  d'une main d'une poche à une autre,
Et fait même s'entretuer les nôtres.
J'fais pas confiance aux femmes, ça passe d'un homme à
  un autre,
D'l'arrière d'une caisse, d'un lit à un autre.
Note ! Que dans nos têtes c'est l'vrai désordre,
Pour preuve j'rappe des trucs qu'ont rien à voir les uns
  avec les autres.
Ici Mensual Man's World, j'm'en rends compte quand
  chuis au plus mal...
Chuis pas doué pour l'vol ou pour l'deal, j'rappe pour
  vivre...
C'est toujours mieux qu'd'avoir des flics qui
  m'poursuivent !

J'fais pas ça pour les femmes ni avoir trop d'fans,
Ni pour voir ces rimes classées profanes.
Gloire à l'art de rue, si tu vivais c'qu'on voit,
Chuis prêt à parier qu't'exprimerais les mêmes faits
    qu'moi !
On n'est pas si loin du KO, nul n'est à l'abri d'être au
    plus bas, penses-y au cas où.
Tu s'rais amené à fumer c'qu'on fume, boire c'qu'on
    boit, vivre c'qu'on voit ou livrer c'combat. Dehors
    c'est la guerre même si tu peux pas l'croire,
Mais y a aussi d'l'amour partout même dans mon rap
    même si tu veux pas l'voir...
Dédié à nos rues, l'art qui s'en dégage,
Tout c'qui exprime la rage et tous nos Apaches,
Fonky Family l'histoire continue.
Jusqu'au bout dans l'art de rue...

# Busta Flex

Né en 1977 à Épinay, Seine-Saint-Denis, Busta Flex crée à seize ans, avec son frère, Original Blue Fonk, et se fait vite remarquer, sur scène, par son sens de l'improvisation. Après avoir participé à plusieurs albums d'autres artistes, il rencontre Kool Shen (de NTM) qui le signe sur le label IV My People qu'il lance chez Wea. Un premier album, porté par le single «J'fais mon job à plein temps», qui le propulse vite parmi les meilleurs espoirs du «rap du quotidien». Il a depuis poursuivi son bonhomme de chemin, avec quatre albums toujours un peu dans la même veine.

■ Discographie : «Busta Flex» (IV My People / Wea, 1998) ; «Sexe, violence, rap and flouze» (Warner Music, 2000) ; «Éclipse» (Warner Music, 2002) ; «La pièce maîtresse» (WEA / Up Music, 2006) ; «Sexe, violence, rap and flouze volume II» (Wagram, 2008).

## ÇA SE DÉGRADE

Avant y avait pas autant d'violence, pas d'sida et pas
   d'rap.
Pas d'sous-acteurs politiciens à la «mords-moi la
   grappe»
Pas d'sitcoms bidons pour essayer d'freiner l'chômage

Ou d'essayer d'freiner la vieillesse avec du gommage.
C'est dommage qu'aujourd'hui il n'y ait plus de valeur.
    À l'heure où tout va mal
Va leur dire qu'on croit toujours au bonheur.
C'n'est pas la bonne heure pour eux mais nous on s'lève
    de bonne heure.
Même si au bout d'dix ans d'études on finit chômeur,
Ou on se retrouve dans un kiosque à vendre des
    journaux,
Pour nos gosses c'est dur et pire pour les mères aux
    fourneaux
Ça s'dégrade, tout est crade, ça brade à tout va au stade
    où on est.
Qu'on ait ou pas d'monnaie personne te reconnaît,
Ou alors faut passer à la télé,
Faire la une des nauxjour de nos jours pour faire ça faut
    être fêlé,
Et une fois coincé personne te sortira d'la mêlée.

Ça s'dégrade à tout va, mais où va-t-on ?
Les années passent vite, ça court comme un marathon.
La fin commence maintenant alors grattons, battons.
C'est pour mourir vieux que nous nous battons.

La ville ne fait rien pour nous, donc on n'fait rien pour
    elle
À part gâcher son image en nous faisant devenir des
    criminels

Que des promesses rien dans les caisses des « assos »,
Les associés du boss n'ont jamais vu un dossier.
Fuck leur société et leurs réunions

Mes assos y étaient et ils n'y ont vu que des choses que
    nous craignons,
Comme quoi depuis que nous avons débarqué,
Nous les gênions.
Donc avant qu'ils nous niquent
On fout la panique.
Comme une coulée volcanique inattendue,
On a crié, personne ne nous a entendus,
Personne n'a tendu l'oreille.
Maintenant ça flippe de tous les côtés.
Ils veulent qu'on aille voter
Pour un représentant qui ne fera pas faire flotter
Un drapeau à trois couleurs, à trois slogans,
Qui ont perdu leurs valeurs sous un ouragan.
La haine, la rage des jeunes, peu importe leur âge, le gun
    est chargé,
C'est trop tard, j'ai
Réveillé les esprits, j'ai
Pris les rênes en main
Pour que ça aille mieux demain,
Pour lui, pour elle, pour nous, pour vous, pour mes gamins

Ça s'dégrade à tout-va, mais où va-t-on?
Les années passent vite, ça court comme un marathon.
La fin commence maintenant, alors grattons, battons,
C'est pour mourir vieux que nous nous battons.


Nique la vie avant qu'elle te nique zincou,
La vie vaut pas l'coup
D's'prendre des coups,
On est beaucoup
Trop à laisser passer nos rêves,

Nos chances, faut pas qu'on crève
Avant que chacun d'nous s'lève
Pour cracher sur le glaive
Et la balance,
C'est sûr qu'elle penche pas d'ton côté en France.
On fronce les sourcils,
On pense que les jeunes sont sourds s'ils
Ne répondent pas aux attaques
Alors contrôle à la traque.
Mais sache que c'est dans l'obscurité qu'on prépare nos
    arnaques.
Et c'est l'État qui paiera.
Bourgeois contre cailleras.
Et on verra qui finira par chanter Ah ça ira
En tout cas nous on sait qu'ça ira.
On est pas fébriles
Et sache que chez nous personne n'a peur de l'an 2000

Ça s'dégrade à tout-va, mais où va-t-on?
Les années passent vite, ça court comme un marathon.
La fin commence maintenant alors grattons, battons.
C'est pour mourir vieux que nous nous battons *(bis)*.

# J'ME FAIS RARE

*Refrain*
J'me fais rare,
C'est c'que les mecs de la tèce me disent, les gars vous
   êtes dans mon cœur mais dans ma tête c'est l'bizz.
J'me fais rare,
Parce que j'aime pas trop les plans bouillis, j'apparais au
   bon moment et là tu cries «oh oui».
J'me fais rare,
C'est c'que les mecs de la tèce me disent, les gars vous
   êtes dans mon cœur mais dans ma tête c'est l'bizz.
J'me fais rare,
Parce que j'aime pas trop les plans bouillis, j'apparais au
   bon moment et là tu cries «oh oui».

J'me fais rare,
À part pour un feat à trois barres, ou si dans ta soirée y a
   des gros pétards et des nibards, y faut qu'ce soit open
   bar pour moi et mes gringos, assoiffés de rhum et pas
   d'ta belle reum mal coiffée.
J'me fais rare,
C'est c'que les mecs de la tèce me disent, les gars vous
   êtes dans mon cœur mais dans ma tête c'est l'bizz.
J'me fais rare,
Parce que les keufs m'ont pris en tof avec un dealer de
   cam et un d'ses putain d'iencli a cané.
J'me fais rare,
Pour passer plus de temps avec la famiglia et que je me
   sens mieux dans les endroits où famille il y a.
J'me fais rare,

Pour que tu puisses mieux apprécier lorsque tu m'as
  oublié, j'te surprends, comme une grenade
  dégoupillée.
J'me fais rare,
Pour éviter de m'éparpiller comme un virus, j'reste au
  chaud et à l'abri d'la lumière comme un papyrus,
  c'est pas moi clown du circus, malgré mon rectus,
  j'fais plutôt un effet cactus dans l'anus.
J'me fais rare,
Parce que j'en ai marre d'croiser des mythos, qui
  squattent le VIP et dans la rue sont incognitos, tu
  connais ou tu connais un tel c'est du pipeau, tout ce
  que tu veux c'est mon phone ou mon kimcône miko.
Parce que j'ai déjà donné dans tous les styles, j'laisse la
  relève dans la merde d't'façons elle a aucun style, faut
  du gen-ar avant d'aller au casse-pipe, imagine-toi
  dans 10 ans avant d'me dire c'est quoi c'type.

  *Refrain*

J'me fais rare,
Parce que j'ai toujours été à part, mes potes te l'diront,
  plus de gen-ar, mes poches te l'diront, mes proches
  m'suffiront à m'remettre sur les rails si j'déraille, si
  j'défaille, si l'travail n'est pas au top sur le sillon.
J'me fais rare,
Parce que s'afficher ça sert à que dalle, pour des
  compilations ou dans des concerts à deux balles, les
  lascars s'installent, respectent que dalle, sont tous
  débiles, te jettent des piles et détalent.
J'me fais rare,
Parce que j'assume pas le revers de la médaille, j'ferai

mon mea culpa le jour où on viendra me dire, j'ai une
tonne de souvenirs, une tonne d'anecdotes qui n'font
jamais revenir une bande d'ex-potes, tout ça c'est
dans mon cœur mais dans ma tête c'est l'bizz, j'ai trop
donné et là faut qu'j'économise.
J'me fais rare,
Pour me protéger des jaloux, des bâtards, pour faire
courir la rumeur et faire parler les bavards,
Posé, j'reste posé dans l'temen-appart, quand j'bouge
j'vais jamais quelque part, j'veux gé-man ma part.
J'me fais rare,
Parce que j'ai trop traîné avec la poisse aujourd'hui
chaque opportunité j'la prends j'la froisse, j'suis né
pour être seul et pour m'battre contre moi-même,
entrer dans la légende comme Chill ou Mohamed Ali,
allez maintenant faut qu'j'y aille, vous dis pas au
revoir, j'vous dis bye bye.

*Refrain* × 2

Rainmen est un tandem formé de Sadlifah et Eerie, deux jeunes Montréalais qui, à l'image de leur cité et de leur civilisation, ont intégré à la fois le hip-hop américain et le rap français. Les textes des chansons de leur premier disque, « Pas d'chilling » (c'est-à-dire « Pas de repos »), où se mêlent le français, l'anglais, et le slang (l'argot) montréalais, traitent sans ambages de sujets très quotidiens et souvent sombres, comme la violence, la pollution, le racisme ou encore le sida.

■ Discographie : « Pas d'chilling » (V2, 1998).

### GÉNÉRATION SIDA

Ouais, il faut en parler
Cette saloperie de maladie
Quand tu l'as t'as plus rien à perdre
T'as plus rien à faire
Rien, tu crèves, mon gars

La plus grave menace des générations, le fléau de l'an
    2000 est pandémique
Complexe et diabolique,

Il donne aux hommes une allure cadavérique
La maladie aux quatre lettres maléfiques finira par
    exterminer lentement toute l'Amérique
Virus néfaste tenace, toutes les classes trépassent dans la
    crevasse
Il y en a plein qu'ça dévaste depuis le jeune âge
Sang empoisonné, incurable et jugé coupable
Se sentir dangereux en même temps que vulnérable ;
    c't'un destin fatal
Le fléau se lie dans le corps d'une étreinte que rien ne
    peut desserrer
Univers inconnu où c'est trop dur de se repérer
Peau vergetée, rejeté et forcé à comprendre le rejet
Quand ses jours seront expirés, il aura préféré être incinéré
Ce lot de souffrances embarre tes amis dans le placard,
    loin du cagnard
En agrippe d'autres au hasard, c'est pas rare
L'ombre inchassable a jeté un voile sur le soleil
Depuis, la mort veille, et puis approche l'éternel sommeil

On dit que les routes de l'enfer sont pavées de bonnes
    intentions
Tous en probation
Fatales sont les sanctions
Comment a-t-on pu en arriver là ?
Regarde les dégâts
Une génération sida
Personne a mérité ça

Les symptômes se manifestent, troubles neurologiques
Affaissement de la structure physique et les brûlures
    corporelles les irritent

Futur incertain, avec plus rien, excepté qu'y savent où
    s'plante le destin
Sachant qu'demain, ils peuvent mourir et en mettre fin
Il chevauche les têtes d'aiguilles et se retrouve dans les
    fluides vitaux
Pour lui, on est tous égaux, il veut nous infliger son fléau
Il s'attaque aux frères, à nos frères, il prospère et se
    multiplie
Tu oses cher d'risquer ta vie, sans parachute avant
    d'sauter
Aujourd'hui, on lutte, c'est pour sauver, les violés et les
    inviolés
Et même ceux qui l'ont frôlé
Moi et Naufragé
Menant un combat spirituel
Contre une maladie qui semble perpétuelle, à chaque
    seconde dans l'monde
Un individu pellette sa vie au fond du désespoir
Où il fait noir
Rien d'significatif,
Dérapage cognitif, il arrive
Qu'il vous fait perdre votre emploi, dépression et stress
    s'ensuivent
Vous perdez beaucoup d'poids, impossible d'avoir la
    paix en d'Odans d'Osoi

On dit que les routes de l'enfer sont pavées de bonnes
    intentions
Tous en probation
Fatales sont les sanctions
Comment a-t-on pu en arriver là ?
Regarde les dégâts

Une génération sida
Personne a mérité ça

Hey, vieux, est-ce que tu piges, vieux?
Le message est pourtant clair, vieux
Protège-toi, mon gars, protège-toi
Il faut que tu le fasses, mon gars, si tu veux être toujours
   là dans dix ans
Laisse pas cette saloperie t'avoir.

## FREEDOM

Mon seul but, c'est d'parler pour faire comprendre les
   armées
Que l'diable sans cesse se fout d'nos gueules depuis des
   années
Quatre cents ans jamais oubliés, ceux qui ont été souillés
   et soûlés
Des descendants d'Dieu qu'aujourd'hui sont troublés
L'histoire se fait rare, beaucoup de jeunes l'égarent
Ne sachant d'où elle vient, d'où elle démarre,
   j'commence le débat
Haussez vos manches, il faut se débattre
La guerre s'déclare, le sang écarlate sur les armures
Des faces d'hommes remplies d'amertume sur ces bateaux
Exportés d'un continent à d'autres horizons
Des esclaves, fâcheusement se révoltent, et brisent leurs
   menottes
Et la police, on les aime pas, parce que le passé ils évoquent

Moi, les barricades j'les débloque, les fausses rumeurs je
les stoppe
Les quatre démons se rendent visibles, mon troisième
œil perce l'âme
Jamais j'jette les larmes de pitié ou même la perte d'amitié
Yo, tes amis te connaissent trop et deviennent tes pires
ennemis
Jalousie et l'envie, les gens qui souffrent sont toujours
ceux qui ont menti
Déjà ressenti le mal remporté sur le gentil
Regarde Malcolm, Luther King et Gandhi
Un monde qui est rempli d'mauvais sorts
Dire qu'la vie est toujours belle, j'aurais tort
Quand il s'agit d'l'histoire, oublie les métaphores
Mon esprit subit les coups d'fouets, le raciste s'manifeste
Les flics sont tous laids, sont tous laids

On est tous d'la galère de longs trajets ou naufragés,
outragés, aux dos gravés, bourradés
D'toutes parts, découragés
Rassemblés pour aller à travers les routes barrées
Faut regarder, voir qu'le racisme c't'un fléau journalier

Sous plusieurs formes, il s'intègre dans le mental de
l'homme
Sur le microphone, je dois parler avec des textes
énormes
Des esclaves en furie sèment le ravage, la haine et la rage
M'abritent comme la sainte paix d'un homme sage, c'est
l'temps d'passer le message
Prêt à causer du saccage, entame la marche
On sort des cages mentales et cesse le trucage

Dans mon sang y coulent les souffrances, pendant qu'le
diable agit en outrance
Nos âmes s'rajeunissent aux rebords d'la fontaine de
Jouvence
Cœur de glace, mon clan et moi on marche les rues, tous
chiens, connaissant
Tous confiants, soldats comme Toussaint
Écoute mon ouvrage, comprends que j'm'adresse à tout
âge
Tes yeux aveugles ne voient qu'ma peau est un outrage
Pourquoi tu m'refuses, la peur c'est un prétexte, les gens
en abusent
De plus en plus, j'y fais face, pourquoi tu fais la laide
face ?
Pourquoi t'aimes pas nos faces, quand on s'pointe dans
la place ?
Pourquoi tu craches
En disant qu'les Noirs prennent ton job, ta femme, ton
cash
Disant qu'on bloque le passage ?
Allez, juge-moi, trait'-moi d'sale Noir dans tes bouquins,
nos femmes de bouzins
Mais t'as pas la force pour tuer mes frères et cousins,
nos sœurs et cousines
Nous tous, en train d'boire du rouquin
C't'une routine, tout l'monde s'précipite pour juger
Les préjugés créent une discrimination et créent une
autorité

On est tous d'la galère de longs trajets ou naufragés,
outragés, aux dos gravés, bourradés
D'toutes parts, découragés

Rassemblés pour aller à travers les routes barrées
Faut r'garder, voir qu'le racisme c't'un fléau journalier

## AH, LA VACHE !

Ah, la vache, le flouze, on arrache tout, ici on est des
    casse-cou
On casse tout, les vrais voyous sortent de partout
Ah, les lâches cachent leur fric
Quand on s'fâche, ils crachent leurs tripes
Dans tous secteurs, on fracasse les vitres

Ouais, ouais, ouais, on s'laisse défoncer, faut s'farcir les
    greluches
Chaque jour on prend l'bus, tape lourd quand on bosse,
    claque tout on s'renforce
Pantalons baissés, tête tressée, si j'te sors, ma belle, tu
    sais où aller
Mes rimes sont plus longues qu'la chevelure de Marley
J'aime bien voir les Harley's
Boire et raller, j'ai été canaillé
Ici, c'est œil pour œil, dent pour dent, cent pour cent en
    tout temps

J'casse ta fraise, ils se taisent, j'arrive comme un coup
    d'vent
J'reste de glace, tout c'que tu m'glouses fait qu'm'irriter
Mes rimes, c'est vérité, tes rimes j'ai liquidées, enfoiré
Le type de beau gars, j'en ai ras l'bol, le sol j'craque
Y'en a qui s'ramollissent, moi j'viens d'l'Acropolis

Réseau plus grand qu'la police, important comme une
    notice
Les meufs s'attardent, on fonce avec les greluches du
    coin pour voir
Les keuffs nous r'gardent, des loubards, on s'couche
    tard, le flouze s'fait rare
Pousse la vitesse comme un cougar

Ma tête pour ta tête, c't'un casse-tête, j'maltraite
    l'espèce de sale bête
Qui calquait, y a trop de gescoms qui s'vantent d'être
    crack head
Annexe à l'Acropole, y a pas d'arrêt, y a pas d'paresse
Même quand on achète des canettes et des paquets de
    cigarettes
C't'une vie recluse, ceux qu'on recrute percutent
Le jour comme la nuit l'grabuge, même plus l'temps
    pour une greluche
Qui veut qu'on l'épluche, même si elle est belle comme
    Vénus
Avant c'tait juste, si elle refuse, elle trouve son «wass»
    hors refuge

Ah, la vache, le flouze, on arrache tout, ici on est des
    casse-cou
On casse tout, les vrais voyous sortent de partout
Ah, les lâches cachent leur fric
Quand on s'fâche, ils crachent leurs tripes
Dans tous secteurs, on fracasse les vitres

T'es rien qu'une p'tite vermine, d'où j'pars, tu termines
Moi, j'marche avec la zèrmi, tu t'penses tuff pour avoir
    l'air mean

Tes sales rimes, j'les fais frire, quand tu steppes, ça c'est
  pire
Mes refrès, ils s'farcissent une armée comme Hussein
Dans la vie urbaine, on s'multiplie comme des abeilles
  dans une ruche
Caresse les greluches, comme des oursons en peluche
Arrête d'jacasser comme une perruche, des tresses sur
  nos têtes comme Méduse
Avec un œil de serpent, vise, fracasse l'devant d'tes dents

Sur la place où on commence la marche
Les soldats boivent le casse-patte, l'espèce de « wack ass »
  joue à cache-cache
Allez, sors d'ta carapace, amène ta carcasse ou j'explose
  ta calebasse
Mur de briques, armoire à glace avec face de rocaille
Racaille et canaille rassemblent l'attirail, prêts pour
  l'travail
La rage s'accumule comme la demer dans les entrailles
Dans une bataille on tiraille, avant l'atterrissage du
  kamikaze
Check ça, on l'mitraille

Ah, la vache, le flouze, on arrache tout, ici on est des
  casse-cou
On casse tout, les vrais voyous sortent de partout
Ah, les lâches cachent leur fric
Quand on s'fâche, ils crachent leurs tripes
Dans tous secteurs, on fracasse les vitres

# Bams

D'origine bamiléké, cette « jeune femme noire africaine née en France » a tous les talents, aussi bien sportive de haut niveau (elle est championne de triple saut), actrice, que chanteuse. C'est une des rares femmes de la scène rap à faire carrière en solo. Ses textes expriment aussi bien une révolte adolescente contre le monde comme il va, des revendications féminines, voire féministes. Et célèbrent l'amour, à sa façon. Toujours aussi active, Bams est apparue en 2003 sur la compilation de RZA qui parcourt la planète rap, « The World according to RZA », dans laquelle il fait intervenir des rappeuses et des rappeurs du monde entier. Elle sort en 2005 son second album intitulé « De ce monde » qui, s'il est toujours bien hip-hop, bénéficie de riches orchestrations et transmet son message de paix et d'ouverture aux autres cultures.

■ Discographie : « Vivre ou mourir » (Tréma, 1999) ; « De ce monde » (2 Good, 2005).

# NON

Non, nein, no, nada, ala, niet, hayir, la, n'ga, naille, nei,
  ale, niet *(bis)*

Déjà petite, trop de personnes voulaient prendre place
  dans mon cockpit
Sans même s'intéresser à moi, sans plébiscite
Mais ma conduite explicite attitude interdite
Fait de moi l'parasite : l'engreneuse
On m'catalogue, me pousse vers l'exit, j'en deviens trop
  haineuse
J'me braque, ça m'exaspère, on dit qu'j'suis teigneuse
J'me fâche si je n'ai pas ce qu'on me doit... bougonneuse
Et là on me trouve capricieuse
Des mots démo ininterrompue à m'en donner des otites
Maudite quand j'm'attaque aux théories j'les discrédite
J'irrite le commun des mortels j'détériore telle une
  rebelle
J'avoue je fous le bordel
J'tombe les cloisons je sors de mes gonds
Prends ton droit sers-en-toi c'est facile de crier non
Inutile pour ça d'avoir des ronds
Si je vois qu'j'sature trop j'lance mon juron

Non, nein, no, nada, ala, niet, hayir, la, n'ga, naille, nei,
  ale, niet

Un peu moins petite vers quinze seize
Déferlement de bourrage de crâne j'en deviens obèse
J'exagère mais je rejette toutes formes de charentaises

Morales ou mentales t'as beau tout faire pour qu'elles
me plaisent
Impossible y a pas moyen assurément t'as dû t'gourer
d'cible
Apparemment toi et moi on n'lit pas la même bible
C'est inadmissible pour ne pas dire « indigestible »
Que ce soit moi la nuisible
Arrive arrive l'époque innocente
Soi-disant jeune adolescente où t'es inconsciente
Où trop souvent j'entends dire que j'suis une
délinquante
Qu'j'suis une maniérée ou qu'j'ai des manières
inconvenantes

Non, nein, no, nada, ala, niet, hayir, la, n'ga, naille, nei,
ale, niet

Rar'ment dans les rangs j'lutte et transpire à contre-
courant
J'pousse des soupirs dès qu'c'est déconcertant
Tu vois dans mon calme apparent de la nonchalance
Dans ma distance de l'ignorance
Mon indépendance tu l'as transformée en arrogance
Ma résistance devient extravagance
Ma maladresse n'est qu'impolitesse
Et tu vois dans ma gentillesse une marque de faiblesse
D'conflit en conflit faut pas craquer et même si anéanti
Tout semble ralenti même en sous-régime je persévère
J'opère un changement d'atmosphère, dès que
nécessaire
Réfractaire, j'balance mes vers j'me défends
Trop arrogant, t'es trop insultant en pensant

Que j'te laiss'rai faire de ma vie un enfer
Prévoyant sans souci faire de moi ta prisonnière

Non, nein, no, nada, ala, niet, hayir, la, n'ga, naille, nei,
   ale, niet

## MA CHANSON D'A

Y a qu'une chose qui m'fasse bouger
Valser danser à mort c'est l'amour
Celui qui me fait suer crier onduler mon corps
Pour toujours, tout'fois j'évite de l'faire à tort
Et sur le parcours, la prévention évite parfois
La dépression, la désertion, l'grand exil dans un Kibboutz
Pour un homme une fois rassasié me jet'rai sans remords
J'me remémore tant d'amours météores :
Moussa, Lucie le moral au point mort
Chez Phedile, y a tout à retaper tout s'détériore
Va savoir quand pourquoi comment avec qui serai-je
   raccord
Qui me f'ra voir la vie multicolore
Ivre d'amour comme sous l'effet d'un beaufort ?
Dès lors je refermerai le coffre-fort protég'rai mon trésor
Et m'battrai pour mon homme, complices tous deux
À la vie à la mort, si Dieu veut

C'est l'amour c'est l'amour
C'est l'amour qui m'fait courir
C'est l'amour

Les années passent j'suis toujours dans l'impasse
Au loin rien n'se dessine même pas l'ombre de mon âme
    sœur
Dans les décombres juste des leurres, des doubleurs,
    sprinters
Globe-trotters du sex : amateurs l'un d'entre eux
    s'app'lait Alex,
Un branleur il a valsé coup d'magie un trait d'Tipp-Ex
Y en avait marre d'l'entendre parler d'son duplex
Trop fragile pas agile, une antiquité c'mec : un solex
Merlin n'avait qu'un mot à la bouche une idée en tête
M'faire un bambin j'étais là pour le kiff en vain,
Lui pour plus c'est certain J'ai changé d'escarpins et
    premier chagrin
Yongua mon premier amour
Trop complexe trop d'contours, forcément y a eu aller
    r'tour
Les noms en O, c'est mon lot
Ont toujours été des erreurs, des moments de grande
    frayeur
Freddy, beau au lit mais trop con dans la vie
Donc si j'ai perdu mon r'gard de sainte
C'est qu'j'suis bel et bien tombée enceinte
Atteinte dans la crainte et sans plainte
J'ai appuyé éteinte sur la touche on expédie
Et j'ai dû affronter les « Tu vois on t'l'avait dit »
Armand c'était l'super « relou »
L'éternel trop tass, trop jeune, trop frime le casse-cou
Qui n'sait jamais ce qu'il veut, qui il veut
Le vrai fourre-tout alors on s'est dit adieu
Mais c'est le seul que j'ai vraiment rendu fou
Qui n'était pas trop doux, pas trop brute

284

Un mec pas trop mais y avait toujours un arrière-goût
Arrière-goût

C'est l'amour c'est l'amour
C'est l'amour qui m'fait courir
C'est l'amour

J'ai croisé l'amour putain merde j'suis en panique
Entre lui et moi j'n'ose y croire c'est utopique
J'sens pas d'lézard, j'vois pas d'traquenards
Même quand on se quitte on est dans une forme
    olympique
J'pourrais te dire des conneries, simples flatteries
Comme être dans tes bras chers, chéri
C'est comme un bel été mais mon chéri
C'n'est pas pour c'la non qu'j'ai chaviré si j'ose me
    lâcher
C'est qu'aujourd'hui j'me sens pas chose
Mais femme comme jamais, jamais encore je n'l'ai été
Seule ma mère a su m'aimer à ce jour pour c'que j'étais
T'es l'premier à n'pas vouloir me transformer
À vouloir faire valoir ma liberté
T'as pas l'air d'ceux qui prennent la femme pour un
    trophée
Ni d'ceux qui t'tapent sous prétexte qu'ils sont trop faits
Alors j'ai envie d'essayer, de tous les effacer
D'te serrer dans mes jambes : un plaisir une coulée
Douce salée comme le satiné d'nos deux corps
Qui s'mélangent mon Dieu qu'c'est étrange
T'es prévoyant, insolent un rien arrogant
À mes yeux t'en es pourtant pas moins rassurant
Même si notre histoire ne dure qu'un instant

Seules les passions valent le coup d'être vécues
   passionnément

C'est l'amour c'est l'amour
C'est l'amour c'est l'amour qui fait courir Bams
C'est l'amour c'est l'seul qui m'fait clams
C'est l'amour c'est l'amour qui fait courir Bams
C'est l'amour qui nous f'ra tous clams

## VIENS

C'est pour mes frères
Mes frères et mes sœurs
L'homme et la femme qui luttent ici-bas
Car tout s'arrache ici-bas !
C'est pour mes frères, mes sœurs
L'homme et la femme qui luttent
L'homme et la femme qui persistent
Qui répliquent, qui s'impliquent...

On surmonte difficilement seul les moments tendus de
   la vie.
Ceci étant dit, comment s'fait-il qu'encore aujourd'hui
Guerres, famines, barbaries en tout genre
Déciment, trucident mères, familles en un temps record.
S'y attarder.
Trop en parler. Rien que d'y penser passe pour ringard
J'entends des « que veux-tu », « qui peut donc ? »
Vas-y c'est « aç » avance !

Nombreux sont ceux pour qui la vue remplace
  l'intervention.
Avancée technologique
Avancée médiatique, on peut vivre par procuration.
Que dire de cette distance ?
La distance qu'apporte l'écran efface le sentiment de
  culpabilité,
D'humanité, d'solidarité, d'fraternité.
Dieu nous en a pourtant tous dotés
Sommes-nous si peu, Dieu... à être sensibles, Dieu,
À la misère humaine, réel nid de nœuds.
Certains disent que c'est une aubaine
Ça fait partie des phrases qui traînent. Qu'importe !
Si de ce geste intéressé une âme s'en sort, qu'importe !
Dans ces moments faut juste avoir à ses côtés
Quelqu'un qui te dise.. Allez...

   *Refrain*
*Viens c'est si facile de s'faire du bien*
*Allez viens c'est si facile oh prends ma main*
*Viens, viens c'est si facile de s'faire du bien*
*Un rire pour le voisin,*
*Un sourire pour le prochain.*


L'Homme grand H symbolise au mieux le paradoxe.
La vie, la mort en parallèle
De l'un à l'autre sans parachute.
L'but unanime : parachever au mieux sa vie.
Prime des réussites, savoir en gérer tous les paramètres
Ligne de conduite... rester le sujet de tous les
  paragraphes.
Rester actifs !

Éviter la paralysie physique ou psychique.
Et même si dans les parages y a trop d'parasites
Trop d'paraboles dans la bouche d'la plupart d'nos
    politiques.
En trouble «paraphrasique», ces paraplégiques du bon
    sens
Font du parcours terrestre
Une anti-réplique de c'qui devrait être notre paradis.
Parenthèses faites, n'oublions pas que l'Homme grand
    H
Est le paradigme du savoir-vivre.
Si l'partage, la spontanéité, l'échange d'énergie
Étaient des lois de vie
Peut-être connaîtrions-nous un monde
Où chacun fréquent'rait un riche, un pauvre, un gros,
    un laid
Un noir, un jaune. Un monde...
Où toute forme de culture : Gratuite !
Ciné, concert, expo, théâtre, opéra : Gratuits !
Peut-être y aurait-il moins de vague à l'âme
Et plus de valeureux.
Début 3ᵉ millénaire, en plein jour, train régional
Pour la jeune femme, ça peut faire mal.
Ça peut être l'heure de la pointe.
Une autre âme sur le carreau défunte
Avec juste dans le r'gard de la crainte
Et rien qui t'dise, non,
Rien qui t'dise... allez... viens

*Refrain et fin*

PS : la pointe = le viol

288

Crédit ⋆ Parole : Bams ⋆ Musik : Jean M'ba / Bams
⋆ scratchs : Dj Junkaz Lou ⋆ Contrebasse archet :
Michel Thouseau ⋆ Percu : Moudoum'baye

# Zoxea

Jean-Jacques Kodjo, futur Zox, naît à Boulogne-Billancourt, en 1974. Dès l'âge de dix ans, il participe à l'aventure du groupe Sages Poètes de la Rue, puis se lance en famille. En 1998, Zox rencontre Kool Shen (de NTM), qui le signe sur son label IV My People (Wea), et réalisera son premier album, lequel sort début 1999. Il y affirme, non sans humour, sa fierté d'être un rappeur. Ensuite, il a sorti, en 2004, un deuxième disque aux accents mystiques.

■ Discographie : « À mon tour d'briller » (IV My People / Wea, 1999) ; « Dans la lumière » (KDBZIK, 2004).

## CHACUN SA VOIE

Si tout le monde rappe, qui va s'occuper de ma
   promotion ?
Qui en concert lèvera les mains en l'air pour capter mes
   émotions ?
Si j'ai des galères, qui va négocier mes cautions
devant la justice, il faut des frères pour conter la
   dévotion... fils,
tu rappes faux mais tu parles vrai
faut donc que t'ailles où ça l'fait,

même si les studios y a qu'ça d'vrai.
Si c'était si simple que ça la vie,
j's'rais président à vie,
mais ma destinée c'était l'rap et tu l'sais
À mon avis c'est
niqué pour ta carrière dans la zicmu,
en plus dans la rue tout le monde dit qu'ta clique pue,
donc vas-y lâche gars
et quand j'te dis ça ne m'dévisage pas
en clair faut pas qu'on soit comme peau rouge face à
    visage pâle
mère aurait bien voulu d'un fils docteur,
elle a eu ZoZo-Xizi,
« milliard de rimes de vices exporteur »
auzossizi encore faut-il avoir le talent d'faire
c'qu'on a envie d'faire vite fait,
Car dans la vie frère c'est : chacun sa voie.

Chacun sa voie,
Moi j'ai déjà choisi ma voie,
Balancer avec ma voix,
Des mots pour ceux qu'ont la foi
Ma foi frère faut pas vouloir tout faire à la fois,
Car à la fin faut pas s'étonner si ça foire, ouais *(bis)*

Chacun sa voie,
qui sait j'aurais pu vendre des savons en Savoie,
mais nous savons qu'ma passion est dans l'son et
    qu'pour l'instant ça va
donc cassons pas l'délire,
les gars vont pas m'réélire
meilleure production de la nation si j'joue l'nave

291

donc cassons tout ce qui est naze et avançons grave
sinon pendant qu'les cons s'gavent,
dans la merde on nage,
squattons caves et bossons grave pour progresser
l'évolution d'la création a trop baissé
des cons s'croyant à « QBC »
font de la merde et pas qu'aux w.-c.
faut qu'on essaie d'changer tout ça,
déranger là où ça mérite de l'être,
écrire un rap de ouf,
c'est pas comme écrire deux lettres,
pousser des pures rimes mortelles quand on vient à
      peine de naître.
C'est pas la mer à boire si en nous on a cette graine de
      maître
conjuguée avec le talent d'un pionnier s'installant
sur la musique déballant des styles meurtriers déraillants
ouais car c'est chacun sa voie moussaillon
J'imagine pas qu'un jour rappera monseigneur Gaillot

Chacun sa voie,
ou plutôt devrais-je dire chacun sa vie
qui sait j'aurais pu être esclave des lois
ou bien savant en Yougoslavie
mais squattant le parvis
j'suis devenu l'renoi d'sa vie
j'parle de la zic
comme si elle s'appelait Sabine
c'est tragique parfois j'entends des rappeurs
et j'me dis faut qu'ils arrêtent
c'est comme si on t'vendait une demi-barrette au prix
      d'une cigarette absurde.

Le rap n'est pas une mode j't'assure on t'observe
et si t'assures pas mec on t'absorbe

## À MON TOUR D'BRILLER

Quand la nuit tu sors, crois surtout pas que ton ennemi
    dort
Il mène une vie d'porc et pour avoir la tienne il prie fort
tu brilles d'or ta chaîne vaut si cher que tu dis mort
à celui ou celle qu'voudrait t'la ché-arra
comme jadis j'ché-arra le slip de Flore ! Dans l'débarras
forte ma carrière démarra ainsi dans l'sex
elle finira dans l'rap sauf si soudain j'ai un incident
    d'texte
incomparable ! Mais t'inquiète pas ce sera pas sur un son
    pareil
pas comparable normal Madizm tient l'appareil
SP rien à foutre si on dit qu'mon son est spé
j'reste vrai, est-ce vrai qu'c'est ainsi qu'on obtient
    l'respect
ouais gars, j'te parle du méga, du magot,
celui que veulent mes gars et non pas du mégot que veut
    nous laisser l'État,
car moi et ma go on n'est pas venus là pour crevardiser.

Fini l'temps où l'peuple exécutait tout ce que le tsar
    disait,
C'est par dizaines de milliers de francs que maintenant

je compte me maintenir, et pourquoi demain tenir un
    restaurant
reste au rang de pion si tu veux toi, moi je veux être le
    champion,
MC le roi, ma rime du feu qui brûle les yeux, les doigts,
De ceux qui veulent que ma carrière soit grillée ;
mais Dieu j'ai prié et aujourd'hui personne
    m'empêchera d'briller !

C'est à mon tour d'briller, donc j'en ai rien à foutre,
Tu peux toujours essayer de me barrer la route,
Je me sens bien, au sein des miens, car eux savent bien
Que l'heure de Zox est proche ce petit mioche qu'est
    parti de rien *(bis)*

Hé ! mec n'essaye pas de courir si tu n'sais pas marcher
écoute les conseils de Zoxea c'est comme ça qu'ce gars
    l'a fait.
Ouais j'avance sereinement, même si la vie c'est pas la
    fête de
Boulogne à Suresnes en passant par Rennes, Évry et
    Fresnes,
j'envoie des rimes pour ceux qui traînent
y'en a même pour ceux qui friment, jalousent ma team
mais t'inquiète y en a plus pour ceux qui m'aiment
Et mènent le même combat que M. O. I.
Ken le système plus vite que la chienne que j'malmène
    au lit
BIM une nouvelle étoile est née,
Des «Tims», un jean, en ville tu vois Zox et tu crois
    rêver
mais c'n'est pas un film bébé, c'est bien l'king Eh ! Eh !

Celui qui extermine les vermines sur platines et CD,
   d'puis six piges

C'est à mon tour d'briller, donc j'en ai rien à foutre,
Tu peux toujours essayer de me barrer la route,
Je me sens bien, au sein des miens, car eux savent bien
Que l'heure de Zox est proche ce petit mioche qu'est
   parti de rien

Ça fait maintenant plus de dix ans qu'j'suis dans l'rap !
Et j'pense que c'est l'moment pour moi d'briller autant
   qu'Zapp
Dans l'labo !
Pour vous j'ai mouillé tant d'sapes dès lors qu'il faut
   qu'soleil les sèche, tu l'sais ça
Même pour de l'or jamais j'donnerai mes fesses
hardcore jusqu'à la mort je reste, « messages envoyeur »
   de l'ouest raciste
envers les groupes aux verses laxistes, mais j'suis relax
   fils
des gestes de bassiste, lents, sur scène t'assistes
Au plus gros plan de développement d'artiste
cé-fran Hip-hop massif
À l'école j'ai pas toujours été brillant comme Dany
   plutôt bruyant, friand
d'brouillant de rue
à l'affût d'plan de truand, cru en vue
en moi ceux qui ont cru n'ont pas eu tort, tu en chies et
   un jour tu en sors
affranchi suant certes mais tuant fort,
l'air du temps un rap puant mort merde gluante due à la
   mauvaise

Influence putes affluentes
au Mic assurant pas une cacahuète bref la cata comme
    dirait Mélo,
c'est là qu'j'attaque, brille sans faire la catin

C'est à mon tour d'briller, donc j'en ai rien à foutre,
Tu peux toujours essayer de me barrer la route,
Je me sens bien, au sein des miens, car eux savent bien
Que l'heure de Zox est proche ce petit mioche qu'est
    parti de rien

# Le Troisième Œil

Encore un groupe issu de la nébuleuse marseillaise, et signé sur Côté Obscur, le label créé par les «grands frères» d'IAM. Composé de rappeurs et de DJ issus de tout le Bassin méditerranéen, Le Troisième Œil, avec son premier album «Hier, aujourd'hui, demain...» nous livre un rap militant, dénonçant la guerre, la misère, la «fracture sociale», l'absence d'espoir d'avenir pour les jeunes... Essai transformé dès le disque suivant, et diverses collaborations.

■ Discographie : «Hier, aujourd'hui, demain...» (Columbia / Sony Music, 1999) ; «Avec le cœur ou rien» (Sony Music, 2002).

## LA GUERRE

BOSS ONE

Le monde est une merde géante
Et je me demande quand est-ce qu'on va rire,
Soutirer un sourire de ces lèvres liées appelées à périr,
Que de martyres, des gosses tombent succombent sous les bombes des massacres partout, la peur l'emporte.
Mais qu'est-ce qui fait que d'un coup les gens deviennent tous fous, époque des loups.

297

Tu me respectes ou je te tords le cou que des voyous, de nos jours on te bute pour rien du tout, préserve les tiens,

Même si aucune lueur ne permet de croire en des jours meilleurs, la vie n'offre pas de fleurs.

Il faut y croire frère, trop chialer porte malheur, trop de rancœur pousse au meurtre quel malheur

Toutes les fins d'années les mêmes souhaits que celle qui suit soit meilleure que celles écoulées

Je prie pour que les mômes et leurs homeboys cessent de se prendre pour des cow-boys.

C'est la guerre frère tous les pays deviennent des champs de bataille coursent à la caille,

Tant de cons courent les rues violent des mômes,

Qu'on les bâillonne et qu'on les cisaille, qu'on les jette dans une cité pleine de racailles,

Qu'ils leur fassent la peau et fassent la fête avec leurs mailles,

Ces mecs n'ont pas de figure, de mon côté je sature, me demande si ce monde de fou est réellement sérieux

Si je cauchemarde dis-moi-le, vieux, aussi contient que fouta, de ce qui se passe à présent, il faudrait que je lutte,

Autant pour me défendre, tant de merde, dans un si petit monde et on est pas prêt pour la paix

MOMBI

Les super-puissants foutent leur merdier et nous font stresser, à croire que ça les stimule de voir des gens crever, est-ce qu'ils pensent à ces mères à qui on enlève leurs mômes en pleine journée, tous partent en vrilles pour des pacotilles : s'ils savaient qu'avec leurs conneries ces cons brisent des familles, et quand ça va plus ces ploucs retirent leurs billes, en temps de guerre trop de chien, trop de drame, le FN tue un môme cible sans lendemain, mais on dit rien, à croire qu'ils sont couverts par un maire à la gomme, que Marseille n'est plus gardée par la vieille «dame» ou qu'on ne lui fait plus assez de charme, comme si le SIDA ne suffisait plus à enlever des vies, la nuit je prie, rêve d'éteindre la flamme, me vois président mon second mandat j'entame... que tout le monde ait le sourire, je serais fierté de Mam, mettrais aux arrêts ceux qui vont à l'encontre de la paix et si je ne fais plus la fête, c'est que je suis d'humeur à pleurer.

BOSS ONE

Manque d'ambition en l'avenir, je n'y crois pas, je touche du bois comme venin pour un monde meilleur. Mais permettez-moi d'être pessimiste, à l'horizon trop d'horreur, trop d'embrouilles entre frères et sœurs, trop de lames sorties perforent des cœurs dans les soirées. Les mecs débarquent tous armés, retournent tout comme dans un saloon, et c'est du sans pitié, au départ je pensais que c'était pour la frime mais je me suis trompé, c'est la guerre dans le monde comme entre cités, et j'peux rien y changer, juste essayer de calmer, mais trop d'excités, les fanatiques font exploser des bombes dans le métro, enlèvent des vies au nom de Dieu, mais quel dieu c'est pour ordonner qu'on fasse tout sauter, qu'on fasse tant de mal, qui l'a mérité? d'être frustré, marqué à vie, quel gâchis; tout ça ne me donne pas envie de mettre en vie un petit pour qu'il souffre autant que moi petit, regarde autour même tes propres amis deviennent ennemis c'est la guerre frère et Minfi.

# ELDORADO

**MOMBI**

Ma vie se résume à rien, le temps passe il faut que je me prenne en main que la famille mange à sa faim, dans mes poches que dalle, nada hatsa, y a rien, mon cerveau torturé pendant tant de nuits, la folie me prit, réunis femme enfants et amis leur dis qu'il me fallait quitter cette misère, donner un sens à ma vie si amère, j'en ai assez de vous voir pleurer un par un, crever sans pouvoir me manifester, je n'en peux plus de m'apitoyer, je dois bouger, voyager, travailler, quand j'en aurai assez plein les poches, je reviendrai, la faim m'a guidé vendu ce que j'avais, tout bradé histoire d'avoir de quoi payer mon billet, je suis parti à la conquête d'Eldorado, sans papiers dans la clandestinité, je vais devoir lutter, mais je suis décidé, j'y vais.

**BOSS ONE**

Dans l'avion crispé, terrorisé par l'appréhension d'arriver me retrouver confronté aux autorités, mais merde que leur dire si je me fais niquer le passeport eh oui, je l'ai emprunté, il ne m'appartient pas je dois le renvoyer, j'ai donc prié, mis ma destinée aux mains de Dieu, fermé les yeux, repensé à père, mère pour qui ma réussite représente la lumière pour être sincère je tente un coup de poker tout le monde descend à cet instant présent je me cague dessus mon cœur bat à cent à l'heure je ne le contrôle plus quel honneur j'aurais trop aimé être ailleurs, passeport s'il vous plaît, le contrôle douanier s'est bien passé, vite fait bien fait plus de quoi s'inquiéter ils n'ont vu que du feu, que du feu tant mieux qu'Eldorado se prépare à me recevoir dans ses lieux.

Demain je quitterai ce lourd fardeau, guidé mes idéaux, charmé par le faux, je partirai pour Eldorado

En m'existant chez la dame de France

Mon Eldorado

Je pensais que tout était rose, la vie facile

Mais tout est noir, sans espoir

À peine dix mois que je suis là, je regrette déjà

On m'a vendu du rêve, j'ai rien vu, j'ai rien eu

J'ai donc conclu qu'Eldorado n'offre

Que de l'horreur, des enfants qui meurent

Des mères qui pleurent des pères dans la terreur

Des sœurs qui vendent leur corps pour s'en sortir

Pire certains se shootent et n'ont plus d'avenir

Tentent de fuir ce diable qui un jour

Entre dans ta vie sans prévenir. Qu'est-ce qui m'a pris ?

Être venu ici c'est la pire des conneries

J'aî voulu faire la caille, me retrouve sans travail, comme une canaille

Je joue à cache-cache avec la flicaille, c'est décidé je veux rentrer chez moi

Mohamed tu sais français je ne comprends pas

Je m'étais donné cinq mois pour rentrer dans le système, mais voilà c'est féria

Génération de braqueurs la jeunesse nique le Dahwoi

À chaque coin de rue des prostitués, des camés, des guerriers

La vie de rêve ça n'est pas ici que je risque

De la trouver donc je m'en vais

Tchao Eldorado et à jamais

© *Côté Obscur Éditions.*

# POUR L'AMOUR DE CETTE MUSIQUE

C'est le troize et c'est massif
Pour les frères et sœurs explosif
À jeun ou déboze sous splif
J'fais trinquer avec c'que la police traque
C'truc qui m'fout l'trac
S'troque, s'déguste en soirée tranquille
J'rends hommage à c'que tu qualifies de merde
M'fait passer des nuits blanches même en période de
    berd
Donne sans compter à chaque sujet abordé
Cherche pas à savoir si demain ça risque de barder
Si t'es avide de bon son Siha
Ça vient des profondeurs de Mars Moha
Si t'apprécies Saha
Une spéciale pour ceux qui font swinguer la zone
Ceux qui n'font pas les macs dans les magazines
Ceux qui n'cherchent pas à clasher
Une fois sous bibine
Qui quand ça roule pour toi
Ne portent pas la haine
Ces rues, j'les écume et lis tant d'amertume
Le rap me colle à la peau autant que le bitume.

    *Refrain*
*Pour l'amour de cette musique*
*Qui de tes enceintes résonne*
*Respect aux frères et sœurs qui font qu'hip-hop donne*
*Une spéciale pour les DJ et les MC qui font swinguer la zone*
*Dis-leur qu'on lâchera pas l'affaire, même si ça marmonne.*

Cette musique on y a consacré notre jeunesse sans regret
Et si c'était à refaire j'suis sûr qu'on le ref'rait sans
    hésiter,
Tous ces moments de joie, de plaisir passés à ses côtés
Sont marqués dans nos cerveaux et nos cœurs à jamais
Hip-hop ça m'met bien dès le réveil, un rêve de gosse
    qui se concrétise
Rapporte de l'oseille une raison de plus de lui rendre
    hommage,
J'l'aurais pas connue, je serais peut-être qu'un naufragé
Ou un jeune de plus qui pointe au chômage,
Oxygène pur pour mec qui sort d'ces blocs durs,
Un besoin vital qu'on ressent en nous,
Et ça c'est sûr j'compte sur elle pour nous en donner des
    meilleurs dans l'futur,
Envie de faire connaître à la jeunesse cette culture,
C'est du Jo Pop's girls and guys sur ce son jump jump
DJ fais tourner ta sélection, pour la section,
Mets-toi en condition, good vibration

    *Refrain*

Une bombe qui explose de Marseille à Bombay
Pas un coin du globe qui sous son charme ne soit tombé
Pas un ghetto qui manque de MC gradé
De Dakar à Conakry
D'Abidjan à Yaoundé
Tant de groupes qui cherchent à percer, être fiables
Goûter un jour au succès et trouver les autres minables
Le son sur lequel la bourgeoisie s'extasie
Qui s'exporte de Oichili à Badjini
Ils ont la rage de Casa à Tunis, d'Alger à Paris

Parlent de monnaie, de faim, de police,
De gens qui s'unissent,
Vibrent de Francfort à Montréal, de Milan à Bruxelles,
Ivres de cette musique qui de ces enceintes t'ensorcelle
Ça toast rap dur aux Antilles Timal
Dans ces townships en Afrique ça reste illégal
Hip-hop en Suisse à ce jour excelle
Pour tous devenu langage universel.

*Refrain* × 2

# Faf Larage

Issu du milieu hip-hop marseillais, Faf Larage travaille d'abord au sein de groupes comme le Dope Rhyme Sayer, à la fusion du rap avec la soul music black américaine. Puis, porté par le succès des Solaar, NTM et autres IAM, il participe à un certain nombre de projets, seul ou en duo avec son frère Shurik'N. Puis il se lance dans l'aventure d'un album solo, « C'est ma cause », sorti en 1999. Ses textes militent pour l'intégrité d'un hip-hop que dénaturent à ses yeux un certain nombre de « bouffons », alternant l'humour avec la revendication sociale commune à bien des rappeurs. Dans son deuxième disque, « Rap Stories », figure le générique de la série TV « Prison Break », énorme succès.

■ Discographie : « C'est ma cause » (V2 Music, 1999) ; « Rap Stories » (M6 Interactions, 2007).

## C'EST MA CAUSE

Je fais mon truc, bien dans ma tête, fume une cigarette,
   écris un texte à l'abri des regards des gens vex
Je pèse ? Non juste un nom qui circule, un mec parmi
   tant d'autres qui tente de voir la lumière dans le
   crépuscule

Petit à petit je fais mon trou, enfin, ça fait quand même
   dix ans que je suis dans l'coup
Ai eu le temps de voir toute l'évolution du hip-hop en
   pleine expansion
Les salles qui se remplissent de génération en
   génération, des blaireaux apparaître et disparaître au
   fil des ans
Comme des marionnettes faites pour nous réduire à
   néant, faut pas croire, le rap fait flipper
L'image de la rue, des quartiers, des jeunes fait flipper,
   mais on s'y reconnaît, crache ce qu'on perçoit de la vie
Du cran, sûr il en faut mais c'est juste ce qu'on ressent,
   une vision différente qui marque de plus en plus
   d'adhérents
J'emmerde les modes, fils je suis dedans

On nous a dit «Laissez tomber les jeunes, c'est du vent,
Qu'est-ce qu'ils ont à se plaindre tout le temps, putain le
   rap c'est pesant»,
Autant de réflexions, autant d'articles bidons, autant
   d'émissions télé foireuses qui nous prenaient pour des
   cons
Le temps de l'incompréhension, pendant ce temps on
   construisait, aux quatre coins de France, y avait des
   mecs qui tenaient bon
Y a eu le temps de la récupération pas vraiment révolu
   celui-là, mais aujourd'hui on y croit, on vit que pour ça
Récupérer nos biens, on bosse pour ça, parti d'un rien,
   maintenant voilà y a des labels à tout va
Le showbiz nous fait pas peur, on sait où on va,
   aujourd'hui si tu sors un truc pourri c'est que ça vient
   de toi

Fais un choix, mais gaffe on te regarde on a la Garde, un
vaste réseau de connaisseurs, tu foires tu dégages
On trahit pas le hip-hop sans subir de dommages, on fait
le ménage, la musique se bonifie avec l'âge

Qu'est-ce que tu crois, ils ont peur de nous les gens d'la
masse, le peuple qui s'instruit en place dans les charts
ça fait chier
Les bourges, les politiques, technocrates, ça leur
échappe, la rue se réveille et ça les fait trembler
Des jeunes promus à un avenir de simple ouvrier,
deviennent paroliers, font du fric avec des CD
Ça bouleverse leur équilibre d'une putain de France
libre, où chaque personne est à sa place sans pouvoir
en bouger
Le hip-hop révolutionne tout un mode de pensée, se
joue des boycotts, ne cesse de progresser
Une passion, un espoir, pour beaucoup une porte de
sortie, mais si tu le prends à la légère crois-moi tu te
ramasses vite
Faut pas tomber dans le créneau Star & Gala c'est lourd,
une feuille, un stylo, du travail et t'es comme nous
Y a pas de fans, que des potos, et que les mecs qui
foutent la merde dans le milieu se calment
L'enjeu est de taille, tu représentes au blaireau on fout la
pression, Ego Trippin'
Riche en tec, élève le niveau qu'on nous différencie,
aussi je dors pas sinon je meurs alors je file droit
Peace à tous ceux qui sont comme moi accros du hip-hop !

© *Kif Kif Prod.*

307

# J'AI HONTE

Voici le profil d'Henri, avant il était con et maintenant il
    en rit,

C'est plus un handicap pour le poste qu'il a choisi, il sait
    qu'aujourd'hui il a droit à tous les égards

Qu'un seul de ses regards refroidit quiconque joue au
    mac, et c'est cela qui lui plaît Henri

L'uniforme bleu ferait bander n'importe qui, enfin c'est
    ce qu'il se dit dans son univers tragique

Personne pour le contredire au regret du public. Henri
    est flic, un dur, un vrai

Un comme on en voit tous les jours sur le pavé, il a des
    alliés, ensemble l'ordre ils font régner

C'est le pied lui qui n'a jamais fait preuve d'une once
    d'autorité, il s'est dit j'passe le concours, j'étudierai à
    fond pour

Réussir, monter en grade, avoir une arme et un boulot,
    où je pourrai faire régner ma loi

Toucher des p'tites commissions sur les affaires de mon
    choix, Henri est un facho, un zéro, un beauf bien
    comme il faut

Et quand y a des bavures il crie «Bravo». Les jeunes? Il
    peut pas les voir

Et sa matraque frétille, il tremble chaque fois qu'il se
    trouve en face d'un Arabe ou un Noir

Sévit dans la cité, prend le prétexte des papiers,
    provoque et met des claques si besoin il en est

Et il est payé pour ça, le gars, déprime des fois, se
    défoule sur les pauv' types lors des gardes à vue le soir

S'il y a des plaintes il est couvert, c'est toi contre le
    commissariat, t'as pas le choix, tu fermes ta gueule

Cavalier seul ? Nan t'es fou, c'est faux il l'est pas, des
 Henri y en a des tas, j'en croise dans les couloirs
Moi je m'appelle Max, enfant je rêvais de justice, quand
 je vois ces gars-là, j'ai honte d'être flic

## PUTAIN DE SOIRÉE DE MERDE

Putain d'soirée de merde, c'est ton dernier show, ta
 dernière virée
Demain dans la rue y aura ton portrait, le mec défoncé,
 grillé, gazé, le paumé
Une seule soirée d'merde et ta cote part en fumée
Putain de soirée de merde, au début j'y croyais ferme,
 un plan dégaine avec une fille, tu pleures
Tu me crois si ça te chante, t'façon maintenant, y a plus
 de raison que je me vante vu que tout a foiré
Laisse-moi te raconter, j'avais tout calculé, sélectionné
 une meuf triée sur le volet
Le merdier, ses deux copines à chier le genre de poufs
 qui te cassent ta baraque si elles sont pas occupées
Donc il me fallait deux potes pas trop difficiles et
 disciplinés, ayant une caisse pour m'véhiculer
La soirée fils, c'est pas à côté, mais une fois là-bas les
 meufs vont nous faire rentrer et tout nous payer
J'avais tout organisé, assuré, le soir ils se pointent au
 volant d'une AX défoncée, dégoûté
C'est clair avec son fourgon je foire mon rencard, en
 panne, y m'fallait pousser à chaque démarrage

En retard on arrive devant la boîte, genre «trois
   connards», du cambouis partout et on pue le gasoil
Les mecs trouvent ça drôle, moi pas. «Pourquoi?» Je
   voulais me péter une bourgeoise dans cet état j'peux pas
Elle m'attend à l'entrée, elle me voit, rentre direct, style
   elle me connaît pas, «Attends, c'est moi pars pas...»
Et merde plus d'plan, j'ai trop la haine, et quand l'autre
   me dit «C'est rien», y a des claques qui se perdent
Putain de soirée de merde

Putain d'soirée de merde, c'est ton dernier show, ta
   dernière virée
Demain dans la rue y aura ton portrait, le mec défoncé,
   grillé, gazé, le paumé
Une seule soirée d'merde et ta cote part en fumée

Du coup on a fait trente kilomètres pour rien, fils
   respect, on y est, le gros devant veut pas nous laisser
   entrer
«Allez putain», «Non», j'insiste énervé, et j'aperçois cinq
   malabars excités prêts à me shooter!
J'ai morflé
Les mecs qui m'accompagnent? Deux dégonflés, j'y
   retournerai avec des vrais histoire de remettre les
   choses en place
Pour l'instant j'ai la mâchoire sur le côté, un Lacoste
   neuf déchiré, je laisse pas tomber
Ce soir faut que je pine, hey les blaires, j'ai un plan un
   truc de rechange,
Ce soir sur la plage je sais que ça se déhanche, on y va
Bon la zique zéro, techno ou pogo, un peu de popo, si y
   a des femmes j'suis down poto y a pas photo

On y go, j'ai plus d'ego faut qu'je me croque un
　　morceau, après quelques verres de bière je deviens
　　sourd et dispo
Soirée feux de camp sur la plage, le bar à dix francs, bon
　　les gars chacun son cul maintenant, j'me sens
En veine, piste ma proie, seule ? C'est pour moi ! Tu fais
　　quoi ? J'te paye à boire ? Garçon, deux tequila
Que j'te lui bourre la gueule ! Verre sur verre une méchante
　　brésilienne, elle veut pas, mais déchirée elle voudra
Je vais me la faire, l'erreur ? L'alcool elle aime trop ça, et
　　je me suis ruiné en tequila
Et moi le con au bout d'une heure autour du feu bourré
　　j'invente des trucs style capoeira improvisée pour
　　l'impressionner
Trop bidon sur le sable près des grillades, des roulades,
　　sûr y avait d'autres spécialités que d'tomber dans les
　　flammes
Ça m'a rendu chauve et j'ai mon croco Lacoste tatoué
　　sur le torse et je me suis jeté dans la flotte habillé

Putain d'soirée de merde, c'est ton dernier show, ta
　　dernière virée
Demain dans la rue y aura ton portrait, le mec défoncé,
　　grillé, gazé, le paumé
Une seule soirée d'merde et ta cote part en fumée

Tu parles d'une réussite, dans la mer j'ai fini, au bout du
　　rouleau, cherche mon cash rho que je paye les consos
J'ai dû l'tomber sûrement en faisant mes pirouettes, faut
Pas que je m'fasse d'illusions, la Brésilienne elle s'est fait
　　la malle, faut pas déconner la sécu pour vingt tequilas
　　non payées

Ils vont pas m'les briser! J'ai encore morflé, mes potes?
    Deux dégonflés, ils se tapaient deux poufs sur le sable
Pendant que je prenais des claques par cinq gorilles et
    j'y retournerai avec des vrais histoire de remettre les
    choses en place et
Pour l'instant j'ai toujours rien piné, on rentre, faut que
    je me détende, trop c'est trop
Rien à foutre des go, j'y vais en solo s'il le faut et merde,
    soudain me vient un sursaut d'orgueil de crève
Quand sur la route une auto-stoppeuse, j'en rêvais, stop,
    je me jette sur elle pour lui parler
Elle a dû avoir peur cette conne, elle m'a gazé, j'suis
    rentré, dégoûté, résigné, finir cette putain de soirée
    devant la télé

## PRISE D'OTAGE

Mesdames et messieurs, nous sommes en direct du
    building Cometax où nous assistons à une prise
    d'otages complètement folle où le négociateur tente
    de raisonner le preneur d'otages...

T'as vu ça, on passe à la télé putain (Pitié!) Ta
    gueule!!! Ils perdent pas de temps les vautours?!...
    oui, allô?!

Écoutez, on a fait ce que vous avez exigé (t'as intérêt
    mec!) les médias sont là... mais donnez-nous un
    otage maintenant.

312

C'est une prise d'otages alors le flic tu vas pas me la faire
à l'envers.
Fais ce que je dis et y aura pas de galères.
J'ai les nerfs et je veux le direct
Comme ça y aura pas de méprise sur mon geste.
Tu veux un otage ? !
OK, c'est bon, toi la secrétaire tu peux partir ! – Ah
merci !
Après tout t'as rien à voir là-dedans.
Eh, le négociateur t'as entendu ?
Elle va sortir ! – OK, c'est bien on l'attend.
Et maintenant, écoute-moi bien et fais ce que je dis.
Fous-moi sur haut-parleur j'veux que les télés en
profitent, j'veux qu'ils filment.
Attention, ici j'ai un écran et pas d'arnaque,
Rappelle-toi j'ai encore deux otages ! – OK, du calme,
du calme !

*Refrain*
*C'est une prise d'otages*
*Viens je t'emmène dans ma douleur prends ta caméra*
*Va y avoir du spectacle*
*En direct live j'ai rien à perdre gaffe au dérapage.*
(× 2)

Mesdames et messieurs nous assistons ici à quelque
chose d'assez inhabituel puisque le preneur d'otages a
exigé la diffusion d'un de ses communiqués et d'après
nos sources celui-ci nous regarde en ce moment
même...

Pour commencer il faut savoir que je suis pas un
  monstre
Et à la base j'suis comme tout le monde.
J'étais désespéré, licencié, donc au chômage
Et pour la garde de ma fille j'aurais vendu mon âme.
Le juge a dit que j'étais pas fiable
Avec un avis d'expulsion sur le dos et des dettes : merde
  j'aurais réglé ça !
Ils ont rien voulu savoir pour eux j'étais un produit de
  banlieue sans but ni espoir.
Je leur ai dit que c'était une mauvaise passe,
Mon avocat a pas levé le petit doigt pour me sortir de là.
On aurait dit une sale pièce de théâtre où se jouait ma
  vie,
Et avec le sourire ils m'ont enlevé ma fille.
D'ailleurs, oh le négociateur tu m'entends ?
– Je vous entends parfaitement.
OK c'est bon, alors maintenant en attendant fais
  ramener mon ex-femme et mon enfant
Sur-le-champ sinon je fais couler le sang ! – Non, non
  attendez...
On va pas faire peur aux téléspectateurs non ?!
Là on doit faire péter l'audience j'ai raison non ?!
S'ils veulent de la misère humaine,
J'en ai à revendre depuis ma naissance et même
Si j'ai 30 ans et que dans mon quartier on me considère
Comme un grand frère, quand t'es fauché qu'est-ce tu
  veux dire aux jeunes, merde ?!
Que t'es suicidaire, que t'as trop souffert ?
– Ça y est votre ex-femme est arrivée !
Coupe les télés je veux lui parler !

Mesdames et messieurs par respect du travail des forces
    de police nous interrompons ces images pour laisser
    passer une courte page de pub. Nous vous rappelons
    que l'ex-femme du preneur d'otages est sur les lieux
    au téléphone avec ce dernier...

Chérie écoute-moi, ça va pas durer longtemps c't'affaire,
Depuis que t'es partie j'vis l'enfer.
Mais je t'en veux pas, pas facile de vivre avec un homme
    brisé.
Je voulais pas vous faire de mal tu sais,
Ma petite princesse dis-lui que je l'aime
Que son père voulait un travail, j'ai eu que de la haine.
Ce bureau où je suis c'est un bureau d'embauche :
Je te l'avais dit je me stabilisais j'étais sélectionné pour
    un job,
Cet après-midi tous les espoirs m'étaient permis.
J'imaginais un poste fixe à la Cometax,
Les créanciers me harcelaient sans cesse, et malgré ça
    pas de stress
Mais là hélas, délit de faciès.
Dans le bureau le gars me regarde des pieds à la tête
Et il me dit que je ferai pas l'affaire.
Je lui réponds « Représentant je sais le faire ! »
Il m'a ri au nez, j'ai protesté il a appelé la sécurité,
T'aurais dû voir sa gueule j'te jure quand je suis revenu
    calibré,
Maintenant il regrette de m'avoir humilié. – Me faites
    pas de mal !
Hé, ta gueule l'otage je parle à ma femme.

Maintenant c'est trop tard pour dialoguer.

C'est quoi ce bruit? Merde chérie repasse-moi le flic vite!

Y a le GIPN qui rapplique merde! – Restez calme, restez calme!

Et tu me dis de rester calme,

Et tu ferais quoi à ma place, hein? J'suis pas une baltringue!

– Attendez... non!... Mais qui a donné l'ordre de tirer, bordel, tout était sous contrôle...

Bonsoir mesdames et messieurs, flash info : du nouveau dans l'affaire de la Cometax, la prise d'otages, nous apprenons à l'instant que le revolver du preneur d'otage n'était pas chargé... je vous rappelle que celui-ci a été abattu d'une balle dans la tête, lors de l'intervention, les otages sont sains et saufs, le ministère de l'Intérieur se refuse à tout commentaire, le point ce soir dans l'édition spéciale...

# Disiz la Peste

Serigne M'Baye Gueye est né à Amiens en 1978, d'une mère belge et d'un père sénégalais. Il connaît en 2001 un véritable succès avec «J'pète les plombs», une parodie réjouissante du film *Chute libre*. Rappeur indépendant, au flow clair, aux orchestrations soignées, il est à l'aise aussi bien dans les registres graves que légers, faisant souvent preuve de belles pointes d'ironie, de drôlerie, mais aussi de lucidité et de mélancolie. Grand conteur, il puise son inspiration dans le cinéma ou dans la littérature. En parallèle avec la musique, il a entamé une carrière d'acteur. Il tint notamment, en 2005, le rôle principal du film *Dans tes rêves* de Denis Thybaud, où il incarne un rappeur débutant. Il a sorti en 2009 un album présenté par lui comme son adieu au rap et un premier roman, *Les Derniers de la rue Ponty*.

■ Discographie : «Le Poisson Rouge» (Nouvelle Donne Music, 2000) ; «Jeu de société» (Barclay, 2003) ; «Les histoires extraordinaires d'un jeune de banlieue» (Barclay, 2005) ; «Disiz the end» (Naïve, 2009).

# J'PÈTE LES PLOMBS

Putain j'transpire, pire j'suis en transe
Les transports bloquent, ça klaxonne
Ça fait 2 heures qu'j'n'avance qu'à petit feu
Peu à peu je pète les plombs
Le beauf de derrière m'insulte et me traite de con
C'en est trop je sors de ma caisse
Prends mon sac dans l'coffre et m'casse
Laisse ma caisse sur l'périph'
Rien à foutre je trace
Trop de stress j'ai trop faim il m'faut un Mac Do
J'en trouve un, rentre, il y a une queue de bâtard mais
    bon j'la fais.
30 minutes plus tard environ je demande très poliment :
« Bonjour un Mac Morning s'il vous plaît »
Quand elle me répond :
« Trop tard, désolée monsieur il est midi,
Et après midi, eh bien le Mac Morning c'est fini »
J'lui dis : « Quand j'vous ai demandé il était 11 h 59.
Faites un effort j'veux un Morning salé,
Vous savez celui avec l'œuf ? »
Elle m'dit : « Il est midi, j'vous l'ai dit c'est fini,
Prenez un Big Mac ou allez voir ailleurs si j'y suis. »
J'lui dis : « Appelez-moi l'patron »
« Le patron n'est pas là »
Ajoute : « Allez chez l'Chinois vous pourrez peut-être
    prendre un plat »
J'lui dis : « 2 secondes. » Sors de mon sac un calibre et la
    braque.
Les gens de derrière qui étaient si impatients maintenant
    s'écartent.

318

Elle m'dit : «OK, prenez la caisse, moi j'veux pas mourir
Il y a plein d'billets, plein de pièces»
J'lui dis «Un Mac Morning ou je tire»
3 minutes après ma bouffe est prête
Et j'm'apprête à partir quand la pute me dit :
«J'ai mis un Big Mac»
T'aurais jamais dû l'dire.

J'voulais juste un Mac Morning.

   *Refrain*
*J'pète les plombs, putain j'pète les plombs,*
*Putain j'pète les plombs, mais oui j'pète les plombs*
*J'ai tout perdu : ma femme, mon gosse, mon job*
*J'ai plus rien à perdre alors suce mon zob !*
× 2

Alors qu'j'suis recherché et qu'les keufs me traquent
V'là qu'une meuf me drague
La go blague, me dit des trucs vagues
Elle m'dit : «Tu sais qu't'es un beau black ?
Non j't'assure sans déc'.
Dès que j't'ai vu j'ai oublié mon mec»
J'lui dis : «De qui tu t'moques ?
Toi tu veux ma quéquette.
Tu veux que j'te fuck
Qu'j'dépense plein de petites pépettes.
Qu'une fois le couilles vides,
J'porte le même jean.
Que tu mettes au beurre toi et tes copines,
Avec ma maille vous direz tchin tchin.
Salope va voir ailleurs parce que moi j't'ai grillé

Mon ex-femme a fait pareil. »

« Et alors ? »

« Alors tu peux t'tailler »

Au moment où j'dis ça le métro s'arrête

Et j'm'apprête à partir

Quand elle a répondu un truc qu'elle aurait pas dû dire.

Elle m'dit : « Non mais pour qui tu t'prends ?

Mais c'est normal qu'elle t'ait jeté

De toute façon avec ta tête de con

Tu devais tout lui acheter. »


Et là j'suis un beau black ?

*Refrain*

« J'veux ta veste, tes baskets, ton sac,

Ta carte de retrait, ton chéquier et ton sandwich »

C'est c'que l'gars m'a dit alors que j'rentrais au quartier.

J'lui dis : « Laissez-moi j'ai passé une sale journée »

Ils m'disent : « rien à foutre », s'excitent et s'énervent tout
    seuls.

Me sort un mouss, fait l'ouf et d'après lui m'impressionne

« J'suis qu'un dingue dans ma tête,

C'est un fou dans sa tête ! »

J'lui réponds : « Putain espèce de saltimbanque.

Arrête ton bluff mec, tu crois qu'tu braques une
    banque ?

Range ton canif, j'sais pas va faire une manif', va
    t'acheter un soutif,

Espèce de petit travelot chétif, pédé »

« Mais attends toi, tu viens de quel quartier ? »

« De té-ci ! »

320

«Faut payer pour sortir entier»
J'lui dis : «Écoute mec, rien à foutre que nos quartiers
   soient en guerre.
Attends, j'vais t'payer après t'iras niquer ta mère!»
J'sors de mon sac de hockey un harpon.
Il m'dit : «Ah bon?»
Moi j'suis l'genre de mec qui pète les plombs.
J'ai tout perdu : ma femme, mon gosse, mon job.
J'ai plus rien à perdre alors suce mon zob!
Le gars s'baisse, j'lui dis : «Mais vas-y casse-toi»
Arrivé à 100 m ces petits pédés m'font des doigts.

*Refrain*

## LE POISSON ROUGE

C'est simple y a embrouille
L'engrenage a commencé l'cycle depuis peu
L'ambiance est tendue
J'ai pigé l'cirque sanglant comme le cycle féminin
L'esprit du clash
Ils défiaient avec la danse
Maintenant c'est à coup de hache
Que ça mash-up tout le monde est auch dans les halls
Les graineux commencent sous le porche
Et finissent tous en taule
T'façon c'est la même chose sauf que y a pas d'barreaux
C'est bien plus grave quand y a plus d'parents.

Putain y a embrouille première fois que j'vois autant de
    monde au quartier
Une atmosphère tendue électrique s'est installée
Cette place est noire de monde, mais tout ce monde
    discute
Ce genre de discussions où toutes les phrases finissent
    par :
« Fils de pute ! »

L'heure est grave, un p'tit est à l'hôpital
6 coups de couteaux l'ont perforé devant l'centre
    commercial
Sa mère le porte plein de larmes, est en face de nous
Regarde dans le vide, crie sur nous, stoïque on reste
    debout
Dans son monologue elle nous demande pourquoi
Pourquoi son fils de 17 ans a des trous dans le foie
Ch'rais tenté de lui dire, mais à quoi ça sert d'ouvrir ma
    bouche
Le coupable c'est l'poisson rouge.

*Refrain*
*L'album c'est l'poisson rouge, tout ça à cause du poisson*
    *rouge*
*À cause de c'putain d'poisson rouge, le coupable c'est*
    *l'poisson rouge.*

Pendant qu'le ptit souffre, ça sent le soufre, l'ambiance
    est chaude
L'atmosphère est lourde, ça a mis le feu aux poudres
Y a comme une odeur
Le retour du retour de la vengeance est proche

322

Chacun sait que dans un coin un groupuscule se forme
Quelques-uns prêtent leurs armes, les brolics brillent
Les brebis s'cachent, même par ce temps le soleil brille
Un neyman saute, le beauf n'aura pas son week-end
Son Renault Espace ce soir va servir à dead
Engrainés jusqu'aux dents, armés comme des fils de
    putes
Prêts à faire des trucs de ouf sans avoir de buts
La cagoule sur la tête, personne f'ra la tapette
N'ont qu'une seule idée en tête, faire la fête et pas faire
    le traître
Ça s'motive et tout l'monde s'encourage
Car personne n'a de courage et ça peu importe les âges
Sans savoir, ils jouent leur vie ou celle d'un autre, à qui
    la faute
On n'peut juger mais ils se vautrent
Dans cette merde d'honneur, putain, tout ça pour rien
Pour prouver qu' t'es pas une pute et qu'ton quartier
    c'est pas rien
Le seul qui est tranquille et pour qui rien n'est louche.
Tout ça à cause de c'poisson rouge.

#### Refrain

Deuxième fois qu'on voit l'quartier avec autant de
    monde
Sauf que l'ambiance est plus marrante, les discussions
    moins longues
Le groupuscule a fait son effet, la voiture toute la nuit a
    brûlé
Maintenant c'est un des autres qui est aux urgences
Apparemment il s'agit d'une balle dans la jambe

POW POW POW
Ça finit toujours par :
« Fils de pute ! »

Le foie du p'tit est toujours perforé comme une flûte
Au milieu des palabres un p'tit me r'garde de ses yeux
    sombres
Boit les paroles des autres
vient puis me demande :
Hé mais Disiz, c'est qui c'poisson rouge-là, c'gars-là-là,
    c'est qui ?

## MISS DÉSILLUSION

Ça fait plus de deux heures que je me penche sur ma
    feuille blanche
Que l'inspiration me manque, c'est étrange
Le thème est triste mais mes yeux sont étanches
Moi, je suis le genre d'artiste qui demande leur avis aux
    anges
Pas pour plaire aux gens, ni pour ma conscience
J'me dis que j'ai pas le droit de me plaindre
Car j'ai beaucoup de chance
Mais si j'écrivais tout c'que j'vis et pense
Quand le blues joue un air et que mélancolie veut danser
Et qu'ils m'ont choisi pour piste de danse
Qu'ils s'accordent sur le rythme et la cadence de mes
    pensées
C'est vrai que je suis censé apprécier et j'apprécie

Je suis heureux mais sur un point précis
J'ai toujours cru que me dégoûter, c'était pas possible
Même si le diable ramène tout son posse
J'me suis vu pris de court, j'me suis dit c'est pas possible
Et Miss Désillusion a réussi.

*Refrain*
Elle est belle, elle est charmante
Tout le temps attirante
Tes rêves, elle te les arrange
Ce ne sont que des apparences
Miss Désillusion, Miss Désillusion, Miss Désillusion
Elle est belle, elle est charmante
Tout le temps attirante
Tes rêves, elle te les arrange
Ce ne sont que des apparences
Miss Désillusion, Miss Désillusion.

Elle te promet tout, ne te donne que la moitié
Elle prend tes rêves et les met dans un boîtier
Elle a dragué trop d'gars du quartier
Elle a couché avec le monde entier
Elle se glisse dans les bédos, danse dans les verres
    d'alcool
Elle a bien eu le frère Malcolm
Quand elle te donne, elle prend toujours sa com'
Elle connaît par cœur le cœur de chaque homme
Je l'ai fuie en France, elle m'a retrouvé en Afrique
Elle vise ta foi, rien à foutre de ton fric
C'est presque magique quand elle te donne une idée fixe
C'est tellement magnifique que tu prends tous les
    risques

Son cousin, c'est l'argent facile
De suite, tu t'emballes, et pour une peine t'es passible
J'ai toujours cru que me dégoûter, c'était pas possible
Mais Miss Désillusion a réussi

*Refrain*

# Soprano

Saïd M'Roumbaba, d'origine comorienne, vit à Marseille. Il a fait ses armes dans le rap avec les Psy 4 de la Rime. Son pseudo lui a été donné par ses amis à cause de sa voix aiguë lorsque, jeune, il faisait l'appel à la prière. Son concept-album «Puisqu'il faut vivre» joue à la fois sur son nom et sur le titre de la série télé éponyme, dont il détourne le principe : le narrateur se rend chez son psy entre chaque chanson.

■ Discographie : «Puisqu'il faut vivre» (Capitol Music, 2007).

## BOMBE HUMAINE

Toi qui n'as plus rien à perdre
Depuis que l'ange Gabriel s'est habillé en militaire, pour
    te prendre père, frère et mère,
Qui n'as plus de repères
Qui regardes le ciel avec espoir de voir pleuvoir des aides
    humanitaires
Toi qui n'as connu que la guerre
Qui ne vois pas d'chars reculer malgré tes jets de pierres
Toi qui ères, entre tombeaux et civières
Toi qui dépouilles des cadavres pour te réchauffer l'hiver
Toi ce solitaire, qui n'as pas d'orphelinat pour l'accueillir

Qui n'as, que des fous de Dieu pour l'applaudir
Toi que l'Occident a oublié
Toi qui reçois de la pitié qu'au moment du journal télévisé
Toi qui crois qu'on vit heureux, qui nous détestes
Qui crois qu'on en a rien à foutre de ce qui se passe à l'est
Toi qui n'as pas totalement tort
Vu qu'on boude notre liberté bien au chaud dans notre confort
Toi, qui n'as que quinze ans, qui ne connaîtras jamais ce qu'est le bonheur d'être un enfant
Toi, qui fixes ce char américain qui est devant toi
Jette-moi ces explosifs s'il te plaît ne deviens pas une...

*Refrain*
*Bombe humaine*
*Bombe humaine*
*Bombe humaine*
*Bombe humaine*

Toi qui n'as plus rien à perdre, qui avais une vie extraordinaire
Toi qui aujourd'hui ne peux voir ton fils que chez son beau-père
Toi qui n'as plus de frères,
Pour cette femme qui aujourd'hui s'envoie en l'air avec ta pension alimentaire
Toi qui ne vis plus qu'à l'hôtel
Qui passes ses nuits dans des bars pour te noyer dans des cocktails
Toi qui n'as plus de job, depuis qu'au chantier tu crois être complètement sobre
Toi qui collectionnes les rappels du Trésor public

328

Toi pour qui la garde parentale se complique
Toi qui deviens aigri, qui perds tous ses repères
Toi qui paranoïes même sur la sympathie de ta boulangère
Toi qui détestes les hommes heureux
Toi qui traites toutes les femmes de putes et toi qui
　　détestes Dieu
Toi qui fonces vers ce centre commercial
Jette-moi ces explosifs s'il te plaît ne deviens pas une...

*Refrain*

*Pont*
*La la la la la*
*La la la la la*
*La la la la la ah*
*La la la la la*
*La la la la la*
*La la la la la ah*

Moi qui ai tout à perdre, cette famille si magnifique,
Ces potes si disponibles, ces fans, cet énorme public,
Toutes ces personnes qu'ont fait ce que je suis aujourd'hui
Un homme comblé, qu'a tout pour aimer la vie
Moi qui réalise enfin mes rêves
Qui s'lève du pied droit tous les matins avec le sourire
　　aux lèvres
Moi qu'a tellement peur de les décevoir
Moi qui ne donne pas assez à Dieu, malgré ce que je reçois
Mais ce soir, pourquoi ne suis-je pas dans mon assiette ?
Ma tête tourne et j'entends mes potes me crier « arrête »
Mes émotions s'embrouillent, ma haine monte
Et je repense à tous ces gosses du tiers-monde, j'ai honte

En plus, la culpabilité me hante
L'Afrique a besoin d'aide et cette salle est pleine pour
    m'aduler quand je chante
Rien à foutre Mej, lâche-moi
Tu vois pas que l'hypocrisie qu'on cultive pourrit notre
    sang, donc lâche-moi
Que je fasse ce que j'ai à faire
Que je fasse péter cette salle de concert
Qu'on redevienne tous poussière
C'est c'qu'on mérite, nous qui laissons faire
Nous qui boudons notre liberté, bien au chaud dans
    notre confort
Donc lâchez-moi...
*« Tranquille, tranquille, tranquille Saïd »*
Non non
*« Regarde, viens, viens, vé, vé, vé on a vidé la salle, voilà »*
Vous ne voyez pas, l'homme ne respire qu'avec la tune
Avec un monde pareil, comment ne pas devenir...


*Refrain* × 2


Une bombe humaine,
Hé, hé ! Ça serait bête de tout faire péter
Tu sais, la vie est belle frangin
Un sourire c'est peu mais ça fait beaucoup, yé, yé
Tendons la main à ceux qu'en ont besoin, yé yé
Évitons vite de devenir une bombe humaine, yé
Ça tient à rien, ça tient à rien frangin, à rien

# Keny Arkana

Née en 1982, elle est d'origine argentine et vit à Marseille. Elle est l'une des figures féminines du rap actuel, distillant un rap militant proche de l'altermondialisme. Keny crie sa rage et chante son espoir de voir émerger un monde plus juste. À la suite de son premier album très engagé elle s'investit dans nombre de projets citoyens : elle participe notamment à la création du collectif La Rage du Peuple qui lance un manifeste en 2006. Elle a sorti en 2008 un mini album intitulé « Désobéissance ». Le sociologue Philippe Corcuff lui a consacré dans *Politis* un article qui qualifie son discours de « néo-zapatiste » et proche d'un certain ton qu'on peut trouver chez Walter Benjamin.

■ Discographie : « Entre Ciment et Belle Étoile » (Because Music, 2006) ; « Désobéissance » (Because Music, 2008).

## LA MÈRE DES ENFANTS PERDUS

Je suis celle qui accueille
Les mômes en mal d'amour qui se perdent bien souvent
    dans ma gueule
Ceux qui demeurent sans repères

Gosses de familles détruites, ils me prennent comme
    mère pour avoir des frères
Je deviens celle avec qui ils passent le plus de temps
Et ils sont fiers d'être de mes enfants
Ils portent mes couleurs dorénavant
Ils doivent prouver qu'ils sont dignes de mon rang
Me prouver à moi en prouvant à leurs frères
Qu'ils en ont dans le froc en provoquant l'enfer
Qu'ils puissent étoffer leurs palmarès
Pour alimenter le pacte, jusqu'à ce qu'ils se perdent
    dans leurs prouesses
Je leur ai inculqué qu'il n'y a ni bien ni mal
Juste des faibles et des forts à l'instinct animal
Parce que dans mes artères coule la jungle
C'est chacun pour soi et tous sur celui qui va geindre !

Je suis la rue
La mère des enfants perdus
Qui se chamaillent entre mes vices et mes vertus
Je suis la rue
Celle qui t'enseigne la ruse
Viens te perdre dans mon chahut !

Viens ! Tu m'as choisie comme mère quand tu es en
    vadrouille
Reste avec moi, quitte les bancs scolaires, j't'apprendrai
    la débrouille
Tu n'as pas de place dans leur monde mais ici je t'en
    donne une !
À toi de la garder ! Du ciment tu peux faire fortune...
Conduis-toi comme un roi, le reste viendra
J'suis avec toi mais faut honorer le pacte, souviens-toi

Je t'enseignerai l'agilité pour dompter la chance
J'ai composé la chanson celle où le Diable mène la danse
Cœur orphelin, je t'offrirai des sensations
Des jerricanes d'adrénaline, pour assouvir tes tentations
Tes parents vont me maudire, alors sans une excuse
Pour moi, tu vas les faire souffrir, je serai la cause de vos
    disputes !
Moi qui t'accueille à bras ouverts si tu prends la porte
Viens ! J'offrirai de l'argent à t'faire et plein de potes !
Qui seront tes compagnons, tes frères, car mes fils
Aveuglés, c'est à cœur joie, que vous sombrerez dans
    mes vices !

Je suis la rue
La mère des enfants perdus
Qui se chamaillent entre mes vices et mes vertus
Je suis la rue
Celle qui t'enseigne la ruse
Viens te perdre dans mon chahut !

Pour monter en grade, c'est vole, deale, cambute,
    dévalise
Mais non balise pas, ça t'aide à affûter ta malice
Mais réalise, que si tu t'fais pincer, tu n'as plus de
    valeurs à mes yeux
Tu seras seul, moi mes enfants sont nombreux
Mais même en taule tu seras fier d'être un des mômes
Moi qui ai gâché ta vie en te façonnant dans mon
    monde
Je t'ai détourné des tiens, ta famille, tes études
Et toi tu chantes mes louanges, certains font même des
    raps sur moi

Bon à convaincre les indécis qui doutent de mes vertus
Je suis la mère diabolique des enfants perdus
Certains y ont laissé leur vie, si jeune, est-ce dur à
   croire ?
Mort pour l'honneur, pour le pacte, pour ma gloire !
Je suis la rue sans scrupule et sans cœur
Je me nourris de ces âmes perdues, si jeunes et en pleurs
En manque d'amour, je suis le recours de ces gosses en
   chagrin
Laisse pas traîner ton fils, sinon il deviendra le mien !

Je suis la rue
La mère des enfants perdus
Qui se chamaillent entre mes vices et mes vertus
Je suis la rue
Celle qui t'enseigne la ruse
Viens te perdre dans mon chahut !

La rue t'élève et te tue.
C'est pas ta mère, et si tu crèves elle aura d'autres
   enfants.
La mort ou la prison.
Le laisse pas chercher ailleurs l'amour qu'il devrait voir
   dans tes yeux.

# Médine

Médine Zaouiche est né au Havre en 1983. Il est d'origine algérienne. Il évolue au sein du collectif La Boussole qui crée son propre label, DIN Records. Un mot d'ordre : le savoir est une arme. Artisan méticuleux et acharné d'un rap érudit et engagé, il tisse des textes à l'intitulé parfois provocateur mais avec un véritable talent de conteur. Son but est d'interroger les consciences et de dessiller les yeux non seulement sur les abus de notre monde, mais aussi sur nos propres préjugés.

■ Discographie : « 11 septembre » (DIN Records, 2004) ; « Jihad, Le plus grand combat est contre soi-même » (DIN Records, 2005) ; « Table d'écoute » (DIN Records, 2006) ; « Arabian Panther » (DIN/ Because Music, 2008).

## DU PANJSHIR À HARLEM

J'en ai passé des soirées comme celle-ci à regarder
Le ciel illuminé par les tirs de mortiers
48 ans de ma vie sur cette planète
Et je revois mon pays en fouillant bien dans ma tête
Mais ma mémoire me trahit comme mes alliés
Des souvenirs qui n'attendent que d'être coloriés

Et Kaboul reste présente autant que la guerre
D'abord les Russes et puis mes propres frères

J'en ai passé des soirées comme celle-ci à décrocher
Le téléphone incessant qui menace de me tuer
Trois décennies et neuf années sur la Terre
Je repense à mon parcours et ma descente aux Enfers
Récemment ils s'en sont pris à ma famille
Alors je vis séparément de ma femme et mes filles
Logé dans un hôtel au cœur de Manhattan
J'attends patiemment comme le font les montagnes

Commandant d'une armée de paysans
Cultivateurs de la terre, de boulangers et d'artisans
Une poignée d'hommes libres comme le vent
D'adolescents avec la guerre dans le sang
J'ai passé ma jeunesse dans le camp des résistants
Je voulais être architecte, ingénieur d'Afghanistan
Mais certainement pas un homme politique
Un chef de guerre, une figure emblématique

1965 fut l'année de l'aveugle qui voit
Mais le martyre a sonné je le sais désormais
Plus que tout que je serai mort avant de voir mon peuple
    en paix
C'est de famille de mourir violemment
Mon père et ses frères et à mon tour maintenant
J'aurais tenté de laisser un monde meilleur
Plus de justice pour les gens de couleur

Un jour ou l'autre je paierai de mon sang
Le prix d'une liberté arrachée à l'innocent

Inutile de s'enfuir de notre mort
On ne s'échappe jamais du filet de notre sort
L'islam mon seul rempart dans cette vie
Une religion de paix c'est de terreur qu'on la qualifie
Je prends mon rôle comme un don venu du ciel
Et quand ça tourne mal je tends les mains vers le ciel

De retour du berceau de l'humanité
D'un pèlerinage nécessaire qui m'a rendu mon
   humanité
L'immunité de l'Afro-américain
Qui combat pour ses frères à la recherche du Bien
Depuis ma rupture avec la Nation [de l'islam]
J'en suis venu à me poser tout un tas de questions
Le genre de questions sur le sens de ma mission
Et si les Blancs n'étaient pas tous des démons
Je sais pertinemment où ces idées me conduiront
Vers une mort certaine où en erreur elles m'induiront
Et peu importe désormais où j'irai
Parsemés d'embûches sont les chemins de la vérité

La capitale est sous contrôle taliban
Des étudiants du Livre qui le comprennent comme des
   ânes
C'est toute une nation qui part en fumée
Des dirigeants corrompus et leurs promesses consumées
Nos sœurs et nos mères interdites d'éducation
Plus qu'un pas en arrière pour ma civilisation
Indifférence totale de l'Occident
Qui croit encore que la guerre se déroule sans incident
Ma résistance telle une bouteille à la mer
Qui s'échoue sur une île inhabitée comme le désert

Mais il reste dans mon peuple assez d'espoir
Pour maintenir les rangs, changer le cours de l'Histoire

Et les médias m'assimileront à la haine
Le Noir énervé au moindre mouvement dégaine
Précurseur du soulèvement des ghettos
Responsable incontesté des émeutes à Soweto
Comprenez-moi les Blancs ont brisé ma vie
Assassiné mon paternel et démantelé ma famille
Des familles d'accueil au redressement dans des
    maisons
De l'escroc d'Harlem jusqu'à la case prison
Tout est fait pour que le Noir échoue
Des illusions comme de faire croire que nous sommes
    nés dans des choux
Alors je vis chaque jour comme le dernier
Et spécule sur mon propre décès

Dimanche le neuvième jour de septembre
J'ai rendez-vous avec la presse du monde arabe dans
    l'antichambre
Deux reporters sympathiques en apparence
Aux visages trop souriants qui m'inspirent la méfiance

Dimanche vingt et unième jour de février
Je me rends à l'Audubon Ballroom sans me faire prier
Le public m'attend alors je me presse
Une série de rendez-vous dominicaux sans la presse

Dans ma carrière de militaire qui résiste
J'ai eu l'honneur de rencontrer des centaines de
    journalistes

Mais aucun qui venait de l'Arabie
Alors expliquez-moi pourquoi ils m'interrogent
    aujourd'hui

Je retrouve mon équipe dans les coulisses
Le révérend sera absent mais mon assistant novice
Le remplacera le temps d'un discours
Le temps pour vérifier les portes de secours

Poignées de main solennelles,
Embrassades fraternelles
Je maintiens mes distances mes distances d'un réflexe
    habituel
Que la paix soit avec vous voyageurs
Que la paix soit avec toi Massoud le sauveur

Ces derniers temps j'ai fait office de lampe torche
Pour éclairer mon peuple, sorti la lampe de ma poche
Mais je sais bien qu'ils complotent autour de moi
En plus des anciens coreligionnaires ça pue la CIA

Admiratif d'un combat hors du commun
Je vous salue frère Massoud de la part de tous les miens
Peut-être avez-vous quelques questions à poser
Faisons besogne avant que l'heure de prier
Ne vienne s'imposer

Depuis mon arrivée sur scène des hommes étranges me
    fixent
Des têtes inconnues dans les meetings de Malcolm X
Que la paix soit avec vous frères et sœurs
Que la paix soit avec toi notre frère pasteur

Dites-moi commandant, êtes-vous prêt à mourir
Croyez-vous que votre esprit méritera le martyre ?
Mais qui êtes-vous, quel genre de questions posez-vous ?
Et pourquoi la caméra n'est pas branchée mais sur
  vous ?

Et soudain au dixième rang c'est la cohue
Arrête de fouiller dans ma poche négro tu crois que j't'ai
  pas vu ?
Calmez-vous mes frères soyez disciplinés
Reprenez votre place que l'on puisse continuer

Des ceintures d'explosifs contre le ventre
Ils implorent la grandeur de Dieu et mettent fin à
  l'attente
Dans la pièce des fragments de peau se déchirent
Ce soir le lion est mort dans la vallée du Panjshir

J'allais poursuivre mais j'aperçois un homme armé
Je crois que c'est un Noir ils sont plusieurs à s'énerver
Saisissant les événements un dernier sourire à ces Noirs
Assassinée par ses frères fut la panthère noire

De Massoud à Malcolm, du Panjshir à Harlem
Le combat reste le même...

# JIHAD

Quelques milliards d'années pour un retour en arrière
Écrivain arriéré depuis que l'homme est sur terre
Il était une fois un morceau de chair
Puis pour conquérir le monde petit homme partit en
  guerre
D'un geste habile Abel devint victime
Par le meurtre de son frère Qâbîl instaure le crime
Ce furent les premiers pas sur terre des criminels
Trahison fraternelle une femme au centre des querelles
Et le règne de l'homme suivit son cours
Oubliant son Seigneur celui qui lui fit voir le jour
Accumulant les erreurs et les défaites
Espérant trouver son coin de paradis par les conquêtes
Alors petit homme sortit son épée
De son fourreau et commença à découper
Toutes les têtes qui se dressaient devant lui
Les mauvais comme les gentils les colosses comme les
  petits
Préhistoire Antiquité Moyen Âge et Renaissance
Une histoire sans équité obtient la rage à la naissance
Avertissement de la part des messagers
À qui on tourne le dos et qui nous laissent présager
Une guerre avant une autre et un mort après l'autre
Un empire un continent et une race contre une autre
Récit imaginaire, mythologie du minotaure
Hercule contre Centaure Achille contre Hector
Et comme les responsables n'y sont qu'à moitié
Musulmans contre Croisés Jérusalem et Poitiers
David contre Goliath et Moussa contre Pharaon
Tous devront rendre compte quand sonnera le clairon

... Et l'existence aura pris fin
Puis renaîtra de sa poussière de défunt
Un jugement qui se déroule sans injustice
Regroupant l'humanité les dos chargés de bêtises
Mais bien avant petit homme aura pris le temps
De combattre son frère et de verser le sang
D'innocents de coupables présumés
D'instaurer un bordel pas possible en résumé
César Attila Alexandre le Grand
Gengis Khan Napoléon et Guillaume le Conquérant
Le pouvoir ne fait que changer de prénom
Les méthodes restent les mêmes de succession en
    succession
Couronné par le peuple autoproclamé
Le bourreau par la victime se voit acclamé
Réclamer le prix d'une liberté promise
En espérant un jour regagner la terre promise (Palestine)
Moujahidin samouraï ou prétorien
Mercenaire et légionnaire soldat de plomb qui ne craint
    rien
Général caporal sous-officier
Depuis le fond de nos entrailles à la guerre nous sommes
    initiés
Et si le monde d'aujourd'hui a changé
Qu'on nous explique les génocides et leur sens caché
Qu'on nous explique les conflits qui se prolongent
Le 21$^e$ siècle est bien parti dans son allonge
Explique les bouteilles de gaz l'invention des chambres à
    gaz
Les furtifs hélicoptères qui coupent les ailes de Pégase
Le crime est dans nos têtes enfoui dans nos mémoires
Il suffit d'un rien pour que le monde replonge dans le noir

Guerre offensive défensive guerre mondiale
Guerre des nerfs nucléaire guerre coloniale
Guerre des étoiles guerre du feu guerre diplomatique
Guerre des mondes et guerre bactériologique
Guerre froide guerre de résistance
Guerre civile guerre de 100 ans guerre d'indépendance
Croix de guerre chemin de croix et croix de fer
Crime de guerre cri d'enfer auxquels je crois dur comme
    fer
L'important c'est de participer
Moi j'crois bien n'avoir jamais joué à la paix
Une marguerite sur nos fusils à pompe
On déteste les armes mais on les fabrique en grand
    nombre
C'est l'industrie de l'armement
Une manière comme une autre de se faire de l'argent
Ak 47 et pistolet mitrailleur
Kalachnikov et missile Stingers
Missile Rocket al Samoud et Tomahawk
Des armes de destruction massive qui nous choquent
Uniquement quand elles appartiennent aux autres
Après l'enquête en fin de compte ce sont les nôtres
Et recommence depuis le commencement
Insoumission désobéissance au grand commandement
On abandonne notre poste de vertu
Moralité d'acier un vêtement dévêtue
Aucune pudeur aucune remise en question
Aucun regret aucune larme aucune demande de pardon
Aucun combat exercé de l'intérieur
Aucune leçon tirée de toutes les erreurs antérieures
On naît on vit on meurt entre deux on s'entretue
On se pardonne on se trahit le cycle se perpétue

343

On se délivre on se libère pour finalement
Enchaîner par rendosser d'autres chaînes
   machinalement
Et moi je chante contre vents et marées
Écoute ma chronologie pour les contrecarrer
Ceux qui choisissent la solution militaire
N'ont-ils pas vu qu'elle nous dessert beaucoup plus
   qu'elle ne nous sert
Reçoit mes références mon listing ma rédaction
Reçoit mon bilan historique et ses acteurs sans
   rédemption
Étudier reste la seule solution
Pour les Blancs les Noirs les gens issus de l'immigration
Ma richesse est culturelle mon combat est éternel
C'est celui de l'intérieur contre mon mauvais moi-
   même
Mais pour le moment les temps resteront durs
Et pour le dire une centaine de mesures
Jihad

## PÉPLUM

C'est pour les Maximus en air max
Les Cléopâtre en taille basse
Mercenaires et combattants du Ceasar Palace
Les Ben Hur en vêt-sur les cadavres en pâture
Qui des guignols ou du sénat est la caricature ?
C'est pour les nazgûls en virgule, les princesses qu'ont
   vécu

Les capuches les crapules en véhicule
Pour les racailles vêtues en requins re-cui
Les Irakiens des blocs avec les coquards de Rocky
C'est pour les Russell Crowe qui recèlent trop
Les Kurt Russell qui tirent au gros sel vers le ciel
Pour les Kirk Douglas au cœur de glace
Les black pégase qu'envoient les gaz sur des bécanes
    d'occaz
C'est pour Léonidas en marcel
Les kings de l'art martial les kill bill du Maghreb
Achille enchaîné prisonnier du haschich
Les Nefertiti qui de la vie ont tout capiche
Les Ulysse en kamiss les sœurs avec du charisme
Les Khouyas sans khalis avec un permis de cariste
Les bustes de buffle et les Brutus du bitume
Leur kilo de plomb contre mon kilo de plume

    *Refrain*
*Nos destins sont des longs-métrages sans remise de Césars*
*Et la justice a le pouce de Jules César « Ahouuu »*
*La vie n'est qu'un battement de cils « Ahouuu »*
*La mort n'est qu'un pouce vers le sol*

Nos destins sont des longs-métrages sans remise de
    Césars « Ahouuu »
Et la justice a le pouce de Jules César « Ahouuu »
La vie n'est qu'un pouce vers le ciel « Ahouuu »
La mort sera la fin du péplum

« Médine Médine Médine... »

C'est pour les gueules de clé à molette les rarement
    diplomates
Les automates des blocs qui changent Cléopâtre en
    playmate
Appuie sur play mec que je balance le playback
Dans cette époque où l'on joue les playboys en Mayback
C'est pour les irradiés de la casquette, les radiés des assdic
Constamment en période de vache maigre
C'est pour les seldjoukides sur une selle de quad
Et pour celles qui tapent dans des sacs de sable
C'est pour les Blacks Panthères olympic
Les conducteurs de la rubrique nécrologique
C'est pour les Spartacus escrocs des cartes à puce
Pour ceux qui usent les bancs de la garde à vue
C'est pour les Arabian Spartiates
Pour l'esclave devenu général comme Socrate
Pour les jedis en djellaba comme Obi-wan
Les boulahyas boula one du centre Essalam
C'est pour les femmes qui sont devenues des hommes
Pour avoir reçu autant de coups de battes qu'au Yankee
    Stadium
Pour les thugs, les colosses et les gargoys
C'est pour les bad boys sortis tout droit d'un péplum

*Refrain*

Nos quartiers n'ont pas que les grecs frites de la Grèce
    antique
Sur break beat petit je t'explique quel est mon ressenti
Les hommes s'enrichissent comme l'uranium
Font des guerres chirurgicales comme la gueule à
    Michael Jackson

346

Le notable a son bouclier fiscal
Et l'esclave doit se battre avec une couverture sociale
On est comme sorti d'un scénario de Ridley Scott
Où le mektoub est un magnétoscope
Leurs pellicules sont trop étroites pour nos vécus
Nos pères accomplissent les 12 travaux d'Hercule
On a le recul du fusil tchétchène
Mais la mort envoie son générique au milieu de la
    vingtaine
Plus forte que le plomb sera ma plume « Ahouuu »
Bien plus forte que l'épée sera ma plume « Ahouuu »
Sorti de l'école avec trop peu de diplômes
On fait des albums aux allures de péplum

*Refrain*

# Sniper

Groupe composé de El Tunisiano (alias Bachi Baccour), Blacko (Karl Appela), Aketo (alias Ryad Selmi) et DJ Boudj. Les Sniper sont principalement connus pour leurs textes qui leur ont attiré l'ire des autorités, accusés d'incitation à la haine contre l'État et ses fonctionnaires, d'antisémitisme. Parfois excessifs et maladroits, certains morceaux font aussi preuve d'un certain esprit potache dans une atmosphère rap majoritairement grave et sombre.

■ Discographie : « Du rire aux larmes » (Desh Musique, 2001) ; « Gravé dans la roche » (Desh Musique / East West France, 2003) ; « Trait pour trait » (Desh Musique & Up Music, 2006).


## DANS MON MONDE

Bienvenue dans ma chambre j'y glande voyage sur
    commande
Je fais le tour du globe à l'aide de ma télécommande
Je suis grave contraignant un peu marteau fainéant
Le contraire d'un lève-tôt
Moi j'ai arrêté la drogue le soleil m'a doublé
Aujourd'hui sportif je te fais un croquis
J'cavale avec les petits imitation Rocky

Tu peux me voir à la salle Bagnolet
Ou Athis mettre les gants avec Criou Ridfa ou Bardiss
Serre les dents car violent est le trip
Chauds sont les types ils m'ont chauffé la pipe
Puis j'anticipe j'vais voir un poto
Yannos c'est le soss et l'assoce se fait dans le labo
Et je rentre à des heures insensées
De chez moi à l'Haÿ j'ai mis des barres dans le censé
Paris et sa périphérie tant de périples
Chérie toujours la même story une vraie chauve-souris
On m'a dit c'est pas une vie faut que t'arrêtes
Mais moi j'suis dans mon monde laissez-moi dans ma
    planète

    *Refrain*
*J'suis dans mon monde*
*Un peu flemmard, couche-tard et rêveur*
*Un jeune débrouillard qui mène une vie de baroudeur*
*Juste mon monde*
*J'ai les deux pieds dedans la tête dedans*
*Je suis dans ma sphère frère je baigne dedans*
*Rien que mon monde*
*Souvent les pensées perdues loin dans les étoiles*
*Votre monde m'a fait peur j'ai dû mettre les voiles*
*Viens dans mon monde*

Galérien tout terrain toujours un plan toujours une
    planque
Moi toujours occupé à tuer le temps tu me connais pas
    toi
Dis pas que je ne branle rien
OK c'est vrai que je glande mais je glande bien

349

Pénard appelle-moi Tonton le routineur
C'est tout un art avec Tonton le gros pineur d'instru
Augmente le son que je balance un truc
Check check les khos de la tèce me surnomment tchetch
Frère bienvenue dans mon univers,
Soit je suis au tiex tiex ou sur Enghien en train de boire
    un verre
Dans un terrain en train de dreupin ou dans un nelle-tu
En train de rentrer un petit panel en pleine circu
Mais tout ça c'est du charabia pour ceux qui savent pas
C'est pour Beucé kemer Guy Matcho et Lamsa
Si si c'est ça 2006 on remet ça gros bisous à la RATP
Mon petit délire, la vie et ses petits plaisirs
Comme d'hab un couplet sur une prod bad
Et hop là j'avance encore passe à un autre stade un autre
    style
Viens dans mon monde y a la bonne vibe

    *Refrain*

Bienvenue dans mon monde rouge jaune vert
Où l'homme devient lion et porte une crinière
Un monde parallèle sans barreaux ni frontières
Un monde où les ténèbres sont aveuglées par la lumière
Votre système m'a rendu schizophrène
Je me suis fait une planète
En rayant les chiennes les hyènes et les gens
    malhonnêtes
J'ai zappé la futilité jeté la prise de tête
Bâillonné et enchaîné ma haine pour chanter à tue-tête
C'est vrai que je suis un peu rêveur médicalement
    parlant

Je suis atteint par le syndrome de « Peter »
Je vis dans mon monde car le vrai fait peur
Je ferme les yeux dans le métro
Regarde les gens, on dirait qu'ils pleurent
Un petit reggae musique dans le walkman
Et à la place du béton le lion voit sa savane
De tour en tour je vois le diable qui saute et qui ricane
Il me suit veut m'épuiser afin que ma foi se fane
Dans mon monde les oiseaux parlent et m'avertissent
Ils disent « Crois en ton père tu es son fils »
Je suis bien dans mon monde et j'y resterai
Je reviendrai dans un vrai pour me faire enterrer.

# Nessbeal

Nabil Sehly, né en 1978 à Boulogne-Billancourt, est d'origine marocaine. Il navigue d'abord dans l'entourage de Lunatic, de Booba (le 92), puis prend son indépendance et entame une carrière solo. Après un premier album prometteur en 2006, entre rage aiguë, profonde mélancolie et pointe d'espoir pour l'avenir des fils de la cité, il récidive en 2008 pour confirmer son timbre particulier et sa présence grandissante dans le paysage du rap français. C'est lui qui découvre Orelsan. Il semble que le « roi sans couronne » parvienne à se tailler un véritable royaume.

■ Discographie : « La mélodie des briques » (Nouvelle Donne, 2006) ; « Roi sans couronne » (Nouvelle Donne, 2008).

## LE CLOWN TRISTE

Les neurones en charpie, j'déambule sur l'parvis
J'sens la nuit tomber, l'crépuscule m'envahit
Du spectacle en finale, Panenka au penalty
Moi et l'code pénal, asocial pour une thérapie
Mesdames Messieurs, c'est moi l'clown triste
J'suis dans la matrice, ça vient des tripes le flow n'est pas
    factice

J'ai toujours l'sourire, ça cache les soucis
Y a pas d'sous, j'fronce les sourcils quand toi tu penses
  au suicide
J'ai pas peur d'la mort mais l'amour m'fait flipper
Stratégie d'guerre, j'suis pas doué pour la paix
J'me méfie de la gentillesse, j'trouve ça suspect
La violence j'suis friand de ça, parano dans mes couplets
J'porte les cicatrices d'ma rencontre avec l'homme
C'est mon élément la faune, j'suis né dans l'œil du
  cyclone
La té-ci a fait d'nous de jeunes ivrognes
Un clown triste, d'la folie j'en porte les symptômes.

N'écoute pas j'chante un d'ces moments où il n'y a plus
  d'espoir
Un clown triste condamné à l'exploit
Mon fils, j'porte la couleur du désespoir
Divertir c'est mon emploi, j'suis un lyriciste hors-la-loi.

Comme J.R. c'est cul-sec qu'on pillave le Jack (sisi)
Personne n'a peur d'la chute, on la connaît d'jà
Est-ce un cul-de-jatte qui va m'porter l'estocade ?
Chérie, faut pas qu'tu chiales si j'tombe dans une
  embuscade
J'suis comme une ancre, tout c'que j'touche s'enfonce
  avec moi
J'change pas d'camp j'recèle les pertes de mémoire
J'ai toujours fait l'cancre, bienvenue dans mon manoir
N'écoute pas mon fils j'chante un d'ces moments où il
  n'y a plus d'espoir
Imagine qu'on est dix dans un appart' rempli d'blattes
Premier trimestre, en troisième ils m'ont mis un blâme

Les profs n'comprennent pas la vie des pauvres
Prouve que t'es pas un looser, dans ce cirque le clown
s'transforme en fauve
Des fois j'oublie que j'suis d'passage comme les oiseaux
En boîte, nos panthères ont d'la coke plein le museau
Chef d'orchestre le clown se doit de divertir un zoo
J'ai jamais compris ce monde, j'capte rien j'ai pas
d'réseau.

N'écoute pas j'chante un d'ces moments où il n'y a plus
d'espoir
Un clown triste condamné à l'exploit
Mon fils, j'porte la couleur du désespoir
Divertir c'est mon emploi, j'suis un lyriciste hors-la-loi.

J'purge ma peine en solo une fois que s'est vidé
l'chapiteau
Un métis, un clown triste en mandat de dépôt
Pas d'armes dans mon cirque y a un détecteur d'métaux
Faux pacifiste j'te sors un Uzi d'mon chapeau
Ne2s alias Zappatta, c'est mon concerto khoya mon flow
va vous vatta-sa
Nouvelle école j'représente Zavatta, personne ne danse
de valse ici tout le monde connaît l'omerta
C'est ici que commence mon récit tragique
Quand ça crève en bécane, nous c'est Orange
Mécanique
La faucheuse met des Ray Ban, j'suis machiavélique
Un peu psychotique, j'ai plus l'inspir' sans les
narcotiques
Enfant enfermé dans un corps d'homme
Trapéziste attiré par l'vide que Dieu m'pardonne.

N'écoute pas j'chante un d'ces moments où il n'y a plus
    d'espoir
Un clown triste condamné à l'exploit
Mon fils, j'porte la couleur du désespoir
Divertir c'est mon emploi, j'suis un lyriciste hors-la-loi.

# Youssoupha

Né à Kinshasa en République démocratique du Congo, arrivé en France à dix ans dans les Yvelines. Élève doué, il a entamé un cursus universitaire à la Sorbonne qu'il abandonne pour le rap. Interpellé par la cause noire et africaine, les inégalités, le racisme, il invite à lire Aimé Césaire et Senghor, prophètes de la négritude.

■ Discographie : «À chaque frère» (Bomayé Musik, 2007).

## ÉTERNEL RECOMMENCEMENT

OK, j'ai beau brailler sur des dizaines de mesures,
j'peux rien t'dire d'original qu'un autre rappeur t'ait
    jamais dit,
parce que finalement nos plaintes sont les mêmes,
on décrit la même réalité, on dénonce les mêmes
    problèmes
titre après titre album après album,
au point qu'j'ai l'sentiment que tout ça n'est qu'un
    éternel recommencement.

C'est pas un genre de gimmick où je m'esclaffe
Là je m'exclame sans timminick
alors cesse tes mimiques je suis pas ton esclave

Moi j'exclame sur beat crasseux comme l'*Erika*
trop lyrical pour une minute de silence quand dieu bless
    America
Dédicace à mes vers trempés dans la poisse,
j'ai la trempe des poids lourds, le poids des mots qui ont
    la gouache
Le cœur à gauche comme mon bras, celui qui braque la
    feuille blanche
J'évite les cobras, les Tony Brasco qui m'branchent
Rien qu'je bronche sur le fiasco,
on fait confiance qu'au trafic qui nous finance et pas aux
    filles qu'on fiance
Comédie humaine, rêve inédit dans mes échos mènent
    toujours la même déco
où dieu et l'diable finissent ex aequo
J'm'exécute même quand l'câble est exigu
Ma zic en exil zigzague entre les basses et les aigus
J'mélange mes fantasmes et mes peines
comme dans c'rêve où ma semence de nègre fout en
    cloque cette chienne de Marine Le Pen
J'deale ma rime en peine et pas d'farine pour les narines
    en peine
On m'fait la guerre alors qu'j'arrive en paix
J'veux pas qu'on m'empêche d'interpréter
ou d'prêter ma voix à tous ceux qui sont prêts à tout
    péter,
tout près du bonheur j'ai tant d'mal à l'saisir,
dans ma frénésie l'rap mon anesthésie en dose de
    16 mesures
Si j'cause de ciel azur ou d'un monde peace
c'est une injure aux Tibétains, aux Palestiniens et à leurs
    supplices.

357

Les yeux s'plissent mais y a pas d'paroles complaisantes,
tu crois qu'on plaisante dans les récits qu'on présente ?
J'représente l'intense brailleur,
moi j'm'en bats d'la France d'en bas j'représente la
France d'ailleurs
Ici on die sans suicide à la Dalida
car d'après eux dans les quartiers y a qu'des caïds et des
Al-Qaida
Ma ra-caille d'abord
puis les tripes hip-hop à tribord et j'combats Babylone à
bâbord
Aux abords c'est l'bordel,
quand la horde sème le désordre et met la police hors
d'elle
C'est un rap mortel hip-hop – blues,
c'est ma cassette qu'on rembobine car elle met de
l'hémoglobine sur la blouse
Entre le bitume et la brousse faut que j'prouve
comme à la russe-roulette j'ai que mes boules et pas
d'bullet proof
Youssoupha ça sonne trop cainfri pour mes faf
et la négritude en France voilà un sujet qui fâche
Être black c'est un don et pas un délit,
ni un délire pour être coté dans l'RNB ma p'tite Ophélie
J'veux pas que les fêlés m'félicitent,
ce qui m'plaît c'est faire des couplets que la plèbe
plébiscite
Avec l'illicite on flirte,
aubaine pour ceux qui baignent dans la musique qui
heurte à la Kurt Cobain
Meurtre au bang-bang déguisé en bavure,
car en garde à vue on canne les peaux d'ébène-bene, t'as vu

Ta vie c'est pas l'bitume et les rates,
vu les thunes que tu rates en croyant faire fortune en
    faisant du rap
Rester durable c'est primordial,
mais j'voudrais être prime jusqu'à la mort car j'ai la dalle
    à un niveau mondial
Oh mon dieu on s'en serait jeté,
car si l'amour est aveugle la haine elle m'a toujours
    zyeuté
Jeunes rejetés, l'État met nos vies entre parenthèses,
quand ça part en couille on dit que c'est parce que nos
    parents s'taisent
C'est par hantise, par peur du lendemain que mes gens
    tisent
Rien d'gentil y a qu'du méchant dans ce que mes gens
    disent
Le monde n'est qu'une marchandise pour l'Occident
qui fait son biz sur la gourmandise et les vices de nos
    présidents
Eux nous trahissent et deviennent des pompes à fric,
j'ai plus d'amour pour l'chétane que pour certains chefs
    d'État d'Afrique
J'fais pas d'détails c'est pourquoi mon rap est strict
On vit comme du bétail c'est pourquoi mon rap est
    street
Dans mon script j'ai plus l'temps pour les sentiments,
j'suis tellement dos au mur que ma colonne vertébrale
    est en ciment
Intensément j'parle vrai pour faire simple,
pas comme ces fous qui feignent la foi en dieu pour faire
    leurs guerres saintes
Sur les grandes enceintes j'décris un monde infâme

car si j'ai peur des flammes j'mettrais pas ma femme
enceinte
Laisser une empreinte, faire de mon mieux pour qu'il
n'y ait pas d'drame
Car aucun d'nous n'a l'oral d'Abraham
Rien qu'on blâme quand j'bla-blatte ton blâme,
quand je clame mon blâme et mon âme on veut la
brader
Tu sais qu'les bavards bavent sur mon blaze,
blaguent sur mon blaze et à la base j'en suis blazé
Je sais qu'ça va jaser que ça va jacater
et gazer sans tact et assez décontract
Rares sont les contrats, nombreuses sont les contraintes
mais nous on a parié sur notre musique à dix mille
contre un
Viens dans nos contrées avant de dénigrer
comme Sarkozy ce fils de Polonais qui n'aime pas les
immigrés
Pour l'avenir j'suis pas confiant
depuis le 21 avril je sais que les Français sont des
racistes conscients
Quand tombe le résultat hardcore tout le monde hurle,
mais l'accident électoral est bien sorti des urnes, non ?
Parfois j'rappe avec mes burnes, parfois j'rappe avec ma
tête
mais quand j'rappe avec mon cœur ça s'ressent sur mes
maquettes
J'suis pas une vedette à maquer le maquis m'a marqué,
j'prends l'mic pour t'estomaquer
Tu m'testes au mic et si tu gagnes
c'est la preuve que t'auras appliqué notre art avec hargne
Le savoir est une arme, maintenant je le sais,

et si je verse une larme c'est parce que maintenant je
 saigne
C'qu'on nous enseigne me sidère,
car on oublie de nous dire que Napoléon était raciste et
 sanguinaire
Depuis des millénaires on dit qu'le progrès nous libère
du divin jusqu'à s'croire maître de l'univers
Mais c'est fou comme les principes d'un homme
 s'évanouissent
et que sa foi s'évade face au pouvoir que la femme a
 entre ses cuisses
Quand j'use mon QI pour penser au cul,
j'accumule mes lacunes et perds mon temps à en
 compenser aucune
MC de mauvais augure, j'aimerais écrire sur les belles
 blondes,
mais putain j'viens du tiers-monde !
Je fais des chansons entières sur notre histoire
soit le monde vu par les yeux d'un bledard devenu
 banlieusard
Pas d'la poésie pour les beaux-arts,
devant leurs beaux yeux un morceau d'Oxmo ne vaut
 pas Mozart
Le rap est en osmose avec son époque,
le message qu'il porte dérange les porcs qui lui ferment
 la porte
Sur une portée d'piano j'viens m'étendre
pour ceux qui pensent que le monde est gore seulement
 depuis le 11 Septembre
Sinistre a bien compris c'est quoi l'rap,
faire d'la musique pour un éveil communautaire pour
 moi c'est ça l'rap

On chante notre sale rage depuis le commencement
mais comme les problèmes sont les mêmes c'est un
éternel recommencement...

OK, j'ai beau brailler sur des dizaines de mesures,
j'peux rien t'dire d'original qu'un autre rappeur t'ait
jamais dit,
parce que finalement nos plaintes sont les mêmes,
on décrit la même réalité,
on dénonce les mêmes problèmes titre après titre, album
après album,
au point qu'j'ai l'sentiment que tout ça n'est qu'un
éternel recommencement.

De son vrai nom Cathy Palenne, d'origine martiniquaise, née à Rouen, elle vit actuellement au Blanc-Mesnil, dans le 93. Elle appartient au collectif Anfalsh qui tient à préserver sa griffe underground et à se démarquer du rap dit « français » au profit d'un rap dès lors à dénommer de « fils d'immigrés ». Proche du groupe La Rumeur, elle distille un rap sans aucune concession, sans aucune demi-mesure. Cette dame en colère a sorti en 2009, avec Hamé de La Rumeur et Serge Teyssot-Gay de Noir Désir, un album intitulé « L'Angle Mort ».

■ Discographie : « Stratégie d'une trajectoire » (Doeene Damage Anfalsh, 2006) ; « L'Angle Mort » (La Rumeur Records / T. Rec., 2009).

## SUIS MA PLUME

Ma plume, mon diplôme, un blâme, un problème
Un suprême programme haut de gamme qui engrène
Qui entraîne débris de crânes, de vitrines
Crimes qui se trament, nitroglycérine
Premier album, je dégaine, sors des abîmes
J'amène œdèmes et rétame des riddims
J'étonne, on m'acclame

Je donne mon mot d'ordre et mon modem
Quidam des Dom sur le macadam
Des tonnes d'ultimatum dans mes thèmes
Hématomes dans mes tomes à l'antenne et cartonne le
  système
Fais grand chelem pour victime des HLM
Vu qu'Paname est telle Gotham, tam-tam et cocktails

*Refrain*
*Ma plume c'est mon diplôme*
*Elle pose des problèmes*
*Et puis cause des glaucomes*
*Rend blême et on l'aime et on l'acclame chez les clones (tu*
  *suis ?)*
*C'est le dilemme et l'œil du cyclone (t'es sûr, tu suis ?)*

J'en mets partout t'es averti vas-y barre-toi
Je vire tout et suis en liberté vas-y tire-toi
C'est mon quart temps mon cartel est partant
De sortie pour apporter un bordel important
Il est tant de jarreter on va tarter
Sans vertus ni mots courtois on va t'éclater fais-le pour toi
En retard tu iras par terre en martyr
Et verras les cratères de tes artères ressortir
Car on te torture dans nos dortoirs
Et puis t'attire sans critères dans nos vestiaires
Pour se divertir
Inspecteurs, reporters, auteurs sectaires
Il est trop tard dans le secteur pour vos projecteurs
Routards, scooters, motards, conducteurs
Comptent bien dicter leurs lois sur le terre-plein et vous
  faire taire

Humanitaires manquant d'humanité
On va les dynamiter, les matons, les menotter
Nantis à édenter dans les salons de thé
Anéantie au pays de Danton
Moi j'viens pour les dompter
On va monter les scies à métaux
Nous les Bantous
Car mater les moutons ânes bâtés
C'est un métier

*Refrain*

Attaquer les verts kaki, saquer leurs locaux
Maquez-les dans le maquis, sans tricots, illico
Braqués les marquis friqués, leurs acquis et écus
Ils ont croqué et conquis leurs carats en traquant nos
    vécus
Nous, délinquants indiqués, et au sol plaqués
Flanquons du boucan et des raclées à qui s'est moqué
Pas ex aequo, juste parqués dans ce fiasco
Confisquons whisky et pissons sur l'cocorico.

*(Casey/Soul G)* © 2006 Anfalsh/Doeen Damage.

# Al

Présent depuis longtemps sur la scène rap, c'est lui qui, il y a plus de dix ans, répondait à Fabe dans sa « Correspondance » : « Au fait j'voulais savoir si t'as un pote qui peut m'faire un son/tu sais ici, c'est pas New York, c'est juste Dijon/Pour assouvir sa passion, ça relève de la mission. » Il sort son premier album en 2008. Proche de Casey et de La Rumeur, il milite lui aussi pour un rap non formaté, et engagé, aux paroles critiques, sombres et ciselées et, comme en témoigne la chanson présentée ici, d'une étrange spiritualité de la rue.

■ Discographie : « High-Tech & Primitif » (Matière Première, 2008).

## L'ANGE DE LA RUE

Une batterie, un piano, un peu de piété et quelques
    mots
Pour parler de l'ange de la rue, celui qui rappelle à
    certains qu'on peut aussi devenir maître
Et apprendre à faire de savants calculs avec des lettres
Qu'être différent sert à mesurer la force
Que quand l'homme est un arbre, la passion ne doit pas
    s'arrêter à l'écorce

L'ange plane, et la machine de l'adversité tombe en
    panne
Tel le jour où j'accompagne ma frangine devant le juge
Les HLM voulaient l'expulser pour des retards de loyer
Rien d'original, ce jour-là l'ange a survolé le tribunal
Il est là, chaque fois qu'un gars se dit qu'il n'est plus
    prêt
À faire n'importe quoi parce qu'il n'a plus de billets
Ou qu'il se dit merde, je ne sais plus depuis combien de
    temps je n'ai plus prié
Parfois il souffle à nos oreilles que les choses du cœur
    sont un festin
Que le matérialisme ce n'est que des restes, c'est ça qui
    t'intéresse ?
Ne te trompe pas, il n'y a pas de paradis version terrestre
L'ange n'a pas de religion
Chacun sait que dans nos régions
Si tu as le tort de prier Allah
C'est toi qui fais l'objet d'une fatwa, et on te traite de
    hors-la-loi
Nos peurs et appréhensions font partie du réseau qu'il
    démantèle
Il chasse la fatalité de son battement d'ailes
Et surtout persuade les miens que leur destin ne dépend
    pas forcément d'elle
C'est la foi des tricards, l'évangile selon les smicards, le
    côté spirituel des tiécards
Où tant de politicards voudraient voir nos ambitions
    brûlées comme les ailes d'Icare
Vu qu'ils ont réduit le monde des hommes
À des usines qui produisent pour des nations qui
    consomment

Vu la société dans laquelle on vit
Beaucoup avalent d'un trait que l'ange de la rue est un intrus
Parfois quand certains des nôtres prennent des chemins qui mènent au malheureux
Tel le chirurgien qui implante un pacemaker il intervient
Greffant la raison dans leur tête ou la peur dans leur cœur
Personne n'y verra rien d'irrationnel
D'abord les cieux ne font rien de sensationnel
Ensuite les clichés collent tellement à la peau du ghetto
Qu'ils sont devenus des tatouages
Impossibilité d'associer la cité aux choses de la divinité
Seulement au danger et à la morosité
Là d'où l'on vient il n'a pas mis les pieds
Tu es sûr mon frère, combien jurent le contraire
Que l'être céleste veille sur notre univers sur notre monde sur notre terre
Sur nos bleds sur nos banlieues
Une batterie un piano on a chacun nos mots pour parler de Dieu.

*Produit par Matière Première*
*Réalisé par DJ Saxe*
© *Matière Première.*

# La Scred Connexion et Haroun

Collectif de Barbès, constitué à l'origine de Fabe, Mokless, Haroun, Koma et Morad, «Scred» vient de discret. Leur mot d'ordre est «jamais dans la tendance mais toujours dans la bonne direction». Fabe part en 2001, mais la connexion discrète poursuit sa route et offre un rap en marge des majors, engagé, critique, efficace. La «Scred Connexion» est l'un des groupes underground majeurs. En parallèle, ses membres poursuivent des projets solitaires, notamment un album de Koma sorti en 1999 et un excellent album de Haroun en 2007.

■ Discographie : «Du mal à s'confier» (Scred Connexion, 2001) ; «Ni vu ni connu» (Menace Records, 2009). En solo, Koma : «Le Réveil» (EMI, 1999) ; Haroun : «Au Front» (Front Kick, 2007).

## LE BONHEUR

Y a pas que la marée qui monte, quand j'mate je me
    mets à compter
Le nombre de gars sur le carreau à s'demander s'ils
    seront des
Condamnés vu qu'c'est sans succès d'espérer un jour
Voir autre chose que cette merde et la grisaille qui nous
    entoure

Y a pas qu'la marée qui monte, y a aussi ma rage
    intérieure
Marre de voir la même, vouloir quitter l'étage inférieur
Et c'est rare de voir un flic sans tache de sang dans les
    mains
Comme rare de tenir dans les yeux le regard des chiens
Le bonheur c'est où ? C'est pas ici qu'il a dû se planquer
Il était là à l'époque mais c'est trop tard on a dû le
    manquer
Les pieds dans la boue, isolé sans carte et boussole
On fait c'qu'on peut avec c'qu'on a pour un jour quitter
    le sous-sol
Ici les gens s'plantent, se vendent, se vantent et mentent
    à eux-mêmes
C'est pas le bonheur, plutôt la peine et j'sais pas où ça
    nous mène

Le bonheur, à la base, c'est quelque chose qu'on peut
    tous avoir
Mais quand t'es enfermé c'est quoi ? Trois quarts d'heure
    de parloir
Le bonheur, c'est quelque chose à part, un diplôme
    qu'on n'a pas
puis qu'on ramène à la maison qu'on n'a pas
Maison achetée avec l'argent qu'on n'a pas grâce à une
    banque qu'on n'a pas
Faut dire qu'les autres n'ont pas la chance qu'on n'a pas
Alors faudra qu'on ait le chien qu'on n'a pas puis la
    voiture qu'on n'a pas
Parole qui va avec la femme qu'on n'a pas
On cotisera pour la retraite qu'on n'a pas
Et comme on mord à l'appât

Morale à plat, soigner les dents qu'on n'a pas
Vacances l'été dans la maison qu'on n'a pas avec les
　　gosses qu'on n'a pas
Sous les pensées à la maîtresse qu'on n'a pas
Puis divorcer de ce bonheur qu'on n'a pas
Chercher ailleurs qu'on n'a pas
Au fond de nos cœurs s'apercevoir qu'on n'a pas...
La lueur qui adoucit tout ce qui nous irrite
Personne n'en hérite, suffit de l'savoir, le voir ça
　　s'mérite.

Le bonheur !
Scred Connexion !
Befa, Koma, Mokless, Haroun !
Cutee B sur le mix !

On persévère on lâche pas !

Ici les gens se plantent et c'est pas médicinal
Les gens se cachent, se mentent, se montrent peu car on
　　vit si mal
On veut le bonheur mais c'est rare comme une place en
　　finale
Donc au final on paie pour atteindre ceux qui font si mal

Le bonheur n'est pas dans l'pré, ni dans l'pays dans
　　lequel on vit
Il est ni proche ni près et c'est p't'être ça qui donne envie
En fait on l'recherche comme un ivrogne qui cherche
　　son appart'
Et on a plusieurs plans d'approche comme Napoléon
　　Bonaparte

Il faut s'armer qu'une patience qui anéantit le temps
Apprends qu'le bonheur marche au ralenti
Et que le bonheur n'arrive jamais à la bonne heure, on
t'abandonne
Quand tu reçois et jamais ne donnes
T'étonne pas quand les gens s'plantent et pètent les
plombs
Quand les gens s'mentent et qu'un laps de temps t'as
tenté
« Parlons peu mais bien » franchement y a rien pour te
remonter l'moral
À part l'espoir qu'on tient et qu'on supplie pour qu'il
mise l'oral
Ça se confirme de jour en jour le prix de la réalité
J'remarque on regarde rarement longtemps juste par
facilité
Et si on reste là à rien faire sans spécialité
Alors le malheur s'il ne l'est pas déjà deviendra une
banalité.

C'est pas nouveau que les hommes se tuent pourtant
faut croire qu'c'est pas près de finir
J'ai comme l'impression qu'ici trop nombreux sont
pressés d'mourir
La vie pourrait mieux être c'est pas une raison pour la
pourrir
Pourquoi ? Voulu tant de mal pour s'comprendre ou
même se sourire
Ça s'tape dessus jour et nuit et ce n'est pas pour se
nourrir
La guerre connaît pas de frontière et fait plaisir à faire
souffrir

Facile d'enclencher l'conflit quand on est le premier à
    s'enfuir
Facile de s'cacher et regarder les autres partir
J'peux pas tuer un d'mes frères, j'peux même pas
    l'regarder faire
Je peux pas acclamer l'enfer en restant les pieds sur terre
J'veux plus encaisser et m'taire, faut qu'j'dise là où ça
    flaire
Y a personne pour me satisfaire, ils connaissent rien à
    notre galère
Soldats et cailles-ra s'bataillent pour aucune raison qui
    ne vaille
Personne pour les arrêter vu qu'ils sont bleus déjà dans
    les entrailles
Haroun ! Pour dire que c'est chaud comme dans un
    volcan
La vie est mal faite et qu'en ce moment c'est nous qui
    payons comptant
Ici les gens s'plantent le nombre de bavures augmente et
    ça continue
Demande à Sulliman s'il méritait ce qu'il a obtenu

Ici les gens se plantent et c'est pas médicinal
Les gens se cachent, se mentent, se montrent peu car on
    vit si mal
On veut le bonheur mais c'est rare comme une place en
    finale
Donc au final on paie pour atteindre ceux qui font si mal

Génération qu'est-ce qu'il y a ?

# Haroun

## LE ZONARD

Rien de bonnard, j'continue ma vie de zonard
Appelle-moi comme tu veux, sale caille ou gros connard
J'm'en bats, j'ai pris les défauts d'un gars d'en bas
Ça s'est fait tôt à l'époque où bambins on vagabondait
Moi et ma bande tout plein de plans foireux,
Parés toute la soirée et toujours dans les coups fourrés
On courait après les ronds et les « rent-pa » se faisaient
    du mouron
C'est malheureux, le temps qu'on perdait à galérer
Affalés sur les murs à siffler les « rates »
Ou tirer sur le deux feuilles que nous concoctait le Rot
Nous on s'imaginait mal se contenter des miettes
Genre caissier chez Do Mac pour à peine quatre mille
    balles net
Après, pour l'argent, on était pire que des sangsues
Mais à défaut on s'en passait on était bien avec ou sans sous
De toute façon on s'en foutait, fallait s'en douter
Génération qu'avait pas de goûter
On ne croyait plus en aucune de leurs institutions
Sortis de l'école dans nos têtes c'était anarchie ou révolution
Chacun sa route, son but, ses résolutions
Mais surtout pas leur solution
Nous on rêvait d'évolution

   *Refrain*
*J'continue ma vie de zonard*
*Appelle-moi comme tu veux, sale caille ou gros connard*

*J'm'en bats, j'ai pris les défauts d'un gars d'en bas*
*Ça s'est fait tôt à l'époque où bambins on vagabondait*

Moi et ma « de-ban » comme d'hab
À faire des débats dont on ne joint jamais les deux
    bouts
Des fois c'est marrant, mais d'autres c'est grave
Comment les mauvaises langues peuvent faire des
    « gueu-bla » de mauvais goût
Je sais qu'fallait s'attendre à des hauts et des bas
Même si c'était bien beau au début
Mais c'était dur déjà de rester debout
Comment ne pas se laisser emporter par la vague
Moi la rue elle m'a eu sans me draguer et c'est de dos
    qu'elle m'a passé la bague
Et j'étais qui pour faire changer les choses
Ouais, ils vous niquent et sous contrat même
Mais j'suis avocat moi ? Pour changer les closes
Personne ne prenait notre défense, qu'est-ce que t'aurais
    voulu que je fasse,
À part des textes et foncer tête basse
Me trouver un « biz » en attendant mon « buzz », « Couz »
On était tous clean à la base demande à « Bouz »
Mais bon, c'est dur de s'en sortir – Tu m'étonnes
Surtout sans faire d'études donc des thunes on en
    voulait des tonnes

    *Refrain*

Dans ma « de-ban » y a de tout des « Biggy » et des
    « ke-sti » comme « Krusty »
Le sosie de « PDD » des intellos et des abrutis

Casse-couilles pour des broutilles on s'embrouillerait
    pour un Bounty
Mon quartier une grenade sans goupille
Du coup, une fausse manip' et ça pète, si le porc bave il
    nous faut sa tête
Sinon c'est pas quitte, justice n'est pas faite
Le juge qui l'acquitte a le nez dans la coke, diront mes
    potos
Pensant à ceux partis trop tôt
Il paraît que pour nous c'est trop tard, qu'on sera encore
    là dans trente ans
Soixante balais au compteur, à fumer nos spliff au «ton-
    car»
Mais peut-être bien qu'au contraire il nous faudra pas
    grand temps
Pour voir nos salles de concert pleines et faire un «ton-
    car».

*(Haroun, Haroun)* © *Front-Kick*, 2007.

S'il a fait ses armes dans le rap au milieu des années 90, c'est avec la sortie de son premier album que Flynt a véritablement commencé à rayonner. Artiste du 18<sup>e</sup> arrondissement, il aborde des thèmes assez rares dans le rap français : entre autres, un hommage presque lyrique à Paris, et une attention portée à la discrimination à l'embauche. Il possède aussi une solide expérience de producteur indépendant : il a produit ou coproduit plusieurs disques dont «No Child Soldiers» – avec Amnesty International et l'Unicef – qui a pour objectif d'alerter l'opinion sur le sort des enfants soldats dans le monde. Sa passion, son originalité et sa maîtrise font de lui l'un des artistes les plus prometteurs de la scène rap.

■ Discographie : «Comme sur un playground» (2005) ; «No Child Soldiers» (O+ Music/Harmonia Mundi, 2006) ; «1 pour la plume» (Flynt/LRP, 2007) ; «J'éclaire ma ville» (Flynt et Label Rouge Prod, 2007).

## RIEN NE NOUS APPARTIENT

Tu peux me trouver dans l'bottin, derrière un joint,
près d'Saint-Ouen ou avec une go en train d'marquer un
    point.

Moi j'ai les murs de mon monde à tenir
et comme je n'vais pas rajeunir
comprends que j'envisage mon avenir.
Toute ma vie tient dans mon crâne et deux sacs de
     sport, pas plus,
pourtant j'ai des bagages et même un bac +.
On m'demande si ça va et j'réponds « oui »
car j'ai la fierté des braves d'avoir su construire avec des
     gravats.
Pour fuir la routine il aurait pu y avoir le travail,
mais pour ce qu'on y gagne mieux vaut être riche et
     polygame.
Rien ne m'appartient, même pas mon disque nan,
ni les mètres carrés que j'habite dans l'arrondissement.
Je suis riche d'autre chose et peut-être bientôt ex-pauvre
car riche d'une prose qui explose.

*Refrain*
*Rien ne nous appartient ici,*
*mon emploi du temps est mon seul emploi.*
*Rien ne nous appartient ici,*
*tout c'que j'possède est en moi.*
*Rien ne nous appartient ici,*
*même pas les quelques billets qu'on fait dans l'mois.*
*Rien ne nous appartient ici,*
*Tout c'que j'possède est en moi.*


J'n'ai reçu pour avances que celles de femmes superbes,
on veut mener la grande vie mais y a des illusions qu'on
     a dû perdre
donc à défaut que ce soit aisément, on cherche à vivre
     intensément

378

on n'attend pas de toucher l'fond pour remuer ses
   membres.
Car tous les scénarios sont possibles,
moi j'avance doucement mais pas parce que mes
   chevilles ont grossi.
J'suis dans mes dépenses aux moindres frais, comme
   plein de re-frès
et j'bave devant les agences de voyage et les points de
   retrait.
Avant qu'ne défile mon générique de fin
et les noms de ceux qui eurent un rôle de loin ou d'près,
je sais qu'ailleurs y a pire que les coins où j'crèche
mais que partout c'est dead quand tu n'as rien ou
   presque.
Mais que tu possèdes un building
ou que tu te battes pour sortir de l'ombre,
il ne reste que nos tombes, un nom et deux nombres.
Les modes de vie qu'abrite ce monde sont sans rapport,
la liberté l'égalité c'est dans la mort.

*Refrain*

Mais est-ce qu'il ne nous reste que la loterie, les sports
   équestres,
la ligue 1 ou le buziness pour remplir les caisses ?
On a une mentalité si culturellement urbaine
qu'on oublie qu'les vraies richesses sont naturelles ou
   humaines.
Normal on s'y perd à voir autant d'exemples d'opulence
   obscène,
au moins je sais que c'n'est pas pour mon blé que mes
   proches m'aiment.

379

Nos vies n'sont pas telles qu'on les voyait,
à la longue on n'y comprend plus rien
comme si on parlait sans les voyelles.
Rien ne m'appartient mais rien n'est plus cher à mes
    yeux
que les gens que j'aime, ils sont ce que j'ai de plus
    précieux.
Ici on perd souvent de vue ce qui est important,
la famille, l'accomplissement de soi, être bien portant.
Mais on l'sait le fric fait la différence vraiment
faites-en en vivant sainement et en profitant pleinement.

*Refrain*

*Réalisé par Flynt et Dj Dimé.*
© *Flynt et Label Rouge Prod 2007.*

# Le Klub des Loosers

Drôle de rap que celui de ce groupe atypique originaire de Versailles. Fondé et porté par Fuzatti, qui apparaît toujours masqué, il offre sur scène, sur un flow particulier, des textes décalés qui témoignent d'un profond mal-être, d'un sentiment d'échec perpétuel, qui touchent à la dépression et à la misanthropie, mais teintés d'ironie et d'autodérision. Le groupe a sorti un album en 2004 qui connut un écho certain. Il a poursuivi son aventure en rejoignant un plus grand klub, le Klub des 7, constitué également de Gérard Batse, chanteur du groupe Svinkels, de James Delleck et du Jouage, membres du collectif Gravité Zéro, de Cyanure et Freddy K, anciens membres d'ATK qui a sorti en 2009 son deuxième album.

■ Discographie : « Vive la vie » (Records Maker, 2004) ; le Klub des 7 : « Le Klub des 7 » (Viciouscircle, 2006) ; « La Classe de musique » (Discograph, 2009).

# SOUS LE SIGNE DU V

Dès sa naissance, un Versaillais sait qu'il se devra d'aller très loin

Déjà pour se rendre à la capitale, il est obligé de prendre le train

J'ai grandi dans cette ville construite autour d'une petite cabane de chasse

Où le poids de l'histoire te rappelle qu'il faut que tu t'effaces

Afin de rentrer dans un rang d'enfants tous très sympas

Dont les principaux passe-temps sont le scoutisme et le bénévolat

Le carcan social est lourd tout comme la masturbation rend sourd

C'est ce qu'ils me répétaient au catéchisme après les cours

Jamais un Versaillais ne sera capable de faire de mal à une mouche

C'est impossible, puisqu'au fond de lui il respecte bien trop la vie !

Moi, c'est en grandissant à leurs côtés que je suis devenu un fervent défenseur en faveur de l'avortement ainsi que de l'euthanasie

Pour savoir à quoi ressemble une ville de province dans les années 60, il n'y a pas besoin d'inventer de machine à remonter dans le passé

En partant de Paris, il suffit de prendre le bon RER C

Je suis inquiet, toutes les rues d'ici semblent avoir une maladie

Je ne suis pas docteur ès ville mais je crois bien que c'est l'ennui...

*Refrain*
*Né*
*Sous le signe du V*
*Sous le signe du × 2*

Peut-être que ma ville n'est pas hip-hop mais il y a
quand même plusieurs tagueurs
Le plus présent est sans nul doute celui qui signe de
partout : VIVE LE ROI !
Il y a aussi : « La France aux Français », mais son style est
nettement plus démodé
Le soir, il n'y a rien à faire à part prendre des verres
place du Marché
Si les parents de François s'absentent un squat sera sans
doute organisé
Nous y descendrons quelques packs de Kro en écoutant
du rock et fumant des joints
Il n'y aura sûrement pas de filles, mais l'alcool et la
drogue, c'est déjà bien
Car nous sommes des rebelles sans causes depuis que
l'argent nous les a enlevées
Certains vivent même dans des camions et font de la
techno dans la forêt
Et chaque jeune a dans son placard un t-shirt à l'effigie
du Che
Même si la plupart sont incapables de pouvoir expliquer
qui il est
Enfermés dans leur chambre, Jean-Benoît et Nicolas
écoutaient Pink Floyd en rêvant de fonder un groupe
de rock pour pouvoir vivre de leur musique
Mais perdus entre les trois avenues, ils entendent la vie
leur chuchoter

383

Qu'un vrai métier, c'est architecte ou professeur de
   mathématique

   *Refrain*

Tous sont persuadés de faire partie d'une élite
   éduquée
Alors que tous se piquent leur place dans la queue de la
   boulangerie en haut du marché
Je ne connais pas d'autre endroit où à 40 ans les femmes
   portent encore des serre-têtes en velours
Attendent un deuxième enfant et vont se confesser tous
   les jours
C'est d'ailleurs ici que plein de jeunes ont rencontré
   notre seigneur Jésus
J'ai beau arpenter les rues
Pas de chance, je ne l'ai jamais vu
Marie-Charlotte aimerait me faire croire qu'elle a
   quelques amis basanés
Mais ce ne sont que Pierre et Louis qui rentrent bronzés
   de l'île de Ré
Dans la bibliothèque municipale, le temps semble
   soudain s'être arrêté
Ce qui n'empêche personne de réviser pour Sciences Po
   ou HEC
Ici, bizarrement, il y a des choses dont on ne parle pas
Comme du nombre de jeunes qui chaque année se
   suicident en classe prépa.
Ils pourront dire ce qu'ils veulent sur le 11 Septembre et
   ses évènements
Pour moi ce ne sont que des Versaillais voulant capter
   l'attention de leurs parents

Je pourrais partir maintenant, à mon retour rien n'aurait
   changé
Quoi qu'il advienne, je porte en moi d'être né sous le
   signe du V...
Sous le signe du V...

*Fuzati et DJ Dunckel © Record Makers, 2004.*

# Philémon

De son vrai nom Charlie Luccini, il est originaire de
Nantes. Cet Huckleberry Finn aux dreadlocks blondes
amène de la fraîcheur et même une certaine tendresse
dans le paysage du rap français et n'est pas sans rappeler
Oxmo Puccino. Avec son flow serein, Philémon nous
entraîne dans son univers aux ambiances jazzy, africaines ou zouk, sans être dépourvu d'une pointe de
mélancolie.

■ Discographie : « L'Excuse » (Djabaka, 2007).

## EL JAZZINESS

Ça commence toujours par un truc genre « chut »
L'onomatopée qui te ferme ta gueule en un temps
   record
Quand t'es mioche, tu veux te fondre avec le grand
   décor
Tu pleures et te roules par terre avec des feintes de corps
En fait, tu veux t'exprimer, mais le monde t'en empêche
Soit, t'as la pêche, mais on va te montrer la crèche
Tu sens le manque de liberté monter en flèche
Ensuite tu sens le besoin de combler la brèche
Tu t'es demandé depuis si longtemps ce que

L'orientation signifie si l'on se plante
Il s'est avéré manifestement
Que tes choix soient influencés indirectement
Tu vois, c'est dingue, mais c'est là que ça commence
Vaut mieux plaider la démence que prôner les
    dissidences
L'obéissance, on n'y coupe pas
Quand on est môme, c'est «tu bouges pas, t'écoutes!»
Et tout ce temps, tu t'endors doucement

    *Refrain*
*Reste tranquille, fais ce qu'on te demande*
*Yep, j'ai grandi dans le pire exemple*
*Maintenant je fais ce que j'aime et chante ce que j'ai*
*Reste tranquille, fais ce qu'on te demande*
*Yep, j'ai grandi dans le pire exemple*
*Maintenant je fais ce que j'aime et chante ce que j'ai*

Papa, maman, j'aimerais faire du son
C'était la blague de la fin de saison
Squatte ta chambre, et pour le reste essaie d'être patient
Comprends bien qu'on peut pas partager les mêmes
    passions (et alors?)
La zique est loin d'être un hobby pour moi
J'ai compris que j'avais le choix d'en faire ma vie tard
Maintenant je fais ce que j'aime et chante ce que j'ai, au
    fait
En ce qui concerne mon nom, j'en ai un deuxième, eh
    ouais
On m'appelle plus par mon prénom, c'est loin d'être un
    souhait
Un pseudonyme, eh ben ouais, c'est Philémon, ouais

Quoi ? J'ai fait ma part de laine chez les moutons
Désormais nous partageons bien ce que nous écoutons

*Refrain*

C'est quand on voit qu'on a des rêves
Et qu'on voit les autres le suivre, ils peuvent le vivre
Peut-être bien qu'on est jaloux
Mon hip-hop est ma bonne école
Juste une larme de soul, yep, c'est l'Origin'Old

*Refrain*

Voilà mon choix, et voici comment ma liberté se
    manifeste
Quand la musique arrive, je parle
Et dès que la mélodie vient, je chante...

Originaire de Nantes, groupe composé de Syl20 (production, samples, voix), DJ Greem (platines, sample), David Le Deunff (guitare, chant), Antoine Saint-Jean (batteries, samples) et Matthieu Lelièvre (Rhodes, piano), Hocus Pocus distille un rap à l'orchestration extrêmement soignée et maîtrisée, proche du jazz, de la soul ou du funk et aux paroles douces-amères, pleines d'intelligence et de poésie.

Syl20, alias Sylvain Richard, a en outre produit nombre d'artistes de la scène hip-hop, notamment Diam's, Fabe, Scred Connexion, Disiz la Peste...

■ Discographie : « 73 Touches » (On and On, 2006) ; « Place 54 » (On and on, 2007).

## QUITTE À T'AIMER, featuring Magik Malik

*Refrain*
*Petit pays je t'aime beaucoup*
*Petit pays je t'aime beaucoup*

Petit pays j'voulais te dire deux mots,
J'te parle en ami vu qu'on s'connaît depuis le berceau,

J't'aime mais laisse-moi juste te dire
Que parfois tu délires, et souvent tu fais pire.
T'as 60 millions d'gosses à assumer,
Des petits anges, des petits diables,
Ça fait un paquet de monde pour dîner,
J'comprends que parfois à table tu pètes un câble.
Petit pays tout le monde te dit que tu déconnes
Quand tu les laisses dormir dehors alors que c'est tes
    mômes.
La rumeur court sous les ponts et sur les trottoirs,
Il paraît qu'ils portent ton nom et que tu veux pas les
    voir.
Ton histoire est bien plus que celle d'une vie,
Tu ne comptes plus les erreurs que t'aimerais oublier,
Alors trop souvent tu simules l'amnésie
Et comme mes frères et sœurs je continue de t'aimer.

*Refrain*

Petit pays tu m'as vu pousser
Depuis 28 ans, toi t'as pas vraiment changé.
À peu de choses près tu tiens les mêmes propos,
Les mêmes défauts cachés sous le même drapeau.
Tiens regarde, j'ai retrouvé de vieux clichés,
On y voit le port de Nantes en couleurs sépia,
J'te reconnais pas, qui sont ces hommes enchaînés ?
Au dos de l'image cette liste c'est quoi ?
Petit pays pourquoi dans ton journal intime,
Avoir déchiré des pages et effacé des lignes ?
Pourquoi la main sur le cœur cette étrange chanson
« Qu'un sang impur abreuve nos sillons » ?
Avec ta langue maternelle et celle de tes ancêtres,

Tes enfants n'en font qu'à leurs lettres.
Ils te parlent et tu restes blême
Quand ils disent «J'te kiffe» pour te dire «Je t'aime».

*Refrain*

Petit pays tu as du caractère,
Tu sais dire «Non» et on ne peut pas te la faire à
    l'envers.
T'as des valeurs, une culture métissée et qui sait...
Demain tu mangeras peut-être épicé.
On se lasse au bout d'un moment,
Difficile de partager l'ordinaire,
Alors du coup, toi, tous les cinq ans,
Tu te dégottes un nouveau partenaire.
Parfois à cette occasion tu bois comme un ivrogne
Et tu te réveilles au lit avec un borgne,
Tu l'mets dehors, mais comme t'es accro, tu bois trop
Et finis sous les draps d'un escroc.
Petit pays ne le prends pas maladroit
Car tu sais qu'au fond je t'apprécie,
Mais il fallait que tout mon sac je te déballe,
S'il te plaît, dis-moi que tu m'aimes aussi.

# Less du neuf

Less du neuf est la réduction de «L'essence du 92». Ses membres, les amis d'enfance Jeap12 et Vasquez ainsi que le DJ Ol'Tenzano, viennent du quartier du Val-Fleury. Si leur rap s'est forgé loin des sentiers battus du show business ou des clichés faisant rutiler la délinquance, il n'en a pas moins reçu la reconnaissance de ses pairs, ce dont témoignent les collaborations avec Iam, la Fonky Family ou Tunsiano. Après un dernier album fin 2008, chacun des membres a choisi de suivre son propre chemin.

■ Discographie : «Le temps d'une vie» (Doeen damage, 2001) ; «Tant qu'il est encore temps» (Le Val Music, 2005) ; «Les deux chemins» (Le Val Music, 2008).

## TOI & MOI

Plus d'une fois ils ont tenté de nous séparer
Mais on n'éteint pas comme ça l'feu sacré d'notre amitié
On s'est forgé cette envie à deux
De 15 à 22, j'ai appris l'rap de toi et moi t'as fait des
    choix, été courageux

Faut qu'j'te l'rende. Hier, demain, comme maintenant,
 j'sais qu'on t'a demandé souvent
Mais qu'est-ce que tu fous avec ce Blanc?
La connerie n'a pas de couleur, ni d'préférence de
 logement
L'monde n'a pas prévu de frontières pour les
 ignorants
Alors t'inquiète, j'vais t'écrire mon frère tout c'qui
 m'passe par la tête
Les idées d'plus en plus claires l'objectif plus net
Il a fallu qu'j'arrête de cultiver l'aigreur face à nos
 sacrifices, à c'qu'on subit d'injustice
Tu m'as mis l'baume au cœur l'jour où tu m'as
 demandé d'être le parrain de ton fils
Frère la responsabilité est morte célibataire avec une
 traînée d'mômes derrière
L'homme a toujours fui la pourtant fidèle mais trop
 grosse et dépensière
Ça fait un an et demi qu'j'te regarde faire, j'suis
 sacrément fier, mon ami d'seize ans est bon père
Alors comme toi, malgré nos différences de choix, j'me
 dois d'l'être, responsable
Je n'garderai ta confiance que si j'fous toutes mes cartes
 sur table
Pas mal de temps coupé de notre essence, le plaisir
J'peux rien précipiter de bien, j'ai besoin de ressentir
J't'ai donné ma loyauté, j'n'fais qu'suivre mon instinct,
 dans les temps bien comme dans les temps d'merde
Et pour rien au monde j'voudrais qu'on s'perde

393

*Refrain*
*Toi et moi, une affaire qui dure*
*Toi et moi, partenaires de gamins jusqu'à l'âge mûr*
*Ça semble dur de traverser tout ça mais t'inquiète*
*Toi pour moi et moi pour toi, qui nous arrête ?*
*Toi et moi, une affaire qui dure*
*Toi et moi, partenaires de gamins jusqu'à l'âge mûr*
*Toi et moi, nos teintures, nos figures et nos cultures*
*Toi et moi c'est l'futur*

Des gamins qui simplement font connaissance
S'attachent à rester ensemble
Rapport sain et spontané, se souciant peu des
   différences qui les divisent, tellement l'affection est
   présente
Ils n'ont pas le sentiment d'aller loin tant
   l'épanouissement est grand
Puis vient la fin de journée, l'un souvent accompagné
L'autre pas du tout et là on se rend compte que tout les
   oppose
La honte ressentie par celui qui est sans parents
Les yeux rivés vers son pote de jeu envieux mais
   impuissant
Il ne peut faire face à la mère qui n'apprécie guère les
   fréquentations de son fils
Indifférence, rejet, mépris, des regards qui offensent
   bien que ce soient des gosses... va comprendre
L'inconnu fait peur, tant que chacun reste dans son coin
   tout va bien
Des générations entières aliénées par des a priori
L'heure est au communautarisme, nouvelle forme de
   racisme

L'argent est la seule bonne couleur
Toi et moi, malgré nos teintures, on est le futur
Il en faut de la chance, prendre soin de la descendance
Remercier les parents et leur bon sens.

*Refrain*

## Le Vrai Ben

De son vrai nom Benny Blanco, il vit dans le 18e arrondissement. Il a fait ses armes dans le rap avec le groupe Puzzle. Son premier album, uniquement disponible sur Internet, est sorti début 2009 : une divine surprise. Belles instrumentations, paroles intelligentes et ironiques, toniques et nostalgiques faisant référence aux grandes heures du rap français (ah, 1998 !) et à notre époque de mix et de samples, déboussolée, dont on se demande où elle va...

■ Discographie : « Suicide commercial » (Believe / Logilo Productions, 2009).

### L'HOMME POST-MODERNE

Je suis l'homme post-moderne, en d'autres termes
Une sorte de mélange de tout c'qui traîne
Écolo en Nike Air, homme d'affaires, artiste
Un altermondialiste qui rêve de percer en Amérique
Je suis l'homme unique... Mais pas trop
Je suis tout ce qu'il y a de plus banal, au milieu du
    troupeau
Pas plus original, que la photocopie de la photo

De la reproduction d'une sculpture peinte sur un
  tableau...
Je suis l'homme promo, derrière son caddie,
J'achète n'importe quoi pourvu que ça donne un sens à
  ma vie
Armé d'une carte bleue et rongé par l'ennui
Des rayons du soleil jusqu'au rayon charcuterie
J'suis l'homme série, émissions à la con
Effusions de sentiments et trop-plein d'émotion
Des rires, des larmes, de l'action devant ma télévision
Je vais mourir... Après avoir vécu par procuration
Je suis l'homme DivX, je télécharge à la chaîne
Entasse des centaines de fichiers sur mes disques durs
  externes
Screeners ou versions DVD avec doublages canadiens
J'en ai tellement que je les regarde même plus à la fin
Je suis l'homme « tu t'souviens ? », qui vit dans le passé
Qui se dit que le futur n'est plus ce qu'il était
Une sorte de vieillard avant l'âge, déjà blasé
Déjà écrasé par le poids des années passées – déjà blessé –
Je suis l'homme pressé... juste là
J'essaye de combler le vide autour de moi
La vie est une guerre, il n'y aura pas de survivant
Il faut juste s'armer de patience... Et tuer le temps
Je suis l'homme changement, plein de résolutions dans
  le cœur
Chopant des frissons sur une musique de camionneur
Je me dis que je vais devenir meilleur, que je vais me
  battre... Et puis ça me passe
Une heure après, je suis redevenu un lâche
Je suis l'homme tache... Je fais les mêmes erreurs à
  chaque fois

Comme ce pauvre mec à qui il manque deux doigts
Il s'est coupé le premier par accident
Et le deuxième en tentant d'expliquer comment
Je suis l'homme post-moderne
Je voudrais sauver le monde mais j'ai un peu la flemme
Je vais profiter de ce qui me reste de flotte et d'oxygène
Pour me fabriquer une piscine et rouler en Cayenne
Je suis l'homme problème, sous antidépresseurs
J'ai beaucoup trop de temps pour penser à mes malheurs
Ne m'envoie pas une corde quand je suis au fond du
    trou
Je ne remontrais pas avec, je la mettrais autour de mon
    cou

Je suis l'homme couple, apparemment amoureux
Qui essaye de se faire croire à lui même qu'il est
    vraiment heureux
Qui s'invente des principes des bluffs de fidélité
Torturé par ton arrière-train et ses arrière-pensées
... Je suis l'homme satisfait
Bourré à la bière le monde a l'air parfait
Les filles sont belles et je me sens irrésistible
Bourré de talent, bourré d'humour, bourré tout court, je
    suis l'homme invisible !
Je ne décroche plus mon téléphone
Parfois je joue à cache-cache mais sans prévenir
    personne
Parfois je m'ennuie, je voudrais faire demi-tour
Parfois j'ai envie de mourir mais jamais pour toujours
Parfois j'suis l'homme sourd... Je prends rien au sérieux
Je regarde ceux qui donnent des conseils et je ne veux
    pas être comme eux

Je dis oui à tout parce que je déteste les argumentaires
Mais dès que tu seras parti je ferai exactement le
contraire
Je suis l'homme fier, l'homme cause perdue
Rien ne marche et pourtant tu vois je continue
Vaut mieux ne jamais y arriver, pour ne pas être déçu
Je me dis que quand on atteint son but, après tout, on
n'en a plus
Je suis l'homme des rues, j'étudie les caractères
L'effet du stress sur tous mes congénères
D'un côté ceux qui tempèrent, de l'autre ceux qui
s'emportent
Ceux qui insultent ta mère et ceux qui lui tiennent la
porte
Je suis l'homme discret, je note, je ne dis rien
D'habitude je ne vomis pas comme ça des paroles
comme des parpaings
J'ai toujours peur de déranger, pas à l'aise dans mon
corps
Je préfère m'écraser comme une merde plutôt que de
causer du tort
Trop de gens de tous les côtés,
On en remplit les cimetières et les universités
Certains se contentent des restes quand les autres ont
trop mangé
Certains se détestent et c'est leur seule manière de
s'aimer
Je suis l'homme regret, tout va mal
Qui rêve de la machine à remonter le moral
Je vais chez le psy, je raconte des saloperies sur mes parents
Puis je le paye pour m'excuser de lui faire perdre son
temps

Je suis l'homme distant... Devant des images porno
Je m'interroge sur l'avenir de notre étrange troupeau
Puis je suis coupé dans mes pensées par une érection
J'hésite entre le dégoût de moi-même et la masturbation

Je suis l'homme femme, des heures devant le miroir
À travailler un style négligé, pour la sortie du soir
Uniforme de connard, tenue intégrale
Assortie avec la misère de ma vie sentimentale
Je suis l'homme sans cause, il faut me comprendre
Quand on voit toutes les leçons que l'histoire peut nous
    apprendre
Honnêtement, comment croire en quoi que ce soit,
Quand on n'est pas fou... Ou lobotomisé par la foi
Je suis l'homme déçu, je veux pas, je peux pas, je sais
    pas, je sais plus
J'avance et chacun de mes «pas» est un refus
Désolé pour la gêne
Faut que je sorte ce que j'ai dans la tête pour le mettre
    dans la tienne
Je suis l'homme haine, pseudo chanteur rebelle
Qui se nourrit de toi et vomit dans tes oreilles
J'ai besoin d'exister, besoin qu'on me dise qu'on m'aime
Seuls les chats sont capables de se lécher le cul eux-
    mêmes

Je suis l'homme artiste, quelle connerie
Aujourd'hui ce mot désigne à peu près n'importe qui
Une poignée d'escrocs et des cinglés grotesques
Dites-leur qu'ils sont géniaux, sinon ils vous détestent
Je suis l'homme test, on m'a rempli la tête
Mets pas tes doigts dans ton nez, finis bien ton assiette

Travaille, fais des gosses, marie-toi et dépense
Dépense, dépense, dépense et puis crève en silence
Je suis l'homme post-moderne
Avec la souffrance intégrée au modèle
Sous mes pieds la terre attend... Déjà elle appelle
Pas question de mourir maintenant, avant il faut que
   j'essaye
Que j'essaye de vivre encore une fois avec vous
Même si en vrai je n'y crois pas du tout...
Même si ça foire à chaque fois... Même si j'ai peur de
   vous
Même si je pense que vous êtes fou... Vous êtes tout

Frères humains, frères et sœurs
Faits comme moi de chair, de sang, de peur
Je vous souhaite un peu de bonheur et je m'en vais seul
Les aiguilles de ma montre tricotent déjà mon linceul

*(Le Vrai Ben, Logilo)* © *Believe, Production Logilo.*

# Remerciements

Merci à tous les artistes, à tous les éditeurs des paroles, qui nous ont donné l'autorisation de les reproduire. Un grand merci aux attaché(e)s de presse des maisons de disques, avec qui je travaille amicalement depuis toutes ces années, et que j'ai beaucoup mis(es) à contribution.

Pardon à tous les rappeurs, solo ou en groupe, talentueux qui ne se retrouveraient pas dans ce livre. Nous leur donnons rendez-vous à la prochaine édition.

Merci à tout le posse de La Table Ronde.

Et grand merci à Adrien, pour ses expéditions judicieuses sur la planète rap.

J.-C. P.

# Table

411

*Cet ouvrage a été achevé d'imprimer*
*par l'Imprimerie Darantière (Quetigny)*
*en décembre 2009 pour le compte des*
*Éditions de La Table Ronde.*

Dépôt légal : janvier 2010.
N° d'édition : 156495.
N° d'impression : 29-1739.
*Imprimé en France.*